寻找马吉影片

陈旻 / 著
侵华日军南京大屠杀遇难同胞纪念馆 / 编

译林出版社

日本人在南京的恐怖统治已达到无以复加的程度。在此期间，美国圣公会布道团成员、使馆顾问约翰·马吉拍摄了影片。这部影片是日本人所犯残暴罪行的有力见证。约翰·马吉已在南京待了25年。马吉先生亲自向大使馆提供了一份拷贝。随拷贝附上各个剪辑图像的英文解说词。解说词和影片本身都是令人震惊的时代文献。

——《罗森给德国外交部的报告》

1938年2月10日

我会（"联合会"）集中智力、财力，做南京大屠杀的实况专研，终寻获震惊世界之《马吉的见证》原始纪录片的制作（档案）。马吉原为南京大屠杀期间留居南京的美国牧师，曾目睹遭日军屠戮及强奸的受难人之惨状，以暗藏的电影摄影机，偷摄、偷运出境。该片为历史上极稀有之珍贵纪录片之一。

——在1994年日本侵华声讨大会上的发言

唐德刚《纪念抗战　对日索赔》

文物与文献互相佐证罪行，影像和案例共同实证历史，是此次"37分钟"版马吉影片面世的最大贡献。这部极具文物价值、文献价值的影片，是日军侵华罪行的光影铁证。"一寸盘"定在第六个南京大屠杀死难者国家公祭日回归南京，将和《拉贝日记》《东史郎日记》一样，成为侵华日军南京大屠杀史研究的又一里程碑。

——国家记忆与国际和平研究院研究员、

南京师范大学副校长张连红

2019年12月13日

序

历史从未离开

张连红[1]

我认识本书作者陈旻老师的时间并不长。2016年12月27日，一直从事侵华日军细菌战受害者调查的李晓方先生来南京，陈旻老师同他是战友，我们就这样见了面并相互认识了。其后，当报道涉及日军暴行方面时，我们时有交流。2017年12月国家公祭日前夕，陈旻老师为了专题报道纽约纪念南京大屠杀受难同胞联合会（以下简称“联合会”）的邵子平先生来采访我，接着在寻找马吉影片的过程中，我们的联系日益频繁。令人感佩的是，现在呈现在我面前的是一部沉甸甸的，也许只有她能写的书。

从20世纪80年代初开始，日本右翼不断地疯狂掀起否定侵略、否定南京大屠杀史实的各种活动，海外华侨华人为了揭露侵华日军南京大屠杀、七三一部队细菌战、“慰安妇”制度等暴行，纷纷成立各种组织，搜集史料，举行集会，对日本右翼的错误言行进行了有力驳

1　张连红，历史学博士、教授、博士生导师，国家记忆与国际和平研究院研究员。现任南京师范大学党委常委、副校长，兼任中国教育部历史学类教学指导委员会委员、国家社科基金抗日战争专项工程学术委员会委员、江苏省中国近现代史学会会长、南京侵华日军受害者援助协会会长等。

斥。其中，1991年3月成立的美国“联合会”，在邵子平、唐德刚、陈宪中、吴天威、吴章铨、姜国镇等人领导下开展的系列活动影响较大。但长期以来，国内学术界一直没有人对海外华侨华人维护抗战史实的活动进行系统研究，事实上也没有一位合适人选能去做海外华侨华人的访谈研究。2019年2月，为了商讨去美国寻找马吉影片一事，我去拜访陈旻老师。在交谈过程中，我发现陈旻老师是做这一课题的最佳人选，于是建议她向侵华日军南京大屠杀遇难同胞纪念馆申请立项，写一本关于“联合会”在海外揭露侵华日军南京大屠杀暴行，追究日本战争责任的著作。这一建议得到陈旻老师的积极响应，最终也得到了纪念馆的支持。虽然后几年全球疫情不断反复，严重影响中外访问交流，但这一切都难不倒记者出身的陈旻老师。

寻找马吉影片的传奇人物是邵子平先生。邵先生1936年出生于南京的鼓楼医院，对南京很有感情，其父亲邵毓麟曾任中华民国驻韩国大使。邵先生早年留学德国，专业是法律，后来在联合国总部人力资源和法务部工作。为了驳斥、反击日本右翼，邵子平较早参加了纽约的对日索赔会，1991年3月又发起成立“联合会”，并任创始会长，举办各种活动抗议日本右翼否定南京大屠杀的言行，支持张纯如女士以英文撰写南京大屠杀史，参与寻找和策划公布《拉贝日记》，并奇迹般地找到马吉影片，制作成纪录片进行广泛宣传。我认识邵先生也有二十多年了，他对南京师范大学南京大屠杀研究中心，包括我本人的帮助非常多。我们中心在1998年12月成立之时，我的导师张宪文老师就建议我邀请邵先生担任研究中心的兼职教授。在中心成立的最初几年中，邵先生特别关心和支持我们，多次前来中心指导工作，推荐了许多外国学者来中心访问交流。我第一次见到邵先生是在1999年12月的东京，在“战争责任与战后赔偿”国际市民研讨会上，他专门召集从大陆来的学者荣维木、苏智良、王选和赵建民等，一起商量筹备在美国召开的国际会议，以揭露侵华日军南京大屠杀暴行。2001年5月，他从美国专程到我校参加纪念魏特琳逝世60周年暨南京大屠杀国际学术研讨会。在邵先生的引荐下，研究中心协助新加坡的柯冰蓉女士，整理出版了孙建成先生的调查手稿《日侵时期新马华人受害调查》一书。最令我感动的是，他曾许诺将他父亲留在南京中央路上的一栋别墅免费提供给中心做办公室（如能申请返还）。最近几年，邵先生最念念不忘的是敦促我们对南京大屠杀遇难同胞丛葬地进行专业挖掘，用铁的事实回击日本右翼。“37分钟”版马吉影片的胶片最后成功捐赠给南京，除了陈旻老师的执着努力，邵先生也功不可没。

我很荣幸有机会参加了侵华日军南京大屠杀遇难同胞纪念馆组织的前往美国寻找马吉影片档案资料的活动。在陈旻老师的极力促成下，2019年4月，我和杨夏鸣、刘燕军一起前往美国，先后到耶鲁大学神学院、哥伦比亚大学图书馆和里士满大学图书馆以及美国国家档案馆收藏影片的资料部，查阅了有关马吉影片以及日本侵华和中国抗战等相关影视资料，拜访了“联合会”时任会长姜国镇和吴章铨先生，并一起观看了1991年“联合会”制作的“37分钟”版马吉影片。虽然没能直接带回该版本影片的胶片，但此次美国之行，我们搜集、复制了几乎所有不同版本的马吉影片。在美国搜集马吉影片的过程中，纪念馆有一个微信工作群，大家经常会就搜集影片之事进行一些探讨。陈旻老师几乎每天都在密切关注我们工作的进展，一起商讨对策，这些在本书中都有十分生动的记录。现在回想起来，她的工作激情和执着精神，真令人感动！如果没有她的不断催促，我们专程赴美搜集马吉影片的计划可能也不会实施得如此之快，也许随着2020年初突如其来的疫情，赴美寻找马吉影片之行就付诸东流了。

新闻学与历史学相通。记者出身的陈旻老师在报道南京大屠杀相关题材时，总是能够独辟蹊径，发现常人不太关注的线索，并能够动用一切社会资源，深度挖掘细节，以成一家之言。从新闻学角度来看，本书是一部新闻纪实报道的杰作；从历史学角度而言，亦是一部学术史研究的佳作；我拜读之后，获益匪浅。

首先，它填补了学界研究的空白。20世纪80年代，日本发生修改教科书事件之后，海外华侨华人在世界范围内成立了许多民间组织，他们通过组织各种活动联合起来追究日本战争责任，发起对日索赔，持续开展“保钓行动”，组成女性国际战犯法庭，对日军性暴力进行审判。随着时间推移，诸如唐德刚、吴天威、杨觉勇等著名学者相继离世，一大批运动领袖也已进入耄耋之年，亟须有人能够通过访谈方式留下海外华侨华人维护抗战史实的历史。陈旻老师以寻找马吉影片为线索，通过采访“联合会”一些创始人和重要骨干成员，查阅了大量第一手文献资料，较为全面地梳理了20世纪80年代以来“联合会”维护南京大屠杀事实的历史，填补了学术界研究的空白，对推动海外华侨华人维护抗战史实活动的研究具有十分重要的作用。

其次，它挖掘了“联合会”维护抗战史实重要活动的生动细节。本书以寻找马吉影片为切入点，第一次较为全面地介绍了美国“联合会”在海外揭露日本侵华史罪行的各项活动，如邵子平先生千里追寻，最后却在家门口发现马吉影片的神奇过程。又如作者采访了姜国镇和纪录片《马吉的证言》导演王正方，较为详细地揭示了《马吉的证言》和《奉天皇之命》纪录片制作的因缘和艰辛；还有当年作为一名留美学生的林立一次性捐款2.5万美元的壮举，以及邵子平先生发现在支票上少看一个“0”后的万分惊喜。1991年和1992年，“联合会”筹措了35万美元，依据“37分钟”版马吉影片，先后拍摄、编制了历史文献纪录片《马吉的证言》和《奉天皇之命》，在全美各大社区和大学巡回放映了近百场，并在日本多家电视台放映，产生了广泛的影响。书中揭示了全球各界人士全身心投入爱国活动和踊跃捐款的感人故事，读来让人心潮澎湃、热血沸腾。

最后，它引领了学术史研究写作的新范式。作者作为香港大公文汇传媒集团资深记者，发表过数百万字的新闻纪实报道作品，特别是围绕马吉影片在《大公报》和《文汇报》上进行了系列深度专题报道，在新闻界有很大的知名度。本书突破了以往以文献研究为主的传统范式，转而以历史事件活动为载体，采访了“联合会”二十余位重要当事人，获得了大量丰富而珍贵的第一手素材，并运用历史学考据法，追求客观真相，彰显了海外华侨华人满腔的爱国热忱。全书情节生动，文字流畅，妙笔生花，引人入胜。

陈旻老师在书中说：“凡是能做成事的人，必须具备异于常人的执着。”诚哉是言！历史从未离开，迟早都会被人记住和书写。

谨以此向所有致力于还原抗日战争历史真相的人们致敬！

张连红

2023年7月于南京仙林

目　录

第四章　三部纪录片成就历史经典

第五章　"新的老南京人"

第一章　2017年，“37分钟”版马吉影片浮现

虽然做职业记者逾15年，但关于马吉影片，我了解甚少，更不会料到自己竟然会与这部珍贵的历史纪录片产生那么深的交集。

黄昏的电话

2016年1月，是我职业生涯的转折点。《大公报》与香港《文汇报》合并，成立香港大公文汇传媒集团。同年5月，我被聘任为集团江苏记者站站长。此前，我已在《大公报》江苏办事处主任的岗位上工作了11年。

2017年11月，在南京大屠杀死难者国家公祭日前夕，江苏记者站接到时任《大公报》副总编辑李庆义的指示，准备采写一组关于海外华人执着努力，将南京大屠杀历史事件从中国记忆上升为世界记忆的新闻专题，这组专题由我具体执行。

李庆义在《大公报》主管中国新闻和国际新闻。他出生在东

北，那里曾是经受日寇铁蹄蹂躏时间最长、抗战条件最为艰苦的地方。1995年，李庆义负责《中国青年报》纪念抗战胜利50周年的专题报道，历时十余天遍访这片黑土地，采访了多位尚在人世的东北抗日联军老兵，首次在中央媒体报道了东宁要塞、劳工坟及日本在华遗孤问题，所做的有关日本遗弃在华化学武器问题的报道曾在日本引起强烈反响。自此，他与抗战报道结下了不解之缘。

总结《大公报》近几年关于南京大屠杀死难者国家公祭日的报道，李庆义认为，虽然报道的篇幅大、内容多，但绝大多数仅限于程序性报道，采访的人物也多是老面孔，鲜见有深度、有新意的文章面世，致使报道整体上站位不高、可读性不强、社会影响不大。

2017年11月4日，李庆义对江苏记者站提出建议，希望记者开拓思路，深入挖掘海外华人推动中国记忆成为世界记忆的事例，包括侵华日军南京大屠杀遇难同胞纪念馆的对外交流等。南京大屠杀不仅仅是中国记忆，更是世界记忆；只有让世界上更多的人记住这场人间浩劫，才能形成强大的国际压力，迫使日本深刻反省，防止历史悲剧重演。

深秋的南京，东郊满目金黄的梧桐树叶已豪爽地呈现出这座城市的标志性景致，扑面而来的风中夹杂着丝丝透骨清寒。

2017年11月20日下午，我驱车赶赴侵华日军南京大屠杀遇难同胞纪念馆，副馆长凌曦女士热情接待了我，她特别请来馆里两位同志刘燕军与艾德林一道接受采访。

邵子平对南京大屠杀历史研究贡献很大，1991年在《抗日战争研究》上发表过关于马吉影片的文章,是这方面的学者。江苏卫视去美国拍摄《外国人眼中的南京大屠杀》纪录片时,到大卫·马吉家中采访,也是他帮忙联系安排的。”不难看出,在刘燕军心目中,邵子平的分量很重。

刘燕军说:“据说他手上还有我们没有掌握的影片。”听了他的介绍,我对邵子平产生了好奇。

文物部负责人艾德林还介绍了林伯耀、鲁照宁等其他几位对收集南京大屠杀史料贡献较大的人士,我一一要了他们的联系方式。

刘燕军报给我邵子平的手机号,是北京的号码。回到办公室,已是黄昏。落地窗外,直插云霄的紫峰大厦浸在夕阳里,与我遥遥相对。我用办公室座机拨通了邵子平的电话,拨号音一直响,却一直无人接听。

抬头一看,霞光低沉,我决定先回家,明天再联系。就在锁办公室大门的时候,室内突然传出电话铃声。我立即冲进门,快速拿起话筒。果然,是邵子平回的电话。

当邵子平弄清楚是记者要采访他时,他很意外,声音透出兴奋,一个劲地追问我是如何得到他的手机号码的。我们约好当晚七点半再通电话细聊。

晚饭后,我准备好手机、录音笔,按照约定的时间拨通了邵子平的电话,开始采访。我点开手机的免提键,同步录音。

“我小时候看过《大公报》。”邵子平对接受《大公报》记者采访的态度很积极。没有任何过渡,他直接选择了信任我。

他从自己1936年出生于南京鼓楼医院说起,详细回忆了自己的家世与个人经历。这个电话一口气打了足足两个半小时。

邵子平认为这些往事的叙述非常重要，他一边回忆，一边不止一次提醒我“要录音”。他声音高亢，语调抑扬顿挫。昔日时光一幕幕回放，许多重要细节他都记忆犹新。说着说着，他还会一遍遍发问：“我怎么一下说这么多？我为什么这么信任你？”不知道他是问自己，还是问我。时年81岁的邵子平为自己竟然能对一个未曾谋面的记者推心置腹而感到不可思议。

这个采访令我很不平静。我没有想到马吉影片和《拉贝日记》的发现竟然都与邵子平有关。

马吉影片和《拉贝日记》皆是世界重新正确记录南京大屠杀这一人类惨案的重要史料文献。史学界关于马吉影片和《拉贝日记》这两份史料文献的研究已经有很多了。

侵华日军南京大屠杀遇难同胞纪念馆展厅内循环播放的马吉影片，吸引了一批又一批观众驻足，人们被马吉牧师[1]拍摄于1937年12月的那些真实血腥场景震撼了。两千余页《拉贝日记》的影印件于2017年12月出版，共六卷，日记里有多幅取自马吉影片的受害者画面。

采访时，距离12月13日公祭日只剩半个多月的时间。邵子平说，他将于11月下旬去美国，希望我能在他赴美之前去趟北京与

1 约翰·马吉（1884—1953），美国传教士。1912年作为牧师被美国圣公会派往中国传教。到达中国后，他在美国圣公会的南京道胜堂做传教士。1937年12月，侵华日军开始在南京进行惨绝人寰的大屠杀，其间马吉担任了国际红十字会南京委员会主席和南京安全区国际委员会委员，设立难民伤兵医院，参与救援了20多万中国人，与20多位坚持留在南京的西方人士一起，谱写了一曲动人的人道主义乐章。

他当面细聊，但我已经约好11月21日去南通海门进行“两岸交流三十年”专题采访，那个专题的交稿日期已经逼近。

见我不能立即去北京采访他，邵子平担心我半途而废，一个劲地催促，并说“你是第一个采访我的南京记者”，十分急切。

打完电话，我稍作梳理。马吉影片与《拉贝日记》都非常重要，必须单独做专题报道，不能浪费这些珍贵的采访资料。面对丰富的采访内容，我斟酌再三，决定先做《拉贝日记》新闻专题。

戴克牧师

第一次电话采访得出的线索还是比较粗略的。我只能算是知道了事情的大致脉络，要做成一个整版的专题报道，我还需要做大量深入的细节采访。

选择先做《拉贝日记》如何被发现的新闻专题，是因为在那晚对邵子平的第一次电话采访中，他回忆寻找《拉贝日记》过程的内容更多。

2017年11月21日，我赴江苏南通海门市双合村（现联合村）采访了三天，回来后加班完成了一篇专题稿。11月27日，在专题稿发刊当日，我已经来到北京，与邵子平夫人罗其云女士约定，次日登门拜访。此时，邵子平身处西半球的美国，正热情高涨地组织同道，到宾夕法尼亚大学发传单并静坐示威，试图迫使宾夕法尼亚大学将一百余年前购买的昭陵“二骏”归还中国。

2002年，我从原南京军区南京总医院（现东部战区总医院）政治部转业后成为职业新闻记者。经过15年新闻职场的历练，我要求自己在新闻报道采写中努力做到不重复别人，更不重复自己。

我上网查阅能搜到的所有关于《拉贝日记》的报道，对比邵子平的叙述，细心梳理出未曾被报道的内容。仔细重听两个多小时的电话采访录音，在回忆劝说拉贝外孙女莱茵哈特夫人公开《拉贝日记》遭到拒绝后，邵子平提到，“我有个同学在德国教会里做牧师，他成了关键”。这句一带而过的话，我当时在采访中并没有在意，在重听时才引起注意，因为在所有关于《拉贝日记》的公开报道中，从未出现过这位德国牧师戴克（Gerd Decke），而在邵子平的回忆中，这位他在德国留学时期的老同学却是力劝拉贝外孙女公开《拉贝日记》的关键当事人。

这个发现令我兴奋。我将戴克锁定为重点采访对象，决定以他为突破口。我马上拿出手机，给邵子平发微信，询问他有关那位德国同学戴克的详情，阐述自己的采访思路，并询问戴克牧师的联系方式。

我的采访思路得到了邵子平的认可。2017年11月30日，邵子平给戴克发了邮件：

亲爱的盖尔德，

我是用英文写这封信的，因为《大公报》的陈旻女士也需要知道邮件内容。《大公报》是一份历史悠久、广受欢迎的日报……陈女士是一名调查记者，她想和你核实一些历史事实。她很想知道拉贝的日记是如何被发现的。我请拉贝的外孙女莱茵哈特夫人通过《纽约时报》将此事公布于众，你很努力地帮我说服她同意出版，这很重要。然后你还帮她复印，打包，航空邮寄到纽约，等等。

请将你的电话号码和电子邮件地址发给她，这样她或她说德语的朋友可以在你的同意下谈论历史。

这篇关于《拉贝日记》的新闻专题稿得赶在12月13日南京大屠杀死难者国家公祭日期间刊发，时间极为紧迫。

戴克牧师是邵子平在1963年至1968年间就读海德堡大学时结识的老校友，他们多年来一直保持着友谊。戴克曾去美国旅行，得到了邵子平全家的热情款待。

邵子平说，他多次给莱茵哈特夫人打过电话，劝说其公开《拉贝日记》，均遭到明确拒绝。莱茵哈特夫人回复他时声称外祖父拉贝当时将日记直接交给自己保存，并特别交代，让她保管好留给后人，不要让日记消失，“但只能把日记留在自己家里，不要公之于众”。那么，戴克牧师是如何找到莱茵哈特夫人的？又是用什么样的理由说动她的？公开《拉贝日记》的过程有哪些重要细节？将日记逐页复印、传真并邮寄到美国，这些费用出自哪里？

2017年12月1日，我心急火燎地用翻译软件向邵子平给我的戴克邮箱发出邮件。我写道：

尊敬的盖尔德先生，您好！

我是中国记者，正在采写邵子平先生当年发现《拉贝日记》的经过。邵子平先生告诉我，当年他请他的好朋友，也就是您，帮助劝说拉贝的外孙女公开日记内容，并且帮助她复印和邮寄。

麻烦您将此经过告诉我，我会用在新闻稿件中。谢谢您！

我只会中文，不会英文，这封邮件是用翻译软件写的，如果有意思表达不准确的地方，请您多原谅。

新闻稿件要在一周后刊出，因此拜托您尽快回复我。

谢谢您的帮助！

2017年12月1日，戴克收到我的邮件后，同步回复了邵子平与我。他爽快地回复“没有问题”，“我很高兴能够参与这个具有历史意义的事件”，同时发来他家里的座机与手机号码。

那两天，我时刻盯着邮箱，不停地打开手机查看。因为邵子平在美国，存在时差，我得算好时间联系他。收到戴克牧师迅速回复的邮件后，我长舒一口气，将采访提纲用翻译软件翻译成英文并发至戴克牧师的邮箱里。

谁知第二天，我收到邵子平转来的戴克牧师写给他的邮件，信中说他不明白我用英文所表达的意图。

显然，仅凭翻译软件来进行采访的难度很大，最关键的是我需要获知大量细节。那么有什么更好的办法呢？我在德国只有一个朋友——邵华，她是南京人。我立即打开微信联系她。

邵华爽快地答应帮我采访戴克牧师。我给戴克复信：我已委托我的朋友邵华抽时间给您打电话，询问我关心的问题。

德国的南京人

坐落于德国鲁尔河北岸、波鸿市南郊的波鸿鲁尔大学（Ruhr-Universität Bochum）建立于1962年，是第二次世界大战后联邦德国建立的第一所新大学，对德国的高校教育产生了开创性的影响。郁郁葱葱的林地环绕着校园，南面的缓坡上，绿地从植物园延展开来，延伸到鲁尔河。1990年，波鸿鲁尔大学与同济大学合作，在校园内修造了中国江南园林风格的中国花园——潜园，其名称来源于东晋诗人陶潜和他著名的《桃花源记》，是欧洲第一座中国江南风格园林。园内长廊曲折蜿蜒，有小亭与假山相依而立，池水潺潺。天然石材、木材和砖瓦及其内敛的白色、黑色、灰色和深红色，巧妙地体现了陶渊明《桃花源记》中所描绘的诗情画意，完美地呈现了中国园林艺术之美。

成立于1965年的波鸿鲁尔大学东亚研究学院，在日本历史、中国历史、东亚国际政治经济、东亚政治、古今中亚宗教、韩国语言文化、中国语言文学和日本语言文学专业领域有正教授编制，在本科阶段提供汉学、日本学、韩国学，以及东亚政治经济学、政治学和中亚宗教学等专业课程，学术研究和教学覆盖了中国、日本、韩国和中亚等地域。

东亚研究学院拥有自己的图书馆，馆藏约225 800部专著和300多种包含欧洲和亚洲语种（中文、日文和韩文等）的期刊和报纸。2001年，邵华成为德国波鸿鲁尔大学东亚研究学院图书馆馆员，负责汉学部的馆藏管理和汉语、西文及部分日语书刊的编目工作，为学生和研究人员提供相关资讯服务。

“我们第一次见面是在哪一年？是在南京石门坎吗？”2022年3月5日，写到这一段时，我使劲回忆，不停地发微信语音追问邵华。

北京与柏林有7个小时的时差。正常情况下，我接连发问时，邵华应该正沉浸在凌晨的梦乡里。

邵华是我先生同事的妹妹。从南京外国语学校高中部毕业考入北京外国语大学。大学毕业后，一直在德国工作与生活。

1997年，邵华成为北莱茵-威斯特法伦州哈姆高级法院的德汉公证翻译，后又成为哈姆高级法院的宣誓翻译。

2002年，邵华抱着刚满一周岁的孩子回家乡南京探亲。那时恰逢她的哥哥、嫂子及我在安徽工作的先生都在南京，我们刚刚装修完在南京的新房。

我先生邀请邵华哥嫂来新房做客，邵华也跟着一道来访。我们家在五楼，没有电梯。我记得，听到声音，我迎出门去，正好看到抱着孩子的邵华沿着楼梯上来，气喘吁吁。这个场景深刻地留在我的记忆中。

可如今，我们共同回忆那一天，邵华说那次的确是我们第一次见面，但在她的印象中，她并没有带孩子。

我们为此努力回忆，最终还是确认那年她是带着孩子一道来我们家的。因为我先生记得，德国的幼童不穿开裆裤，一岁的小男孩穿着蒙裆裤，在我们家里歪歪倒倒地到处跑、跳，而邵华的目光一直紧盯着孩子的屁股，还不时凑近闻一闻。

至于为什么后来每次她从德国回南京探望父母时，只要有时间都会约我见一面，我也没想出个所以然来。难道这就是传说中的“人以群分”？

现在想来，与邵华的相识分明就是天意。如果没有这段机缘，采访戴克牧师、完成《拉贝日记》新闻专题、促成“37分钟”版马吉影片“一寸盘”回归南京等一系列成果，都将很难实现。

2017年12月1日，我再度微信联系邵华，请她帮我打电话采访戴克牧师。

在后来与邵华的聊天中，我回忆当时的情景，说道：“当初我是用‘道德绑架’的方式请你帮我去找戴克的。”虽然我有把握，为人正直的邵华不会拒绝我，但我还是向她摆出了足够的理由：南京大屠杀是南京这座城市最黑暗的一段历史，作为南京人，我们都热爱这座城市，而热爱这座城市最重要的体现就是为她付出。那么现在我们就面临这样一个机会。

我把采访提纲发给邵华时，她正休病假在家。我说：“尽量去挖掘细节，就像我们平时谈论具体的一件事一样，越细越好，因为呈现新闻事件是需要大量真实细节来支撑的。”

“南京大屠杀需要让世界知道，这是不可磨灭的历史。日本政府理应反省和考虑赔偿。张纯如的书我们图书馆有不同语言的馆藏。”2017年12月3日，邵华在邮件中对我说：

> 我们还原历史真相的最终目的不是要向后人传递对日本的仇恨，而是要反省非人性的行为及其根源，预防人间灾难的再现。因为日本民众并非当政者的同类，右翼还是少数，但是他们是掌握党派、权力和国家命脉的人。日军惨无人道的行

为基于民粹主义下的民族优越感，是狭隘的“爱国主义”，所以杀人者眼中的中国百姓根本不是人。因此只有互相尊重、理解、包容，放下病态的自尊，才能和平共处。

邵华按照我给她列出的采访提纲帮我采访了戴克牧师。为了获得最重要的细节，我特别叮嘱邵华，“问得一定要细，要有场景，有对话，有来龙去脉”。2017年12月3日，她用微信语音将获得的采访内容一条一条地详细复述给我。邵华惊人的记忆力令我佩服。

邵华告诉我：当年邵子平是海德堡大学法学系博士生，戴克是基督教新教神学系学生。他们在1963年建立的一个学生组织里认识，1963年至1967年间两人建立了友谊。

戴克原为柏林福音教会副会长，是南部非洲、“非洲之角”、韩国和日本处负责人，现已退休。

看到平板电脑上邵华连续发来一条一条接近60秒的微信语音，我知道邵华成功地完成了“任务”。我一条一条地听着，眼眶湿润，找不到语言表达我对她的感谢。

我将每一条语音转成文字，再复制到文档里，接近7 500字。邵华还发来戴克牧师提供的莱茵哈特夫人在1997年6月5日写给他的邮件，邮件中叙述了她最终同意公开《拉贝日记》的过程：

陈旻，我希望你需要的细节都在这里面。因为德国人不善于感情表达，所以他们讲述的通常是历史的事实，都是实在的内容，在感情起伏方面的表露会很少。昨天的一个多小时，戴克先生的陈述也非常平静，没有一点煽情的渲染。

邵华继续在邮件中写道：

陈旻，还有两点补充一下：

莱茵哈特夫人原来是遗物的所有人。后来她把日记送给了舅舅奥托·拉贝，即拉贝之子，因此她的舅舅就成为遗物的继承人而获得了所有权，之后遗物由其子托马斯·拉贝继承。在《拉贝日记》出版时，她的舅舅还在世。在出版过程中，她做了很多工作，包括确定版权。但这都鲜为人知，她自己没有获得任何经济上的利益。

戴克先生提到信中的两句话："Auch musste ich erst wieder hineinwachsen in ein seit Jahrzehnten verborgenes Leben. Die parallele Erinnerung an die Ereignisse in China und Deutschland waren für mich sehr schlimm." 翻译成中文是：我也得重新面对已经隐藏了数十年的生活经历。中国和德国所发生的事件于我而言是无比痛苦的、平行的双重记忆。

戴克的理解是，在南京，莱茵哈特夫人是见证人，而在柏林，她也许是受难人。这点没有考证，只是感觉而已，因为很多人将创痛深深埋在心底，割断记忆而重新生活。这点德国人和中国人非常不同。这些与你的报道也许没有直接关系，但可以提供一些背景。

在邵华的帮助下，我顺利完成了这一整版新闻专题。稿件于

2017年12月11日刊发在《大公报》A6版。

邵华尽心竭力地用自己的业余时间帮了我这么大的一个忙，我一直想着如何回报她。邵华在邮件中提到学校图书馆有张纯如的书，侵华日军南京大屠杀遇难同胞纪念馆每年都会出版一批关于南京大屠杀历史的图书，如果能赠送一些给邵华所在的大学图书馆，这不也是一种向世界传播历史真相的途径吗？于是，我打开邮箱给纪念馆写邮件：

尊敬的纪念馆馆长：

您好！

非常感谢您对江苏记者站工作的鼎力支持！我们在去年及今年涉及大屠杀历史的相关报道都有了与以前完全不同的视角与空间。

我的朋友邵华是“南外”毕业的，在“北外”上的大学，毕业后去了德国，每年都回南京。这次采访报道多亏了她的热心相助。邵华目前在德国一所大学的图书馆工作，我觉得可以将纪念馆出版的关于大屠杀的图书赠予她一些，这些图书成为大学图书馆的藏书，可让更多的大学生了解这段历史。

馆方当天就表示同意。

2018年初，纪念馆向邵华寄赠了《南京大屠杀史研究与文献系列丛书》第一至三十卷、第三十五卷，《南京大屠杀词典》（上、下两卷），《被改变的人生：南京大屠杀幸存者口述生活史》以及《日本侵华史研究合订本》(2015年至2016年)等一批图书。最重要的是，我们还由此开辟了一条向海外传播南京大屠杀历史研究成果的途径。我与邵华都认为这么做很有价值。

从《罗森报告》到福斯特书信

“因为身处国外，我们能看到很多外文报道。”1988年起，邵子平与一批美籍华裔热心人士在纽约创立对日索赔同胞会，开始关注南京大屠杀历史研究。

1990年12月，德国公布了存放于波茨坦档案馆，由前外交官罗森于1938年2月提交给德国外交部的一份报告。在这份报告里，罗森直接谈到了马吉影片，报告里还包含马吉影片的胶片拷贝和一份马吉牧师用英文写的详细的影片镜头目录。

“1990年，德国外交部公布了《罗森报告》[1]。日本人最先开始研究，说《罗森报告》中还特别说明附有影片，是美国牧师约翰·马吉在南京拍的，但因为只有解说词而实际上找不到对应的影片，所以日本人称之为‘鬼片’。我们注意到这个事情，就开始找。”邵子平回忆。

这份最新解密的《罗森报告》在1990年12月17日被日本京都的媒体发现，在日本报纸上以大字标题刊出后，由于未发现影片拷贝，“有名无实”，日本《每日放送》记者加登英成便为此专程去美国展开调查。

1　全称为《罗森给德国外交部的报告》，是揭露日军南京大屠杀的重要资料，由当时德国驻华大使馆南京办事处政务秘书乔治·罗森所写。

我把国内媒体报道中提到的关于《罗森报告》的内容发给了邵子平：

> 几乎在邵子平发现马吉影片的同时，《罗森报告》中曾被蔑称为“鬼片”的影片拷贝，最终也在波茨坦档案馆被发现。不过，在不同地方发现的几个版本的影片，都不是完整的，将影片与马吉的解说词一一对比，也可以发现影片并不完整。邵子平在《约翰·马吉拍摄的南京大屠杀纪录片》一文中写道，费奇的版本只有11分钟，而马吉家发现的胶片时长37分钟，比其他所有版本都长。（2017年12月12日《北京日报》）

“《罗森报告》里附的马吉影片解说词列出了哪些内容条目？”邵子平提出，先从《罗森报告》入手，他想知道罗森提交给德国外交部的那份马吉影片有什么样的内容。他在20世纪90年代初一直想去德国查找，但未能如愿，这已成为他多年的心结。当然，邵子平更想证实“联合会”所拥有的“37分钟”版马吉影片是不是真的是现存不同版本的马吉影片中最长的。

为了更深入地了解《罗森报告》与马吉影片，我从网上买了历史学家章开沅先生的著作《天理难容——美国传教士眼中的南京大屠杀（1937—1938）》（以下简称《天理难容》）、《南京大屠杀的历史见证》、《从耶鲁到东京：为南京大屠杀取证》、《南京大屠杀史料集》等一摞图书。

一行行细读下来，我在《天理难容》里福斯特于1938年2

月12日给妻子的信中发现了有关罗森及马吉影片的信息，他写道：

> 马吉的影片效果这么好，真把他乐坏了。使馆好几个人都想要拷贝。罗森也要了一套打算送给希特勒看。[1]

《天理难容》有完整的马吉牧师写的影片1至12号解说词，在影片解说词文末特别注明：此件背后有手书的"请归还上海Jespeed路990号福斯特夫人"字样。

福斯特1895年生于美国宾州，1937年，在南京沦陷前，福斯特夫妇一同从扬州移居南京，以圣公会传教士的身份在圣保罗圣公会教堂服务。1937年11月底，他的妻子克拉丽莎从南京撤退到汉口，1938年1月中旬经过香港到达上海。福斯特与另一位圣公会牧师约翰·马吉留在了南京。

我将这些细节告诉邵子平，用红笔把《天理难容》中的这些内容圈出来，再寄给他，请他斟酌推敲。

那些日子，我每天都与邵子平先生电话联系，一条一条分析、梳理不断获得的线索与信息。在微信上频繁交流，从细节入手，一点一点还原他们当年寻找马吉影片所下的功夫。邵子平的严谨治学精神和对历史细节的高度敏感令我受益良多。

邵子平的最新分析，我用微信实时告诉了在德国的邵华。邵

1　章开沅：《天理难容——美国传教士眼中的南京大屠杀（1937—1938）》，南京大学出版社2005年版，第167页。

华因为采访了邵子平的朋友戴克牧师，也顺理成章地加上了我推给她的邵子平的微信，建立了联系。

邵华在联系戴克的过程中无意间看到《罗森报告》里提到的马吉影片，顿生好奇，觉得可以在德国查找。她查到《罗森报告》收藏在波茨坦档案馆，便想试试能否拿到文件的复制本，因为德国的公共信息数据库都可以免费提供给高校研究人员使用。

根据档案馆网页上的信息，该档案馆已迁至柏林。2018年3月初，邵华以学校图书馆的名义通过电子邮件向他们询问1938年2月10日的《罗森报告》。3月14日，档案馆的回复表示《罗森报告》这批资料目前存放在外交部的政治档案馆里，并给了她外交部政治档案馆在柏林的详细地址和联系方式。

第二天，邵华联系德国外交部政治档案馆。他们当天找到文件，并把复制文本附在邮件里发给了邵华。2018年3月19日，我收到邵华的邮件：

陈旻，邵先生，你们好！

今天收到外交部档案馆提供的PDF文件，是两份关于南京大屠杀的《罗森报告》。可惜其中没有关于马吉牧师影片长短的记载，但报告内容仍然是历史的佐证。现将两份文档作为附件寄给你们。

当日，邵华又给我单独发来邮件，特别叮嘱将《罗森报告》的电子版交给侵华日军南京大屠杀遇难同胞纪念馆：

陈旻，你好！

从刚刚发给你们的两份《罗森报告》来看，罗森在华期间曾定期向德国外交部提交报告，关于南京的也可能还有更多。我是以我们图书馆的名义向德国档案馆查询的，为给我馆赠书的侵华日军南京大屠杀遇难同胞纪念馆寻找这些资料。所以等你们忙完这些后，应该将资料送给侵华日军南京大屠杀遇难同胞纪念馆收藏。

邵华发来两份《罗森报告》的电子版，其中一份是德国大使馆办事处文件复本第8号，这份编号为2722/1113/38的报告于1938年2月10日发自南京，标记为“内容有关日军在南京残暴行为的文献纪录片”。

罗森是德国驻华大使馆南京办事处政务秘书。日军进城前夕，他去英国军舰上避难，其间在日本军舰的护送下去了上海，1938年1月9日回到南京。

“日本人在南京的恐怖统治已达到无以复加的程度。在此期间，美国圣公会布道团成员、使馆顾问约翰·马吉拍摄了影片。这部影片是日本人所犯残暴罪行的有力见证。约翰·马吉已在南京待了25年。”罗森在报告中开门见山地说。

马吉先生曾努力关照待在德国顾问处的中国难民。我想请你们对他的名字严格保密。他比布道团的多数同仁更关心德国使馆的事务，因为他死去的姐姐是一位奥地利外交官的妻子。表明他无私意图和纯正愿望的典型事例，是他对他的影片没有采取任何商业性的处理，他亲自向大使馆提供了一份拷贝。我们只需向上海柯达公司支付印片费，拷贝就将通过安全途径送往外交部。[1]

随拷贝附上各个剪辑图像的英文解说词。解说词和影片本身都是令人震惊的时代文献。请允许我提出这样的请求：把带有解说词译文的这部电影放映给元首一看。[2]

为了证实马吉牧师所拍摄影片的真实性，严谨的罗森专门到惨案现场考察。他在报告中叙述了自己的考察：

另外，我也亲自去了现场，察看了最近这个星期日日本一系列“英雄行为”之一的四名死者。我在那里看到一名老人，背着两把椅子，被一个日本兵毫无顾忌地用枪击伤。他妹妹在日本人到来时藏在附近，并叫来了两个熟人。这两个人利用一扇门、两根竹竿和一些粗绳捆扎成一副担架。他们准备把这名受重伤的老人抬走。日本人见状把这四人全部枪杀：受伤老人、老人的妹妹和两个抬担架者。拉贝先生星期一（1938年2月7日）到现场时，这四名死者仍原封未动地躺在那里。老人妹妹的女儿抱怨说，她妈妈的全部家当十元钱也被拿走了。这十元钱本被藏在裹脚布里——这是通常藏钱的地方。拉贝先生送给她十元钱，以表安慰。星期二我和拉贝

1 《德国档案馆中有关侵华日军南京大屠杀的档案资料》，《抗日战争研究》，1991年第3期第174页。

2 同上。

先生再次去现场时，我只看到一大摊血和那副担架。四具尸体已用草席卷好，在附近一个小山丘上等待安葬。[1]

……

罗森在这份报告的最后说明：

这部影片的费用将由德国驻汉口领事馆支付并出具证明，有关这份报告的证明也由德国驻汉口领事馆发出。

由于同汉口的邮政联络很差，所以我把这份报告直接发往外交部。驻汉口和东京领事馆以及驻上海总领馆将通过可靠途径得到这份报告的复件。[2]

这份报告表明罗森确实曾获得了一份马吉影片的拷贝，并且通过安全途径送往德国外交部。

邵子平看了《罗森报告》后很兴奋，3月20日，他给邵华和我回信：

非常感谢邵华，你送来的《罗森报告》复制文本应该很有用。

请陈旻首先查明这份报告同张宪文资料集里的是否相同，包括下面几点。

1　《德国档案馆中有关侵华日军南京大屠杀的档案资料》，《抗日战争研究》，1991年第3期第174页。

2　同上书，第175页。

不论是否相同，从你发来的文本里可以看出不少东西。陈旻请先确认是否看到两份附件的全部，能否打印出来。我昨晚未能看见，今早看到第一份报告2208（内部编号为2722/1113/38）。特别是其中的第一份Anlage，即附件，里面叙述到4部影片及每部影片的分节和分节的描写（原文第141—154页，里面对夏淑琴家的描写特别动人和详尽），请及早查明这份附件是否已经收集，是否已经翻译出来。

2208说里面有两份附件，怎么只有这一份？2208上面写的是no.8，表示德国使馆罗森应该还有编号1—7的报告，特别是里面说明的还有关于日本军官天谷直次郎的第7份报告。陈旻今天可否就此查明，如果中国南京没有收集，那么，邵华和我们就找到一个宝，请你继续去查德方档案馆，他们应该还有。

《罗森报告》全是德文，我当然看不明白，就请教刘燕军，他告诉我南京大学在几年前已经将《罗森报告》翻译出版，收录在《南京大屠杀史料集》中，但尚未拥有《罗森报告》的高清影印件。

南京大学历史学院获知我有《罗森报告》的PDF版本后，不止一次地表示希望我发过去，说他们当年得到的是照片版，清晰度要低很多。

这当然也说明了邵华的付出是有价值的。

邵华获得的这份《罗森报告》还有一份英文附件，是马吉影片解说词。邵子平据此回忆、对比，从中发现纽约"37分钟"版马吉影片并非马吉牧师拍摄的有关南京大屠杀的全部内容。

他在发给我的微信中写道：

再读《罗森报告》英文附件1—4号影片，我实在没有印象，也完全不记得其故事，可能是3号影片的第8段，4号影片的第2,3,5,6,7段。这些很可能不准确，但先记下，作为参考。

我看了5—12号影片后，将做同样记录，也做参考。如果很多，我就可以确定，这目录里的影片确实比我们纽约的“37分钟”版要多。

邵子平推测，也许罗森提交给德国外交部的马吉影片会有更多内容，包含目前海内外尚未发现的马吉影片其余部分，若能重新发现，对于历史真相的呈现依然具有重要价值。若要查找这部分史料，邵华理所当然地被邵子平视作最佳人选。

那段时间里，起先是邵子平与我两人追查马吉影片的全部信息，随后追查变成了三人行。邵华的加入使得邵子平劲头更足，他是毕业于德国海德堡大学的法学博士，精通德文，学术作风严谨，与邵华用德文交流无疑令他十分愉快。

另一份编号为2722/1896/38的《罗森报告》于1938年3月4日发自南京，标题为“南京的形势”。报告总结了1938年2月南京及周围的形势：

日本人的暴行在数量上已有减少，但在性质上没有变化。枪杀无辜、强奸妇女和掠夺钱财的消息不断传来。现在日本人也把被强奸妇女的子女和其他家庭成员当成污辱对象。日本人用手无寸铁的活人练习拼刺刀，受害者被送进美国教会医院的情况屡见不鲜。例如，一名妇女被刺刀从后背贯穿前身，送进医院5分钟后就死掉了。[1]

红十字会在为埋葬众多尸体而慢慢努力。郊区小港口下关尚有3万具尸体，这都是大屠杀期间被集体处决的。红十字会每天埋葬尸体500至600具。[2]

龙潭–南京三角地带的负责人说，这一地区原有3 000头牛，目前还剩300头。谨慎地估计，仅用人力只能种植目前稻田的三分之一。即使在地里有时能看到一些人，多数也是饥饿的外地人，他们在杂草丛生的田地里寻找最后残存的胡萝卜，耕种田地的人极为罕见。[3]

直到我动笔写信的这一天（3月4日，南京于去年12月13日沦陷），在首都还看不到一家中国商店！中国人只能在街上或简陋的小木棚里做些生意。除日本人开办的餐厅外，被劫掠的中国商店多数都由来自上海的真正日本小商贩经营。日本人挑肥拣瘦扮演寄生虫角色的理想正在变为现实。[4]

3月21日，邵子平同时用邮件给邵华和我发来新的“工作指令”：

看了邵华的第二份报告（2722/1896/38），又可称22号

1 张宪文：《南京大屠杀史料集6》，江苏人民出版社2014年版，第430页。
2 同上。
3 同上书，第430—431页。
4 同上书，第431页。

报告，里面内容均有价值；里面又提到1月15日《罗森报告》（2722/1002/38）关于日军里广田大佐的事。

但这份报告对我们现在的目标（寻找马吉影片），没有多少帮助。

不过，陈旻今天先去查明，有无《罗森报告》的中文翻译，但也必须查明是否只有这两份报告和附件。

除了前面查考的内容，邵华还可以查考这份22号报告之前的几份，也即8—21号报告，是否同南京大屠杀有关；或甚至23号及以后的报告，是否还在。

陈旻今天去查南京收集、翻译的《资料全集》，看里面是否有上述内容，她查考了之后，再告诉邵华如何继续。

我们被邵子平指挥着推进资料查找的工作。3月22日，我写信给邵华：

邵华：

你好！

知道你特别忙：工作、孩子、家务等。每次占用你的珍贵时间，心中都会有特别的歉意。

你从德国外交部档案馆找到的这两份《罗森报告》的PDF文件非常珍贵，邵先生很珍视，他仔细阅读。他说，听说其中一份有两个小附件，但是他只看到其中一个附件，不知道另一个附件是否能查到？

另外，在中国的历史学家的书（《天理难容》）中记录了德国档案馆还藏有两份马吉影片的4卷影片，我在今天上午分别询问了南京大屠杀研究的学者和侵华日军南京大屠杀遇难同胞纪念馆，他们都明确表示目前没有马吉影片资料，不知道这两份4卷影片在德国外交部的档案馆里是否依然是馆藏？如果有，可否提供数字影像资料？

实在抱歉，解决了一个问题，又继续出现新的问题。恳请帮忙再询问档案馆这些问题。谢谢！！！

或者，请邵先生看完所有目录后，将需要咨询德国档案馆的问题全部集中后，再告知你。

邵先生今天中午收到《天理难容》后，立即放弃午休，在根据5—12号马吉影片解说词查询、回忆。我力劝他先休息，因为他已过80岁，虽然看起来他依然年富力强、风度翩翩。

感谢支持！觉得说再多感谢的话都不足以表达内心的感激之情！

祝好！

陈旻

3月22日

顺利获得两份珍贵的《罗森报告》，使得邵子平格外看重邵华的能力。他不止一次对我说："邵华会电脑，是图书馆专业，能在网络上从全世界寻找史料的线索。不像我，没有电脑技术，只会到处打电话乱找。"邵华成为邵子平延续自己未竟事业的重要希望，他期待邵华能在德国找到罗森发给外交部的马吉影片，在德国或美国找到福斯特收藏的马吉影片。

“福斯特是马吉牧师的兄弟，马吉有可能将拍摄的南京大屠杀影片给了福斯特一套，否则，福斯特夫人拥有马吉牧师的影片解说词又该如何解释？”邵子平如是推测。“马吉牧师的影片解说词中仍然有相当一部分没有找到对应的画面，福斯特收藏的马吉影片，时长应该能有80多分钟。”

“马吉牧师5—12号解说词说得那么清楚，所以这样的默片是一定存在的。这么多的东西是不容易丢失的。”2018年10月21日下午，在南京拉贝纪念馆的院子里，邵子平指着墙上的福斯特照片，对邵华说：“福斯特手上的马吉影片，最少应该有80分钟，如果你能找到，那可就是大功一件了！”

我当然期待邵华能带来更多的奇迹，罗森寄给德国外交部的马吉影片只有文字记录，拷贝胶片却始终未见踪影，去向成谜。

2018年5月15日，邵华为此发来邮件：

邵先生，陈旻，你们好！

联邦档案馆回复我，没有找到马吉影片档案，看来真是“鬼片”了！他们影像档案部的工作人员在查找的同时发现有下列涉及日军占领南京的资料，如果需要可以提供使用。我将此信转给你们，包括附件中的使用须知及申请表文档。他们提供付费服务。

“《罗森报告》里清楚地写着，这份报告有两个附件：一个是马吉影片的胶片拷贝，另一个是马吉牧师写的影片解说词，有档案标号，”邵华对这份1938年2月10日的《罗森报告》做进一步解读，“这份文字报告用复写纸复写了两份，加上原件，一共应有三份。同时还有抄送本，分别抄送给汉口、东京和上海。一份复写件应该是由罗森自己留底的，在南京存档。一份原件应是寄给德国外交部的，另一份复写件寄往德国大使馆。”

“复写副本是用打字机写的，放两张复写纸可以一次写出三份，即原件加两份复写件。抄送本是按原件重新打字抄录的副本。这两种副本在德文里有不同的名称。”

2015年，邵子平曾经委托熟人在德国外交部档案馆寻查《罗森报告》的信息。据档案馆提供信息，罗森曾于1938年2月10日从南京向德国外交部递交了报告与附件马吉影片拷贝胶片及影片解说词。

汉口德国大使馆收到这份文字报告的时间是2月21日。德国外交部则是在3月21日收到的，比汉口整整晚了一个月，这是因为从中国邮寄到柏林需要更长时间。

柏林收到的这份特别提到马吉影片的《罗森报告》在当时的德国似乎并没有引发反响。1943年，德国外交部政治档案馆将馆藏档案资料散存到哈茨山区的几个城堡，放在干燥的地下室保存，也有部分存放在地上的室内，防止资料毁于战争。美军很快找到了地上部分，但地下的部分没能很快找到。之后，苏军接管，将找到的档案资料送入东德的档案馆。美军找到的档案资料于1948年送往英国整理，1959年送归德国。

“对此有专文阐述，”邵华猜测，“‘二战’时很多未移出的档案损毁于战火或被人为销毁，其中也许就有我们说的罗森提交的马吉影片的拷贝胶片？”

罗森带到德国的马吉影片拷贝胶片的下落，以及福斯特是否有可能拥有马吉影片拷贝胶片，都成了待解之谜。

邵华已确定于2018年10月回国探望父母，与邵子平约定届时在南京碰面，具体商量如何继续在海外挖掘南京大屠杀史料。

我也满心期待着邵华回南京，因为我请她将莱茵哈特夫人写给戴克牧师那封披露自己公开《拉贝日记》前后的经过与心情的重要信件，做成具有法律效力的公证件，计划将此作为珍贵史料捐赠给南京拉贝纪念馆。

“戴克牧师虽然已退休，但他似乎格外忙碌。”邵华为此只能不断联系戴克牧师，逢年过节寄赠巧克力、贺卡等礼物祝福问候，长达半年多，才艰难地完成了这项“使命”。

戴克牧师的回忆，《拉贝日记》公开真相

1937年12月，侵华日军在南京制造了屠杀30多万中国军民的惨案。拉贝当时是南京安全区国际委员会主席，他的日记在尘封了59年之后，终于在1996年12月12日于纽约公开，举世震惊。《拉贝日记》详细记述了470例南京大屠杀个案，其中多例与其他史料互为佐证，成为南京大屠杀最翔实有力的证据之一。找到并公布《拉贝日记》，是纪念南京大屠杀受难同胞联合会继1991年寻获马吉影片之后对南京大屠杀史料发掘与研究的又一里程碑式的贡献。

2017年12月3日，时年77岁的德国牧师戴克先生接受《大公报》采访，独家回忆其21年前帮助促成《拉贝日记》公之于世的特

殊经历。戴克表示，当年他受大学同学邵子平委托，用“再现并传承历史真相，是我们这一代人对后人义不容辞的责任”以及“有了这些证据，才有可能迫使日本政府向中国受难者道歉”等理由，经过2至3个月的力劝，才最终说服了莱茵哈特夫人“同意把日记拿出来公开”。

张纯如找到拉贝后人

生活在德国柏林的戴克先生，在2006年退休后，一直作为义务志愿牧师参与柏林福音教会的工作。

1963年至1967年，戴克与邵子平同在德国海德堡大学求学，当时邵子平是法学系博士生，戴克是基督教新教神学系学生。他俩在1963年建立的学生组织里认识并建立友谊，“多年来一直保持联系”。

1936年出生于南京鼓楼医院的邵子平，父亲邵毓麟是外交官，曾任驻日本横滨总领事和驻韩国大使。在南京度过童年与少年的邵子平，对南京感情深厚，痛恨侵华日军。

1988年起，在联合国总部从事人力资源与法规工作的邵子平与一批美籍华裔热心人士，在纽约先后创立了对日索赔同胞会与纪念南京大屠杀受难同胞联合会，立志要为在南京大屠杀中遇难的同胞讨回公道、争得赔偿。

寻找侵华日军南京暴行的证据便成为他们的首要目标。邵子平从当年南京安全区国际委员会总干事乔治·费奇的著作《我在中国八十年》中了解到，侵华日军南京大屠杀期间，在南京保护难民的外籍人士中，拉贝的地位格外突出。

邵子平说：“当时德国是日本的盟友，拉贝是商会会长，又是南京安全区国际委员会主席。”他就把寻找拉贝作为搜寻南京大屠杀证据的突破口。

1993年，邵子平专赴德国，找寻拉贝的线索。他说：“我在柏林查电话簿，打了好多电话，找到五十几个拉贝，都跟我要找的拉贝没有任何关系。”邵子平说自己在柏林“简直是大海捞针，乱冲乱撞”。

戴克亦证实，邵子平在1993年来德国，到柏林教会的档案库里翻找，希望能从教会活动文件里发现关于拉贝及其后人的线索，“但是他没有找到任何记载”。

1994年12月，美籍华裔女作家张纯如联系邵子平，请他帮助收集南京大屠杀的史料。邵子平很高兴，他回忆起当时的情景：“我说‘好啊，现在我们需要用英文把南京大屠杀的事说出来’。”1995年1月，张纯如在纽约待了三周，其间就住在邵子平家里，每天开他的车往返于耶鲁大学图书馆查询资料。

“在抗日战争历史研究方面，我们‘联合会’在美国东部做得比较宽泛、深入，”邵子平说，“因为我们会里有三位非常重要的史学家、老教授，他们是对抗战历史有亲身经历的学者，他们是杨觉勇、吴天威、唐德刚。”

“最有名的唐德刚先生在美国纽约州立大学任教。杨觉勇先生是大学教授，早年是驻日本的中国外交官，日语非常流利。吴天威在伊利诺伊州大学任教，他常常到我们东部来，把他主编的《日本侵华研究》杂志送给我们。他很辛苦，自己动手组稿、编辑兼邮寄，都是亲力亲为。”

“这三位老先生只有杨觉勇的日文与英文比较流利，但是真正要动手用英文写书那又是另外一回事了。”

邵子平回忆，“联合会”认为南京大屠杀这么重大的历史事件，在西方既没有一本专门介绍的书，也没有详细的系列报道。“纽约的报纸上天天有人追究纳粹的罪行，讲犹太人大劫难，为什么不讲东方的大屠杀？”“我们非常苦恼，就不断鼓励这三位教授来写，可是他们都觉得有困难。”

“西方是英语世界，话语权首先不掌握在我们东方人手里，媒体热衷发表的多半都是事关犹太人的问题，而不是我们东方的问题。”

“我们那个时候非常希望有年轻人能够用美国人所理解的语言来写南京大屠杀，”邵子平说，“我们大家看到张纯如来写，都很兴奋。理由很多：第一，她年轻；第二，她有朝气；第三，她是一个有深度的调查型记者。”

邵子平理解的调查型记者，不是仅能做普通采访，只能写小故事的记者，而是能深入一个专题去研究，最后以正式出版物的形式发表有价值的历史报告的记者。

“张纯如是个出色的调查型记者。”邵子平由衷地称赞道。他说，1996年4月，“她通过德国在华侨民组织‘东亚之友协会’辗转找到拉贝的外孙女莱茵哈特夫人”。“这是张纯如的功劳！”

邵子平循迹追踪《拉贝日记》

“那时，我也通过老朋友戴克到教会和留华的德侨中去问，都是无功而返。”邵子平感慨：“那些年，我像疯了似的！”

2021年12月1日，邵子平在南京对我详细回忆了寻找《拉贝日记》的经历。“西方有一句话叫：魔鬼藏在细节中。很多事情在细节里面，你只要不犯错误，或许就有机会找到宝贝。”

那天，邵子平的回忆持续了一个多小时，一些关键的细节他都记忆深刻。“我记得很清楚，1996年9月，我从德国回来，在中文报纸上看见一篇很小的新闻，说找到了拉贝后人。我非常惊奇，心想怎么会这么巧就找到拉贝后人了呢？！”一打听是张纯如找到的，“我马上打电话给美国旧金山的张纯如”。邵子平问她：“你是怎么找到的？恭喜你，非常好，你讲讲细节。”

张纯如把莱茵哈特夫人从德国寄来的部分资料转寄给邵子平，约有三四十页，大部分是德文材料，其中有几份简报与书信。张纯如对邵子平说：“我不会德文，没有办法读这些收到的文件，你在德国留学过，德文很好，你应该能读懂。”邵子平强调：“张纯如非常大气，非常愿意把这些资料立刻用快递送到美国东部。”

“我一看，这里面有些内容引起了我的特别注意。”陷入回忆的邵子平眼眸闪亮，“第一个就是里面有一句话，拉贝说这些日记是留给子孙的，叮嘱家人这些日记只能在自己眼皮子底下看，不能外传，如果要外传，必须要得到德国政府的许可。”

接着，邵子平从张纯如转寄来的德文资料中，发现一篇拉贝写给家人的信，他在其中提到自己提交给希特勒的一份关于南京大屠杀的报告，报告中说“如果你（希特勒）不相信的话，可以看我的日记”。就这一个“日记”的字眼，让邵子平猛地眼前一亮，他立即致电莱茵哈特夫人，问《拉贝日记》的记载时间。莱茵哈特夫人告诉他，日记从1936年9月写到1938年4月。“老天啊！这正包含南京大屠杀的整个时期，这实在太重要了！”邵子平激动难抑，急切地请求莱茵哈特夫人:“日记能不能给我?”莱茵哈特夫人拒绝了他。

不得已之下,邵子平求助于德国老同学戴克。

戴克说:“我问邵子平:‘你为什么要找这些东西?’”邵子平回答他:“我们必须向世界揭露日本对中国所做的残暴行为。但是揭露得有证据,所以我们就必须要得到《拉贝日记》。”

戴克又问邵子平:“你为什么会对揭露日本南京大屠杀感兴趣?”

邵子平告诉戴克,做这些事,就是为了让日本政府对中国遇难的无辜百姓道歉。

戴克至今还清楚地记得,当时邵子平真诚地告诉他,自己1936年出生于南京,父亲是驻日外交官,南京大屠杀发生的时候,他是婴儿,人不在南京。但他认为,“可以想象,如果我没有因为父亲的工作离开,而是身在南京,会跟其他所有的南京无辜民众一样,面临着被日军屠杀的危险”。当年,邵子平有些在南京的家人与朋友也遭到了日军的屠戮。

戴克表示,邵子平虽然躲过了劫难,却一直认为自己与南京当时的受难民众拥有共同的命运。战后德国已经支付了战争赔偿,但对南京大屠杀死难者,日本政府既没有道歉也没有赔偿。为此愤恨难平的邵子平希望让历史恢复本来面目,为所有遇难者追讨公正,同时也为遇难者争取经济赔偿。

戴克认为,邵子平执着于得到《拉贝日记》还有一个很重要的原因,即邵子平认为日本政府没有像德国政府这样深刻反省侵略历史,继而对于遇难者做出应有的道歉与赔偿。戴克说:“这是驱使他做这件事的重要动机。”

戴克力劝，促日记公开

“1996年9月，邵子平找到了我，要求我联系约翰·拉贝的外孙女莱茵哈特夫人，请求她提供并允许复制其外祖父拉贝的日记。”戴克说，“因为邵子平相信，一位新教牧师在莱茵哈特夫人的眼中当然是非常值得信赖的人”。

戴克记得，邵子平曾经邀请他去纽约看了他找到的美国牧师马吉在南京大屠杀期间拍摄的纪录片：“非常震撼！”邵子平认为有必要公开记录南京大屠杀的史实日记，“让所有人面对历史”。戴克非常愿意帮助邵子平完成这项特殊的工作。

戴克与莱茵哈特夫人都生活在柏林。他说，当时没有互联网，也不存在电子邮件，“只有一个很简单的方法，就是到公共电话号码簿上寻找这个名字”。戴克很快从电话簿上找到莱茵哈特夫人的电话号码，联系上了她，向她介绍自己的身份，问莱茵哈特夫人“日记还在不在”。莱茵哈特夫人直接回答他：日记是有的。外祖父当时把日记直接交给自己保存，叮嘱她留给后人，不要让它消失。

莱茵哈特夫人是位历史老师。戴克回忆道，最初他打电话劝说莱茵哈特夫人，历时两三个月。在电话中，莱茵哈特夫人一直表现出“畏惧和顾忌”，她表示不愿意再去回忆这段历史、提这些日记，因为她说“日记中流着的都是中国人的血”。

戴克对她说，历史需要真实地再现，传承下去留给后人，就像德国纳粹的历史，德国做了很多反省，并公之于后代，让后人吸取历史教训。他诚恳地说：“你自己是学历史的人，你可以很真实地、生动地描述这段历史，这是对后人义不容辞的责任。”

戴克反复对莱茵哈特夫人强调，“真实地再现历史真相，是我们这一代人对后人义不容辞的责任，因为你是时代的见证者，是历史事件的见证者。历史不可能一开始就是完整的，在人们不断研究历史的过程中，新的证据不断被发现，这才使整个历史变得越来越完整”。“我们学过历史的人都知道，正是这些历史见证还原了真相。为了让真实历史能传承下去，为了遇难者和他们的家人，我们应该尽自己的力量。”

“有了这些历史和它的证据、证人，我们才有可能重现历史真相，迫使日本政府向中国的遇难者道歉、给予赔偿。就像德国这样。”

戴克表示，他正是用这些论点才终于说服了莱茵哈特夫人，莱茵哈特夫人认同日本政府应该像德国政府那样去面对历史，无愧于后人。“她终于同意把日记拿出来。”

莱茵哈特夫人：打开日记所读到的都是流着的血

经过多次恳切的电话交流，戴克终于获得了莱茵哈特夫人的信任，她同意与戴克接触。她与丈夫一道来到戴克工作的柏林福音教会，与戴克见面。

戴克说：“经过长时间的犹豫，莱茵哈特夫人终于确信这段历史对于国际社会，特别是中国和日本来说，是非常重要的原始文件。”

据戴克介绍，拉贝回到柏林后曾发表演讲揭露日军暴行，希望引起社会关注，又向希特勒提交报告，希望他对日本施加压力，阻止日本军队在中国的残暴行径和避免发生更多屠戮，却因此被盖世太保关入监狱。出狱后虽然希特勒政府允许他保留日记，但禁止他演讲和公开任何资料。第二次世界大战后，拉贝要求更改对其纳粹分子身份的认定，但因其纳粹党员身份和曾经对希特勒的追随，被盟军拒绝，并丢了工作，在穷苦中度日。直到1946年，拉贝再次上诉，他终因在南京的人道救助而被免除纳粹身份，得以重新进入西门子工作，但此时的拉贝早已身心疲惫不堪。莱茵哈特夫人告诉戴克，外祖父拉贝回到德国后遭受了很多痛苦，被德国政府要求“必须对日本在中国犯下的战争罪行保持沉默”。他失去了在西门子公司的重要职位，只能做小职员，从事无足轻重的工作，因此穷困潦倒。

回到德国，拉贝曾长期与女儿（莱茵哈特夫人的母亲）一家共同生活。莱茵哈特夫人告诉戴克，自己1931年出生在中国，常随母亲去南京看望拉贝，“曾在南京目睹过可怕的事情”。她是家族中唯一对拉贝的历史感兴趣的孙子辈。1938年，拉贝返回德国后，把自己在南京的经历“更多、更细地”讲给她听。日本在中国的血腥罪行，使莱茵哈特夫人“心灵深处在流血”，不愿意回忆从前。

1950年，拉贝在临终前将装订成9卷，题为《轰炸南京，一位活菩萨的日记》的日记作为遗物交给了莱茵哈特夫人。莱茵哈特夫人对戴克吐露，在其后的几年里，她不能把这些日记留在自己家里，战后的困境令她无法忍受在自己的家里看到这些文稿。因为她“打开日记所读到的都是流着的血”，“如果跟日记在一起生活，我会窒息”。莱茵哈特夫人无法讲述，也不想讲述儿时在南京的可怕经历。她的心灵满是创痛，不愿意再“揭开这个流血的伤疤”。为了心灵的平静，她把这些日记托付给舅舅奥托·拉贝，数十年来，莱茵哈特夫人没有再看一眼日记。

莱茵哈特夫人告诉戴克，外公目睹了日军对中国百姓所犯下的罪行，却只能保持沉默，他因此十分苦闷。第二次世界大战结束后，德国民众心惊胆战，无家可归，陷入绝望。因此几乎无人关心日本占领军在中国的暴行。

戴克表示，拉贝的纳粹身份问题应该也是莱茵哈特夫人当时的顾虑之一，因为日记中有很多颂扬希特勒的章节。

经过一段时间的踌躇不决，莱茵哈特夫人最终被戴克说服，认为向国际社会，特别是向中国、日本以及德国公众公开这些不寻常的原始文件有着极其重大的意义。

1996年11月，莱茵哈特夫人与丈夫特别利用休假去德国南部说服舅舅并取回了日记，送到戴克的办公室。

“1996年11月19日，我和妻子用私人复印机复印了日记的前3卷，共900多页，直接寄至纽约，交给邵子平。”戴克说。其他的6卷日记则由莱茵哈特夫人和她的丈夫在一家复印店复印后寄给邵子平。邵子平为此专门寄了支票给戴克，以支付莱茵哈特夫人的复印与邮寄费用。

“这些日记，手写的有1 000多页，还有1 000多页是打字机打出来的。”莱茵哈特夫人告诉戴克，拉贝在德国失去工作后一度心情沮丧，有很多的空闲时间，他就把这个时间用来整理、打印自己的日记。

纽约记者会向全世界公布《拉贝日记》

时至今日，说起寻获与公开《拉贝日记》，邵子平依然兴奋。

他说，“两千多页的《拉贝日记》，一页一页复印出来，印了500张就打一包寄到纽约”，“我一看，太有价值了！”作为纪念南京大屠杀受难同胞联合会的创会会长，邵子平当时请来哈佛大学历史系主任和哥伦比亚大学东亚历史系教授鉴定这批日记。哈佛大学历史系主任说，他从未见过一份数量这么大、重要性这么高的披露这段历史的资料。哥伦比亚大学东亚历史系教授认为，“这个事情非常重要，将对日本造成很大冲击”。

邵子平回忆道：“我们立即去《纽约时报》报社。我们说，‘请你们的总编辑来看看两个教授的评价，我们给你们《纽约时报》独家发表、独家刊载这个大新闻的专有权利’。”《纽约时报》决定，拟在12月13日发表。“但《纽约时报》说媒体界有个‘君子协定’，即重大新闻得大家共享，所以，‘联合会’决定邀请世界各国记者召开记者招待会发布《拉贝日记》。”

邵子平特别通过戴克邀请了莱茵哈特夫妇来纽约参加记者招待会，“联合会”承担了他们夫妇的往返机票等费用。

1996年12月9日，莱茵哈特夫妇携带《拉贝日记》的部分原件和影印件从德国柏林来到纽约。

邵子平夫人罗其云说：“莱茵哈特夫妇提前4天到纽约，我们家就把主卧室让给他们，到最高级的百货公司买了全新的床单铺上。”

美国东部时间1996年12月12日下午，美国纽约曼哈顿洲际大饭店云集了世界各国的记者和学术界人士。2时整，在与59年前南京城沦陷的同一时刻，记者招待会开始。拉贝的外孙女、65岁的莱茵哈特夫人向世界各国记者展示了她外祖父当时所记录的战时日记，即刻引爆全球媒体。

“场面得体面啊。我们出钱，用600美元在曼哈顿地区的高档酒店洲际大饭店租了会场，租了2个小时，”邵子平说，“600美元啊，那时候我一个月工资不过两三千美元。”

据章开沅介绍，纪念南京大屠杀受难同胞联合会的成员，都是自愿出钱、出力、尽义务的。

1996年记者会的盛况，邵子平迄今仍记忆犹新，他说：“记者大批地赶来采访，包括所有的日本、韩国大报记者。德意志通讯社记者还向我抱怨‘这件事为什么不早告诉我，跟我们德国人有关，我们可以帮你在德国调查’。我说，‘对不起，我没有时间告诉你’。”“公布《拉贝日记》的记者会经过我们的精心设计，使得南京大屠杀的历史在全世界产生前所未有的巨大冲击力。”

召开记者会后的第二、第三天，“很多记者都分散到外国各个地方去收集与这段历史相关的材料，因为他们的报道已经远远落后于《纽约时报》独家报道的新闻，所以他们需要增加外围采访”。

新华社的记者在记者会当天现场采访之后，第二天又给邵子平打来电话，一定要面对面地再次采访他，“他说当天把这个新闻的采写传给总部后，马上得到指令，要求他来家里访问，而且要升级成一个详细的专题报道”。“我住在纽约的乡下，新华社记者专门坐火车到纽约乡下来采访我。我们谈了很久，前前后后的过程、每一个细节，他都很重视，都做了详细的记录。”

《纽约时报》对《拉贝日记》的公开经过做了连续报道，还特别将《拉贝日记》从德文翻译成英文，进行连载。“都是很大的整版整版的篇幅，影响很大！”邵子平记忆犹新。

还原真实历史

2017年12月11日，《大公报》A6整版刊发“南京大屠杀八十周年祭”新闻专题《美华人千里追寻〈拉贝日记〉》，报道还原了邵子平先生等人历尽艰辛，终于找到《拉贝日记》并最终促成其向全世界公开的经过；首次采访了戴克牧师，报道其受邵子平之托，经过两三个月的力劝，才最终说服了莱茵哈特夫人“同意把日记拿出来公开”；并且在戴克牧师的担保下，莱茵哈特夫人才答应邵子平的邀请，亲自赴纽约作为证人出席新闻发布会。

这篇报道使促成《拉贝日记》公开的关键人物戴克牧师第一次被世人认识。在此之前，在海内外所有关于寻找、发现与公开《拉贝日记》的各种报道中，戴克牧师的关键作用从未被提及。

戴克牧师在接受邵华替我对他的采访时提出一个诉求，希望在《拉贝传》再版时，可以将他的付出补充进去。

我认为这个诉求合情合理。邵华担心我忘记，郑重其事地提醒过好几回，我则保证一定会去落实此事，请她放心。

2019年1月，我着手兑现这个承诺。在查询相关背景资料时，我发现了《拉贝日记》发现经过的另一种说法，有人认为张纯如到南京后看到了一篇文章，之后才找到拉贝的家属。

邵子平的回忆则与之不同。1994年12月，张纯如联系他，请他帮助收集南京大屠杀的史料。邵子平特别提示她：“南京大屠杀期间有一个德国人叫拉贝，这个人的贡献很突出，我们要想办法找到这个人。”

2023年5月，邵子平在整理旧物时发现几封张纯如与他的往来邮件的打印件，便直接寄给我。

1994年12月22日，张纯如在邮件中给邵子平发去自己准备去华盛顿及纽约查阅南京大屠杀历史相关资料的行程计划，计划中的旅行时间集中安排在1995年1月。张纯如写道："如果你有任何朋友可以在华盛顿、纽约或纽黑文（最好是在国家档案馆和耶鲁大学附近）为我提供客房，请尽快告诉我。"

"Dear Iris[1]，总的来说，我欣赏你主动接近我们的想法。我和'联合会'谈过了，我们很高兴你能在南京大屠杀历史研究上与我们合作。"邵子平在1994年12月23日回复张纯如的邮件中写道。"经过'联合会'吴章铨博士对耶鲁图书馆馆藏资料的研究，我们有一个关于南京国际安全区的资料列表，是传教士的参考资料，你可以根据列表亲自去查阅。我会为你寻找住宿。"

1994年12月29日，张纯如再次发邮件给邵子平："尊敬的邵先生，我没有南京国际安全区传教士的名单，如果你能传真给我，我会很感激。这次旅行，唯一紧迫的事情是在纽约、华盛顿、纽黑文获得住房。如果你能找到愿意接纳我的人，请在我出发前通过电话联系我。"

张纯如的母亲张盈盈在2006年5月12日写给邵子平的邮件中说："尊敬的子平，我清楚地记得Iris所告诉我的关于你的事。Iris还告诉我你是如何帮助她的：让她住在你的家里，让她用你的车去耶鲁图书馆，以及你们俩讨论南京大屠杀，等等。"

1　张纯如的英文名。

1991年7月12日，邵子平在马吉牧师的儿子大卫·马吉位于纽约家中的地下室里找到了马吉牧师的电影胶片。“我们把默片都看了一遍，注明跟南京大屠杀有关[1]的盒子，我们就放到一边，跟其他宗教活动有关的我们就摆到另一边。（最后统计）和南京大屠杀有关的部分加起来总共大约37分钟。”

邵子平在马吉牧师的遗物中发现了约翰·拉贝的线索。“在整理马吉的遗物时，我们发现了马吉与约翰·拉贝的来往信件。因为这一线索，大约在1993年，我独自去欧洲旅行，特地去德国北部调查过约翰·拉贝的下落，但是没什么头绪。我还找来柏林的电话簿，想碰碰运气，一看有五六十个拉贝，就乱打了几个电话，也没有什么用处，也不晓得到底哪个拉贝是我们想找的，所以这是不得已的方法。”

邵子平说，张纯如在1995年1月来他家之前并不知道拉贝。

2022年3月6日，我特别请教了1995年陪同张纯如在南京采访20余天的杨夏鸣老师。他告诉我，张纯如的中文水平很弱，只能说最简单的句子，复杂的都需要用英文表达，基本不能阅读中文文字。而张纯如在《南京浩劫：被遗忘的大屠杀》书中关于获知《拉贝日记》线索的叙述里，也没有提及来自南京的信息。

在回忆自己于美国纽约参加邵子平等华侨举办的“日本证人访美代表团”报告会上见到张纯如的场景时，章开沅在其2003年出版的著作《从耶鲁到东京》中（第57至58页）写道：

---

1 包括后来在南京大屠杀难民区里举行宗教活动的部分。

纯如到耶鲁神学院查阅有关南京大屠杀原始档案期间，就住在邵家并且开着子平的车到耶鲁工作。所以纯如每次演讲，都会表示对子平的感谢。事实并非如国内个别人所说的那样：张纯如是经他们介绍以后才知道拉贝及其日记的。纯如与拉贝外孙女莱茵哈特夫人的联络，也经常得到子平的帮助，因为她不懂德文而后者英语又不地道，难以互通电话。子平在德国留学多年，又长期在联合国工作，所以正好成为她们之间的传声筒。

章开沅的这段叙述更加印证了张纯如是从邵子平这里获得拉贝线索的。

读章开沅的其他文章，其中一些观点令我印象很深。

如《史学的品格》：

史学的可贵品格首先是诚实，也就是人们常说的“求实存真”，离开实与真，史学就失去其存在的价值。[1]

《参与的史学与史学的参与》：

真实性是历史的生命，正如马鲁所言：“当历史具有真实性的时候，其真实性是双重的，既包括往事的真实性，又包括

1 章开沅：《史学的品格》，载《寻梦无痕：史学的远航》，北京师范大学出版社2011年版，第8页。

历史学家提供的证据的真实性。”[1]

《走进历史原生态》：

> 史学的价值及其品格首先就表现为要认真看原始材料，仅仅依靠或主要靠别人利用过的“二手货”，是难以获致真正有价值的学术成果的。[2]

“离开实与真，史学就失去其存在的价值。”为了严谨、细致地还原历史，我决定搜集、查找原始材料。我从网上买到了1988年12月《南京史志》总第31期，又欣喜地在书橱里发现自己不知什么时候买的《拉贝传》。

我一字一句地仔细阅读《拉贝传》，推敲相关细节，试图在多条线索中分析查找，以寻求客观公正的结果。

1988年12月，《南京史志》总第31期上发表了题为《南京沦陷期间一位德国友人拉比》的文章，重点叙述民国政府援助回国后穷困潦倒的拉贝，文中首次提到拉贝有日记。此后，《上海档案》《扬子晚报》于1995年分别刊文，文中也均提到拉贝有日记。

《拉贝传》于2002年12月出版，作者在书中第十章“永远的回声”中写张纯如是于1996年4月在耶鲁大学查找当年在华教会资

1　章开沅：《参与的史学与史学的参与》，载《寻梦无痕：史学的远航》，北京师范大学出版社2011年版，第17页。

2　章开沅：《走进历史原生态》，载《寻梦无痕：史学的远航》，北京师范大学出版社2011年版，第18页。

料时，发现拉贝的。这个细节明显有误。根据张纯如所著《南京浩劫：被遗忘的大屠杀》第九章“幸存者的命运”中的记录：

> 令我吃惊的是，马沙·比奇曼立刻就回信了，在经历了一连串的好运后，她已经找到了拉贝的家人。“我很高兴，我能帮助你，这并非非常困难，”她在1996年4月26日写道，“首先我给巴伐利亚的米勒（Müller）牧师写信，他收集了所有曾在中国的德国人的下落。几天前，他打电话给我，告诉我约翰·拉贝之子奥托·拉贝博士和他的妹妹玛格丽特的名字。”马沙·比奇曼在信中还附了拉贝在柏林的外孙女莱茵哈特夫人写给我的短信。[1]

1996年4月，张纯如已经找到了莱茵哈特夫人，而非像《拉贝传》所写，张纯如“于1996年4月在耶鲁大学查找当年在华教会资料时，发现拉贝”。

2018年2月19日，我在北京采访邵子平先生时，再度核实此事。邵子平先生明确说，他并未从相关文章中获取有关《拉贝日记》的线索。

后来我又继续奔走调查，却也未能有更多收获。

历史真相究竟是什么样？如果要证明张纯如是从邵子平处获得拉贝的线索，仅仅有戴克牧师的公证书证明还不够，还需要找到更有力的证据。

---

1 ［美］张纯如：《南京浩劫：被遗忘的大屠杀》，杨夏鸣译，东方出版社2007年版，第250页。

“37分钟”版马吉影片浮出水面

邵子平与我到底是什么时候发现纽约曾存在“37分钟”版马吉影片，而南京现有的马吉影片时长只有17分钟的？

这是一个关键的问题。

时至今日，邵子平还是会不住地感慨：“我真没有想到南京只有‘17分钟’版！我一直以为我们当年的发现（‘37分钟’版马吉影片），南京早就有了！”1991年7月12日，邵子平从大卫·马吉家的地下室里找到13份马吉影片胶片后，同年8月2日，“联合会”在纽约召开了新闻发布会。之后，“联合会”以“37分钟”版马吉影片为素材，筹款拍了两部历史纪录片——《马吉的证言》和《奉天皇之命》。邵子平以为，当年他们找到的与南京大屠杀相关的马吉影片画面早已大白于天下。

2017年11月21日，刘燕军发给我两个PDF文件，一个是章开沅的著作《从耶鲁到东京》，还有一篇是邵子平的学术论文《约翰·马吉拍摄的南京大屠杀纪录片》。

邵子平撰写的这篇论文刊登在中国《抗日战争研究》1992年第4期。中国学者翻译的这篇文章成为我了解马吉影片的重要线索。

在这篇文章里，邵子平粗略地记录了自1990年12月下旬起，“联合会”在美国寻找马吉影片的经过，在“马吉的家庭影片拷贝”这段，他写道：

大卫·马吉给“联合会”提供了有价值的带有镜头说明

目录的13份家用拷贝。……这些胶片总时长达37分钟，比其他所有版本都长——例如，费奇的版本只有11分钟。胶片尽管已有53年历史，但质量极优。可以肯定地说，在其他所有版本中的所有镜头都可以在马吉的家用拷贝中找到。

这段叙述成为我确定1991年邵子平在大卫·马吉家中找到的马吉影片时长37分钟的关键依据。

2018年春节采访了邵子平夫妇之后，我就投入精力继续采访其他相关人士。邵子平积极配合，他将“联合会”的前任会长陈宪中、现任会长姜国镇的手机号码与微信都发给我。

纽约《世界日报》的时政记者魏碧洲，当年深度介入并积极追踪，大量报道“联合会”的活动成果。我们约好了电话采访时间。

2018年3月7日，我通过微信询问刘燕军：

刘老师，您好！

有个问题请教您：目前纪念馆收藏的马吉影片有几部？时长分别是多少？来源于何处？

邵老师已经忘记找到马吉影片的时间，我们正在艰难地回忆，他也在联系《世界日报》寻找当年的报道。

刘燕军当即回复：“时长17分钟吧，他儿子（大卫·马吉）带来4卷。”

但是刘燕军同时又说：“邵先生找到片子的时间应该是20世纪90年代初期，邵先生手头的影像据说达到20多分钟。不过又听说查不到，也放不出来了。”

我告诉他：“邵老师当年找到的时长有37分钟。”

“37分钟都能放出来吗？”

“刘老师，您好！下午咨询邵先生了，他说37分钟都是能放映的。”

关于目前海内外有公开记录的与南京大屠杀相关的马吉影片总时长，出现几个不同的版本：

（1）2014年12月11日，《南京日报》刊发题为《南京日报记者说服大卫·马吉捐赠摄影机和胶片的幕后》的报道，其中写道：

> 77年前南京大屠杀期间，一位名叫约翰·马吉的美国传教士，参与了救援面临被屠杀的中国人的国际行动，并冒险用这台摄影机拍摄了105分钟的胶片。这些真实的镜头，是留存至今的有关侵华日军南京大屠杀的唯一动态画面，也为远东国际军事法庭审判日本战犯提供了最有力的证据。

（2）在美国《世界日报》1991年8月3日刊发的报道中，记者魏碧洲写道：

> 致力于收集汇编日军战时暴行的纪念南京大屠杀受难同胞联合会，昨日在纽约举行记者会，正式介绍由当年中国传教士马约翰（即约翰·马吉）亲手拍摄的珍贵纪录片。……这卷胶片长度达一千零二十英尺，时长达一小时的录影带是马约翰当年所拍摄的四卷胶片之一，经“联合会”与马大卫（即大卫·马吉）接洽后翻拍而成。

（3）据邵子平在《约翰·马吉拍摄的南京大屠杀纪录片》中记载，“这些胶片通长37分钟”。

（4）据邵子平在《约翰·马吉拍摄的南京大屠杀纪录片》中记载：1938年1月，南京安全区委员会的总干事乔治·费奇冒着极大的危险把马吉教士的胶片的第一部分从南京偷带到上海，制作了4部正片拷贝，时长11分钟。

此前很多媒体关于马吉影片的报道广泛采用了“105分钟”的说法，如2014年12月11日《南京日报》的报道《南京日报记者说服大卫·马吉捐赠摄影机和胶片的幕后》中：“马吉在南京期间，用16毫米家用摄影机秘密地将日寇在南京的暴行拍摄下来。他先后拍摄了4卷胶片，总时间约105分钟。”

再如，2017年12月12日，《北京日报》刊发的题为《南京血证：约翰·马吉和他记录日军暴行的真实影片》报道中的叙述：

> 从1937年9月最早的空袭镜头算起，到1938年4月，马吉一共在南京拍摄了105分钟的影片。其中大部分都拍摄自安全区内，特别是1938年1月之前，大大小小近30个案例，几乎都是在金陵大学医院拍摄的。

不过，《北京日报》在这篇报道里同时表示：“几乎在邵子平发现马吉影片的同时，《罗森报告》中曾被蔑称为‘鬼片’的影片拷贝，最终也在波茨坦档案馆被发现。不过，在不同地方发现的几个版本的影片，时长都不是105分钟，将影片与马吉的解说词一一对比，也可以发现影片并不完整。邵子平在《约翰·马吉拍摄的南京大屠杀纪录片》一文中写道，费奇版本的时长只有11分钟，而马吉家发现的胶片时长37分钟，比其他所有版本都长。”

2018年3月初，我请在南京报业集团人事处的同学帮忙，在该集团资料室里找到了2000年7月20日刊发于《南京日报》的新闻通讯《屠城血证在纽约》的报纸，她将复印件交给我。

3月12日下午，我打电话向《南京日报》采写报道《屠城血证在纽约》的记者丁邦杰请教“这‘105分钟’的说法是怎么来的”。丁邦杰告诉我，“105分钟”是大卫·马吉亲口对他说的。曾专赴美国采访的丁邦杰说，“我们到他家去，他把地下室的东西（摄影机与胶片）拿出来，我们详细问他：‘胶片时间有多长？’他告诉我们‘105分钟’。我用英文在采访本上写下他的话，再次向他本人确认，因为这是采访中的关键细节”。

丁邦杰说，他特别把自己采访本上的记录给大卫·马吉看，反复确认“105分钟”的真实性，大卫·马吉看了说“Yes”。“我们还不放心，在华盛顿又采访了美国独立制片人陆达路。”丁邦杰具体介绍道，美国人陆达路专门制作历史片，在美国声誉很高，“陆达路在华盛顿的一家酒店接受我们采访时说，他曾与大卫·马吉交流，制作了历史纪录片《南京大屠杀》，陆达路跟我确认马吉影片有105分钟，因为他做纪录片的素材是以大卫·马吉提供的马吉影片胶片内容为基础的”。“他翻录过胶片，明确告诉我们现存胶片的放映长度可达105分钟，他的采访应该比我们的更为深入。”丁邦杰表示。

采访在纽约的魏碧洲有点麻烦。身为报社副总编辑，他长年累月上夜班，每天中午一进入编辑部就得投入紧张的工作，确定报道选题、落实采访记者、审阅稿件、看版样等，不可能有整段时间接受采访。

约了好几回，魏碧洲终于决定在结束夜班后接受我的采访。他这是为我考虑，因为他的凌晨正是我的中午。

我给他发去采访提纲：

魏副总编，您好！

我此次采访是为了在今年清明节时刊发一期关于重新发现马吉影片的历史经过的报道，将海外华人为寻找南京大屠杀证据所付出的努力介绍给海内外读者。

我把我想了解的问题梳理了一下，列给您。谢谢！

1. 您在《南京屠城铁证加一》新闻稿子里写到“长达一小时的录影带”，这条信息来源是哪里，是“联合会”的新闻发布会吗？

2. 请您回忆一下，当时在参访过程中印象深刻的细节。谢谢！

3. 麻烦您将当年《南京屠城铁证加一》刊稿报纸的下半部分、《南京大屠杀日本罪行录影带制作完成》刊稿报纸左侧展开部分，以及关于《拉贝日记》纽约新闻发布会的两篇用稿部分拍摄完整图片发过来，我现在只有一部分，稿件不完整。谢谢！！！

4. 请您谈一谈对邵子平先生、陈宪中先生等热心搜集侵华日军南京大屠杀真相的人士的印象，及对他们所付出努力的感受。

5. 请您回忆一下当年参加马吉影片新闻发布会的情况，以及报纸刊发稿件后所造成的社会影响。

您是资深新闻人，还请多多指教！麻烦了！

本周六中午，我恭候您。您完成工作后，请微信告知，我打您的电话。

谢谢！！！

对于1991年7月在纽约重现的马吉影片，魏碧洲记忆犹新。2018年3月18日中午12点，他在半个小时的采访中回答了我的问题。

1991年8月2日，魏碧洲作为《世界日报》驻纽约的时政记者，参加纪念南京大屠杀受难同胞联合会召开的记者会。时任“联合会”会长的邵子平向记者们正式介绍他们刚找到的由约翰·马吉亲手拍摄的珍贵影片，并现场放映。大卫·马吉在现场展示了父亲用于拍摄这些珍贵历史镜头的摄影机。

魏碧洲说，全场记者屏息观看，放映的影片里有半个头颅遭日军刀劈而未死的中国百姓，后颈被日军刀砍未断的妇女，有11岁、7岁遭日军蹂躏的幼女，有一名遭日军火烧，复以刺刀戳穿的幼婴，有浮满中国人尸体的池塘，有面容浮肿、断腿的妇女……

尤其引人悲愤的是约翰·马吉在室内远远拍摄到在一群人墙前，3名妇女扑跪在地，苦苦哀求日军放掉正被带走的男子，人墙后是日军在枪杀中国人。

魏碧洲记得，他写的稿件刊发后震撼美国社会，纽约唐人街无人不晓，有读者说：“有这个明明白白、真真切切的史料摆在这里，日本人想躲都躲不掉。”

“长达1小时的录影带”，“我如果没有记错的话，应该是那天记者会上在放的，但是也没有放全1小时。邵子平说他们大概有1小时的影像，里面也有一些其他活动场景，但都是在中国拍摄的”。

魏碧洲确认，1991年8月2日，他在纽约的记者会上看到的，就是邵子平他们从大卫·马吉家的地下室里找到的记录南京大屠杀的胶片汇集，他判断“应该就是他们制作的‘37分钟’版本”。

关于侵华日军南京大屠杀遇难同胞纪念馆收藏的马吉影片胶片来源，相关资料记载如下：

> 1953年约翰·马吉逝世后，其儿子大卫·马吉继承了父亲遗留的拍摄日军暴行所用的“贝尔”牌摄影机及4卷原始胶片拷贝，并将其珍藏在自己家中的地下室里。
>
> 2002年9月，纪念南京大屠杀受难同胞联合会致函本馆，告知美国大卫·马吉夫妇及该会王渝中先生一行三人，将于10月1日至7日赴宁，专程向本馆赠送约翰·马吉先生在南京大屠杀期间用以拍摄日军大屠杀暴行的摄影机一台，并在南京市第十二中学举行“马吉图书馆”命名典礼等活动。纪念馆获知情况后，立即向上级部门进行请示，组织了捐赠仪式等活动，并给予接待礼遇。
>
> 2002年10月，在纪念南京大屠杀受难同胞联合会邵子平先生等人的联系帮助下，大卫·马吉携夫人弗兰西斯·马

吉，不顾年迈体弱，专程前来南京，将其父亲珍藏了半个多世纪的摄影机捐赠给本馆永久保存和公开展出。

10月2日，在本馆举行的捐赠仪式上，影片中南京大屠杀的幸存者李秀英、夏淑琴等与大卫·马吉及其夫人亲切会面。

10月3日，安排大卫·马吉夫妇参观南京市第十二中学，并参加该校图书馆命名典礼。

应纪念馆的再三恳请，2002年11月，大卫·马吉夫妇回美国后，又寄赠了保存在他家达六十多年之久的4卷记录南京大屠杀内容的原版电影胶片。

纪念馆收到电影胶片后，委托专业机构对胶片进行维护保养，将胶片图像转换为录像磁带，以便保存。

2003年10月17日，本馆组织专家会，邀请孙宅巍、杨宗仁等知名史学专家，观看并考证了这一珍贵的史料。

2007年纪念馆三期展陈改造时，约翰·马吉16毫米摄影机及胶片盒被展出，同时，约翰·马吉的儿子大卫·马吉回忆父亲的纪录片《马吉的证言》在展厅观影区中进行循环播放。

2015年10月，联合国教科文组织的世界记忆工程国际咨询委员会阿布扎比会议，正式确认将南京大屠杀相关档案资料列入《世界记忆名录》。这些档案资料就包含了约翰·马吉拍摄的有关南京大屠杀的原始胶片及摄影机。

据介绍，当时纪念馆馆藏的时长17分钟的马吉影片，正是他们将大卫·马吉捐赠的胶片“在上海电影制片厂转成磁带后获得的全部影像资料”。

南京只有“17分钟”版马吉影片

2018年春节在邵子平家里采访时，我看见一张拍摄于2000年的照片，是邵子平在南京与一群历史学者的合影，那时的张连红脸上的笑容透着青涩。张连红说，那次是他们学校邀请邵子平来南京参加学术会议。

张连红对邵子平格外敬重。他多次对我说，马吉影片和《拉贝日记》，是记录、见证南京大屠杀这一人类惨案最为关键的史料文献。正因为此，邵子平与“联合会”的同仁在南京大屠杀史研究领域的重大贡献不可忽视。

2018年3月，我们确认了当时纪念馆拥有的马吉影片只有17分钟。在请教丁邦杰、魏碧洲等人，初步了解了他们的稿件中马吉影片时长“105分钟”和“一个多小时”说法的由来之后，我们面临的问题是，是否需要追索纽约的“37分钟”版？

连日的采访让我已经深陷进去。在对马吉影片内容几乎一无所知的状况下，我想了个笨办法。

首先，我将“17分钟”版马吉影片视频链接发给邵子平。我把镜头内容逐一分解，分别计算出时间，请他在看视频时回忆并逐一对比。

“17分钟”版马吉影片内容：

（1）城墙边，房屋，飞机轰炸，浓烟。——49秒

（2）被轰炸的房屋，列队行进的日军（邵注：应该是）；远处的

城门，有飞机坠落（邵注：没印象）。——1分钟

（3）从窗内拍摄，窗外的日军将南京市民集合排成几排。——27秒

（4）（接上一片段）日军驱赶着南京市民集合。——18秒

（5）市民被驱赶离开，天空有日军飞机群飞过。——32秒

（6）南京市民们席地而坐，一个身穿白色袍子的传教士在演讲。——23秒

（7）满街的难民；医院里，躺在床上被日军打伤的病员；伤口的特写；外国医生将一个年轻伤员转身，展示其身体伤处；一个女孩在医院里看镜头扭头一笑；街头雪地里的难民，有插有日本国旗的日军车队驶过；医院里的女性伤员、骨折被固定在病床上的伤员、两个医生在转动一个右胳膊受伤的伤员。——3分钟

（8）医院里，一名妇女抱着受伤的孩子，护士在查看伤情；护士在给一个男伤员换药；水塘里，浮起的尸体，路旁遇难者的遗体；田头遇难者的遗体；逃难的难民住简易帐篷里；聚集的难民；难民营里，难民在吃饭。——2分44秒

（9）难民营的远景，有零星难民走过；南京街头的民居，教堂，教会活动。——3分钟

（10）医院里，失去一条腿的女难民的面部特写。——33秒

（11）面部肿胀的李秀英躺在病床上，医院在检查她的伤口。——30秒

（12）病床上，一个脖子有伤口的伤员。——13秒

（13）医院病床上，左胳膊受伤的小女孩，表情要哭。——15秒
（14）一个身体僵硬的小男孩的尸体。——11秒
（15）医院里，一个裸露右胳膊和右胸的男病人，医生表示他的脸部、颈部、身体有伤；一个整个头部被烧焦的病人；医生为一个头部受伤的病人处理伤口。——52秒
（16）一个右胸受伤的男病人。——14秒
（17）医院病床上，一个脸部受伤的男病人；一个身体多处烧伤的男病人；一个头部受伤的男病人。——44秒
（18）一个脸部肿胀、头上有块纱布的男孩；病床上，一个悲愤的男人胸部受伤；一个扒开衣服展示腹部伤处的病人；一个女病人右胳膊受伤，护士在处理伤口；一个低头露出颈、背部伤口的男病人；医生在检查颈部受伤的病人；医生在检查背部受伤的病人。——1分14秒

邵子平仔细观看了视频，回复我："'17分钟' 版大体都看过，影片前部（入城前）和中部（多个传教士和平民）有些没印象。"对比两版影片内容，邵子平说，"37分钟"版里自己印象比较清楚而"17分钟"版里所没有的镜头有：

一个老太太站在院中，她身旁地上排放着几具席子包裹着的受害者遗体。

一个中年人颈部被砍，由外国医生检查，医生扭他的头让其转身，中年人的面部显极度痛苦状。

一群人疾步将伤员运往南京近郊的急救医院。

邵子平特别记得影片中马吉拍摄记录夏淑琴一家被杀害场景的镜头较长，比之前的画面要丰富很多。

然后，我上网搜索并下载了“联合会”在20世纪90年代用马吉影片素材拍摄、制作的两部纪录片《马吉的证言》和《奉天皇之命》。我把这两部纪录片中使用的马吉影片素材一秒一秒地计算，算出其中使用的马吉影片素材加起来时长一共为5分20秒。

下载的过程并不顺畅，尤其是《奉天皇之命》，我记得花费了好长时间，好不容易找到一个网站，也只是付费后才能限时观看，不让下载。

当时纽约的“37分钟”版是否值得追寻？事后，我曾经这样对江苏新华报业记者于英杰叙说：

> 这个“37分钟”版到底有没有价值？万一费很大劲，找出来以后，却全部都是已知的、重复的内容呢？
>
> 我在家里梳理当时的采访资料，因为那时候想证实“37分钟”版的片子究竟有没有追寻的价值。我把“联合会”拍摄的《奉天皇之命》和《马吉的证言》两部影片找出来，从头到尾仔细看了。
>
> 不只是看了一遍，是反复看！然后把其中用到的马吉牧师拍摄的画面，全部加起来是5分20秒。我是一秒一秒计算出来的，那么，再加上南京现有的17分钟，5分20秒加17分钟，也就是二十几分钟。而37分钟，就比这多了十几分钟！我计算了以后，觉得还是有很大的空间！我确定：有必要把“37分钟”版找出来。

所以我才开始去找“37分钟”版，拼命地去找！

“马吉影片的画面多一秒都是珍贵的！”我固执地认为，邵子平回忆出的那些南京“17分钟”版里没有的画面很重要。另外，这5分20秒加上南京的17分钟，才22分20秒。哪怕去掉这22分20秒，还有接近15分钟的全新内容，那也不得了啊！

我把想法告诉邵子平，他认同：“如果‘17分钟’版加上那两部纪录片里用到的素材画面，总时长不到37分钟，那么你现在的追查就有意义。”

这个时候，邵子平已经清晰地意识到他们当年在美国找到的“37分钟”版本的马吉影片对于南京的重要价值。

“居然没有人来要纽约的‘37分钟’！”他觉得很不可思议，认为“这是一大失误”。

2018年3月18日，邵子平微信通知“联合会”的老伙伴们：

因《大公报》记者陈旻查询我们纽约当年找到马吉牧师纪录片原片的问题，我重新回忆比较了一些资料，得到几点。事关重要，特请参考。暂且不论费奇版纪录片，如果下面这个视频就是南京现藏所有马吉纪录片之全部，那么按我个人记忆，第一，我个人郑重认为目前纪念馆所藏纪录片要比我们纽约纪念南京大屠杀受难同胞联合会从马吉牧师次子大卫家中收集整理编辑的原片要短。我至少记得有好几个镜头是这个馆藏片所没有的。第二，我个人郑重呼吁学术界和有关单位珍视这些现存的大屠杀纪录片资料。综合比对各种资料记载，查明几个版本的长度和内容的不同,查明几个版本的来龙去脉,查明何以出现“105分钟”的说法,并设法找出其他的纪录原片。这些问题至早在2000年就完全显露出来了,而我们没有反应过来。查清后,我们要把它们当作珍本、善本保存起来。

同时,他也发微信告诉了张连红。2018年3月21日,邵子平转发给我张连红的回复:

关于马吉影片一事,我最早是在《抗日战争研究》上拜读到您的大作知道的,这一影片的价值十分巨大,从马吉留下的1—12号影片解说词来看,内容十分丰富,但是国内目前能看到的影片内容却很少,如能获得完整的影片,则是一份巨大功劳。

前几天《大公报》的陈站长也联系我,她告诉我,最近在专题报道此事。期待有好的进展!

感佩邵先生早年为了南京大屠杀遇难同胞四处奔走呼号!贡献巨大!

张连红老师还特别与我分享了部分关于马吉影片的研究信息:

战时马吉影片制作成拷贝[1]后,深受各方面的欢迎,大大

1　关于马吉影片的版本,根据笔者所掌握的材料,战时马吉影片可能只是包括1—4号影片的内容,其后马吉又继续拍摄了许多关于南京大屠杀的影片镜头,其包含1—12号影片,但后来应该没有被制成拷贝广泛放映。

出乎马吉本人的预料。同马吉一起的传教士福斯特在1938年2月12日写给妻子的信中说:“马吉的影片效果这么好,真把他乐坏了。使馆好几个人都想要拷贝。罗森也要了一套打算送给希特勒看。”[1]《拉贝日记》中也有记载,并且详细收录了马吉关于影片的解说词。[2]拉贝回国时也带了一份马吉影片。

凌晨,越洋电话追至纽约

2018年,82岁的邵子平虽然思维敏捷,但记忆力已明显下降,尤其是对从前完成重要事情的时间节点经常想不起来,更加剧了我寻找“37分钟”版马吉影片的紧迫感。

“圆圆的,绿色的”,这个在邵子平口中反复提到的,27年前的“一寸盘”是否真的存在?

当年,纽约“联合会”的第二任会长陈宪中家里开印刷厂,有个仓库,“联合会”的资料物品都堆放在印刷厂的仓库里,邵子平推断,“‘一寸盘’极有可能在陈宪中那里”。

于是,陈宪中厂里的仓库成为我最热切的向往。我把寻找“一寸盘”的突破口锁定在陈宪中身上。可是,联系他却并不容易!我每天给他发微信,送去热情的问候,加上三个花朵表情符

---

1 《福斯特致妻子函(1937年11月23日—1938年2月13日)》,章开沅编译,载张宪文:《南京大屠杀史料集4:美国传教士的日记与书信》,江苏人民出版社2005年版,第129页。

2 [德]拉贝:《拉贝日记》,江苏人民出版社2015年版,第612—638页。但需要指出的是中文版翻译时插入了许多图片,而一些图片并不是1—4号影片的说明,有些是2月11日之后拍摄的画面。

号。他没有回复。

于是我就给他打国际长途。先算好时间，我在纽约时间上午10点、下午3点、晚上9点等多个时间段打电话到纽约。起初，他不接电话，我就每天打。

现在回想起来，我感觉很不可思议，那时候的劲头怎么那么大?！夜晚，我常常在睡觉前定好闹钟。沉沉黑夜，夜半惊铃，我从沉睡中猛然惊醒；然后一扫睡意，披衣起床，坐在书桌前，准备好录音笔、采访本，开始拨打国际长途。电话铃声一遍遍响着，每一次都是从头响到尾，对方都不接听。我不死心，就再打，连续打至少三次，直到确认他真的不会接电话，才无奈作罢。换一天，我再继续打。

终于，在2018年3月14日，他第一次接听了我的电话，那次，我这里是北京时间凌晨3点。

后来在2019年12月，我终于与陈宪中在南京见了面，回想起当时的情形，他说:“我都怕了你了！”

“‘一寸盘’应该在，已经转了录像带了。”陈宪中直截了当地回答我。他说他搬过家，“工厂关了，仓库就等于没有了。有些东西就搬出来分开放”。不过，“‘一寸盘’应该是不会丢的，但是放哪里我就不知道了”。陈宪中答应我在家里尽量翻找“一寸盘”。

3月16日，我在北京时间凌晨时分拨通了陈宪中的电话，他向我介绍了“联合会”在找到马吉影片后，先后筹款拍摄了两部纪录片，到社区、大学去放映，在美国广泛传播南京大屠杀的历史。

我认定“一寸盘”应该在陈宪中家里，紧盯不放。

3月18日，我忍不住又发微信给陈宪中:“马吉影片的‘37分钟’版‘一寸盘’还得麻烦您抽空找一找，现在南京这边收藏的影像时长只有17分钟。如果能找到‘37分钟’版，对丰富南京大屠杀的珍贵史料来说非常重要。给您添麻烦了，谢谢！”

3月20日，陈宪中用微信回复：“今天又找了一下午，只找到《马吉的证言》一寸盘，内容我没办法看。抱歉了！”

他发来4盒灰色录像带的照片。

我微信回复他：“邵先生说应该是圆圆的、绿色塑料外壳的盘，直径有1英尺，里面是电影片。”

“找不到！我也变不出来！”

陈宪中在电话中告诉我，为催促他找“37分钟”的事，邵子平“已经讲了一二十次了”！

见他已经把话说到这个程度，再穷追不舍，我也实在不好意思了。好在邵子平要在当年6月回美国，说好了其中一件重要的事情就是去找“一寸盘”。

2018年11月，我对于英杰回忆这段经历时，是这么说的：

其实我写邵先生发现马吉影片的那篇稿子花了三个月时间，写得确实比较艰苦。艰苦是因为很多知情人、当事人都在美国，我都是凌晨三四点起来去打电话采访。

他们也好奇怪，早上、晚上，都不接电话，你不知道他们是什么生活规律。我试过很多时间段，在凌晨三四点的时候，也就是他们的下午才能找到人。就这样，我一点一点核实每一个细节，然后去拼接，这个过程非常耗时。所以在完成关于海外华人如何找到《拉贝日记》和马吉影片的新闻专题之后，被我采访过的人对我都比较信任，因为他们可能从中感受到了我对工作的细致和严谨，所以邵先生说我是研究型记者。

但是“研究”还谈不上，因为我觉得这个题材本身不是新闻，我搜了所有关于马吉影片的报道，网上能找到的全都看了，我就知道哪些被报道过，哪些没有，而我要写那些新的内容，就得下功夫去挖。做新闻，如果把人家发过的内容再重抄一遍，一点意思也没有，我们不能为了发稿而发稿。

2018年4月3日，我耗时3个月采写的《专访八旬华侨邵子平：南京大屠杀原始记录马吉影片得之不易，万里穿梭美利坚，寻获日军暴行片》在《文汇报》整版刊发，连同2017年12月11日刊发在《大公报》上的《美华人千里追寻〈拉贝日记〉》，我觉得凭借这两份翔实报道，邵子平寻获两件重磅史料的杰出贡献终于可以为南京人民知晓。

第二章　“联合会”寻证南京大屠杀

我们“联合会”当然不是一个很大的组织，我们只是一些忘了年纪，忘了自己，有时还忘了家庭，只为了维护历史真相与尊严，为了反对日本政府篡改南京大屠杀历史而努力不懈，只想伸张正义的一群“热血”中老年人而已。

——纪念南京大屠杀受难同胞联合会会长姜国镇

反击日本新军国主义，唐德刚领衔“联合会”

2020年，纪念南京大屠杀受难同胞联合会会长姜国镇寄来一纸箱资料。一页页泛黄的纸张里，有“联合会”成立时的会议记录、举办纪念活动时印发的宣传传单、当地中文媒体对“联合会”的报道剪报等。我逐一仔细阅读梳理，以此努力拼接还原“联合会”的历史面孔。

1991年3月15日，“联合会”成立，在新泽西州登记为非营利教育团体，享有州免税地位。

在美国纽约见证“联合会”成立的章开沅认为:“我们回忆充满恐怖与罪行的往事,决不是为了复仇,而是为了寻求真理与伸张正义,同时也是为了汲取历史经验,教育包括日本在内的全世界人民,反对侵略战争,维护世界和平。”[1]

“南京大屠杀已过去五十多年了,当年日军在南京屠杀了三十多万军民同胞。近年来日本日渐壮大的新军国主义者轻蔑地反咬一口,居然把这场铁证如山的大屠杀说成中国人的捏造;而对他们自己的原子弹受难者,则逐年追思,宣扬不尽。两相比较,我们稍有血性的中华儿女,对此情此景怎能不闻不问?”时任“联合会”主席唐德刚于1992年5月写给该会汇编的《世界各地纪念南京大屠杀活动报道》的序言中如是说。

唐德刚在此序言中清晰地阐述了成立“联合会”的目的:“本会同仁便是激于此项义愤,于1991年发起组织纪念南京大屠杀受难同胞联合会来纪念我们不幸的死难同胞,并向日本的新军国主义进行反击。庶几日本军国主义不会复活,类似大屠杀不致重演。”

担任创会会长的邵子平强调:“唐德刚是我们‘联合会’的精神导师。”20世纪50年代初,唐德刚获得美国哥伦比亚大学哲学博士学位,60年代任纽约市立大学、哥伦比亚大学教授和亚洲学系主任,70年代在尼克松访华之后成为第一批被批准回大陆探亲的三百人之一员,90年代作为发起征集一亿人签名向日本讨还战争赔款运动的核心成员,由此赢得了海外侨胞由衷的尊敬。[2]

---

1 章开沅:《从耶鲁到东京:为南京大屠杀取证》,广东人民出版社2003年版,第7页。

2 宋路霞:《话说唐德刚》,载《书屋》,1998年第2期,第11页。

20世纪80年代初期，北美二十世纪中华史学会及日本侵华研究学会相继在美国成立。关于这些民间华人学术组织成立的背景，唐德刚教授在1994年7月台北师范大学召开的“日本侵华百年——华人对日索赔国际研讨会”的发言中介绍道，早在1978年之秋，当全美亚洲学会美东分会于康涅狄格大学举行年会时，与会的史学教授吴天威、杨觉勇、唐德刚等人，有感于犹太裔民对第二次世界大战期间犹裔受难同胞追悼之热烈，及当时德国政府向早年犹裔受难人支付赔偿，便商议如何推动华裔做出相同行动，“先从学术入手，再及其他”。

唐德刚认为，近百年中国史实与日本侵华相伴。“日本对我国作赤裸裸之侵略，其行为之残暴，以及吾国吾民受祸之惨烈，实史所寡有。此一绝对事实，虽举世皆知，百代不磨，然日本朝野中之军国主义余孽，至今仍在极力抵赖，甚至颠倒黑白，对受害国之政府与人民横加污蔑。但鬼魅之言，在昭彰史实之前，终难诡辩。唯真金不怕火，欲以学术真理使谰言者无所遁形，此实上述国际史学组织发轫之原意也。”

在此次会上所作题为《纪念抗战　对日索赔》的长篇演讲中，唐德刚以历史学家的犀利，历数了日本自甲午战争以来侵华百年的罪行，并着重指出战争赔款按国际公法，历来就有对国家赔款和对民间赔款这两个部分，过去的中国政府仅仅在对国家赔款的这一部分上表了态，但是民间赔款问题，历来没有个说法，我们必须向日本清算这笔民间的旧账。他还提议每年在南京大屠杀的现场举行纪念受难同胞追悼会。[1]

1　宋路霞：《话说唐德刚》，载《书屋》，1998年第2期，第12页。

不过，原先的学术组织为纯学术活动，“实系纸上谈兵”，“而我国、我民所受日本侵略之实祸，遍及全族。与会人士与海外华裔媒体一致认为，学术之外，更应追究日本侵略责任及对日索赔之实际行动”[1]。1988年，以唐德刚、杨觉勇、吴天威、陈宪中、邵子平为代表的一批华裔人士，在纽约成立对日索赔同胞会（以下简称“索赔会”）。

“‘索赔会’由于责任重大，会务浩繁，而人力有限，全属义务劳动，巨细之间，很难兼顾。大家商议以纪念南京大屠杀遇难同胞为主题成立常设委员会，专司其事。”唐德刚在介绍海外华人团体推动索赔经过及相关组织简介中介绍道：“参照日本对广岛受难者所为，每年皆有纪念会之专一活动。我会认为有此必要。”

1991年3月15日，“联合会”成立，以纪念南京大屠杀受难同胞为专职。工作人员都是志愿者，会内费用支出全部依靠热心人士的捐助，捐款都不得附任何条件。

“我们‘联合会’当然不是一个很大的组织，我们只是一些忘了年纪，忘了自己，有时还忘了家庭，只为了维护历史真相与尊严，为了反对日本政府篡改南京大屠杀历史而努力不懈，只想伸张正义的一群‘热血’中老年人而已。”“联合会”会长姜国镇认为，“联合会”有四位不可忘怀的人：“第一位是当时美国西东大学的教授杨觉勇，他是第一个捐了2 000美元让我们成立这个会的人，是我们会的基石；第二位是唐德刚教授，他不仅出钱出力，也出了名，替我们会做了不可磨灭的贡献；第三位是邵子平，他是我们会的脑袋和能量，

---

1 唐德刚：《纪念抗战 对日索赔》。

很多点子和发现都是他的贡献，比方说马吉影片和《拉贝日记》等的发现都有他很大的功劳；第四位当然就是陈宪中，他不仅以一个企业家的身份给了我们最大的经济支持，也以艺术家的眼光，用他累积的艺术和历史的价值观来支持并引导我们的活动。”

邵子平在纽约一次集会的演讲中指出：“日军暴行极多，举南京为例：在这场日军的暴行中究竟真相如何？哪一级下达的命令？天皇所扮演的角色和知情的程度如何？中国平民被杀害的比例有多少？放下武装的被俘士兵被杀的有多少？妇女被强奸，因羞耻而不敢声张的究竟有多少？这些研究得还不够。”邵子平认为，这些历史问题都促使他们决定集中时间与精力专注于南京大屠杀历史研究。

“联合会”在对外宣传的说明是：本会是一个有免税地位的非营利机构，我们的工作重心是要求日本政府承认战争罪行，特别是南京大屠杀的罪行，并承担其责任。“联合会”的工作重点可分为三大类：

一、推动纪念工作，在南京和世界各地举办或参加纪念会。经“联合会”联系，社团在香港、台北、京都、圣保罗、多伦多、旧金山、洛杉矶、波士顿、纽约等地都曾举行纪念会，放映电影，分发资料。现在已有不少专门关注中日关系的团体，形成网络，呼吁全世界注意日本的言行，特别注意南京大屠杀中日军残暴行为和日本至今不负责任的态度。

二、鼓励相关研究工作，包括学术研究、口述史研究，访问、收集世界各国有关抗日战争的图书目录和有关南京大屠杀各方面的原始资料。“联合会”也向研究者及有特殊经历者提供研究补助金，并提供资讯设备以协助。

三、以综合媒介方式，如电影、录像等，向各国民众介绍历史真相。“联合会”已经收集及制作的几种影片有：

（1）南京大屠杀实地纪录片：1937年美国马吉牧师于大屠杀期间在南京的医院等拍摄的珍贵纪录电影片，片长37分钟，是现在唯一仅存之影片，原片大多为残酷杀伤镜头。当年纳粹外交官曾经为此提出报告。（家用录像带每卷50美元）

（2）《马吉的证言》：彩色叙述片，有中英文两种版本，由来自台湾的名导演王正方亲撰剧本、精心监制，全长35分钟。本片以第三者口吻叙述日本暴行，片中选用马吉原始纪录片中珍贵片段，访问有关当事人及幸存者。由于内容平实，谨慎选用不过于残暴的镜头，宜于青少年观看。（家用录像带每卷25美元）

（3）《奉天皇之命》：本会监制的第二套作品，是16毫米彩色电影片。由名导演崔明慧邀同制片家汤美如合作监制。以访问当年侵华日本军人及当今日本政要、学者等为主，并汇集德国、日本及意大利的老纪录片片段，极具历史价值。（家用录像带每卷25美元）

关于“联合会”成立之后的工作成就，唐德刚总结道：

我会集中智力、财力，做南京大屠杀的实况专研，终寻获震惊世界之原始纪录片《马吉的证言》的制作（档案）。马吉原为南京大屠杀期间留居南京的美国牧师，曾目睹遭日军屠戮及强奸的受难人之惨状，以暗藏的电影摄影机，偷摄、偷运出境。

该片为历史上极稀有的珍贵纪录片之一。其能保存至今而终为我会所藏，其经过之曲折离奇，直如科幻小说。起初于纳粹秘档获知有此片之存在，日本媒体曾想尽方法加以夺取，孰知阴差阳错，竟落入我会之手。日本媒体亦曾许我会四万美元，以图复制，未果。全片制作经过由我会主其事，冥冥之中似有注定，真是奇迹。

此外我会集中财力、精力，委请崔明慧、汤美如二位女士精心拍摄有关南京大屠杀之访问纪录片。若有当年在南京参加屠杀及强奸的日本老兵，晚年良心发现，不顾自身安全，尽情吐露当年实况，有令人不忍卒闻者。我会披露之，足令近日永野茂门[1]辈之诳言，不攻自破也。

"联合会"成立后，追寻南京大屠杀史料证据；拍摄纪录片；编辑出版《日本侵华研究》刊物；组织祭奠南京大屠杀遇难同胞纪念会；邀请由原日军七三一部队，参与南京大屠杀部队及细菌战部队成员及日本战犯及战争罪行见证者组成的"日本侵华史巡回见证团"，在美国举办见证会；募集捐款，推动"南京大屠杀录影带计划"，向世界各国驻联合国代表团、美国政要名流、新闻媒

1 1994年5月，时任羽田内阁的法务大臣永野茂门曾叫嚣，把太平洋战争"定为侵略战争是错误的"，日本是"为了解放殖民地以确立大东亚共荣圈"，"南京大屠杀纯属捏造"。

体赠送三种关于南京大屠杀的录影带，以阻止日本成为联合国安全理事会常任理事国；举办纪念抗日战争大型音乐会；举办《侵华日军七三一细菌部队历史图片展》巡展等。

此外，“联合会”联络港台地区以及西欧、南美的友会采取一致行动，互相支持，共同组织南京大屠杀遇难同胞纪念活动，合作举办“日本侵华史研究”学术研讨会等。

1995年7月20日，唐德刚在《抗战胜利五十周年的回思与警惕》中特别指出，“联合会”所做的一切，为的是“让全世界爱好和平的正直人士携起手来，对蠢蠢欲动的日本新军国主义，严加防范才好”。

1991年7月2日，日媒寻获“鬼片”，曝光大屠杀

1991年7月2日，日本《每日放送》记者加登英成最先在美国洛杉矶电影中心发现并公布了1937年12月美国牧师约翰·马吉拍摄的记录日军南京暴行的11分钟影片，一帧帧血腥、残暴的画面，揭穿了日本官方刻意隐瞒与否认南京大屠杀的谎言，引爆日本媒体。

《罗森报告》解密："影片是令人震惊的时代文献"

2022年，63岁的加登英成，退休前是日本《每日放送》的资深记者。他拥有20余年的记者经验，主要负责日本的政治和社会报道。他是全日本第一个以新闻为基础，赴美国、中国和德国采访与收集资料制作南京大屠杀专题报道的媒体记者。

1990年12月，德国公布了存放于德国柏林波茨坦档案馆，前外交官罗森于1938年2月提交给德国外交部的一份报告。

这份最新解密的《罗森报告》在1990年12月17日被日本京都的媒体发现，由于缺少影片拷贝，人们将其蔑称为“鬼片”。

时隔半个世纪，“鬼片”复活

2022年9月12日，在北京东厂胡同的家中，邵子平在狭小而凌乱的书房中胡乱翻找，将一些他认为也许“有用”的资料交给我。其中有一封南京大屠杀期间安全区国际委员会总干事乔治·费奇的外孙女汤娅·昆顿在2015年11月19日寄给他的信。“亲爱的子平，这里有一些关于南京的资料给你。”汤娅·昆顿在信中介绍了加登英成在1991年赴美采访她的经过。

“1991年，日本发生了一个重大政治问题：在大选中，有一名候选人公开声称南京从来没有发生过大屠杀（日本人也把这段历史从历史教科书上删掉了），这激怒了很多人，引起了巨大的政治动荡。”汤娅·昆顿说。

日本《每日放送》指派其明星记者加登英成深入了解这个困扰他们50年的问题——南京大屠杀真的发生过吗？“日本媒体一定要确定这段历史是否为真，无论用哪种方式。”

1991年7月，32岁的日本记者加登英成只身启程赴美。

“有一天，我突然接到了加登先生的电话，当我说我有爷爷的原始影片胶卷时，他和一个电视摄制组在24小时内出现在我家门口。我带他去了电影档案馆，在那里我们看到了原件。我带他去了圣安东尼奥山花园，当时的居民让我们在那里拍摄了一些画面。”汤娅·昆顿告诉邵子平，加登先生看过电影后，把消息透给日本媒体，在日本掀起了一场媒体风暴。

汤娅·昆顿信中说，这些影片的存在多年来一直被日本政府否认。“日本政府否认曾发生过南京大屠杀，南京大屠杀甚至早在几年前就已在日本历史教科书中消失了。当一些人想起一位绅士——乔治·费奇在20世纪30年代放映过这些电影时，他们就名誉扫地了。”

“1991年，日本即将举行大选。南京和‘鬼片’再次成为一个大问题。正是这一点促使加登先生的制片人给了他寻找‘鬼片’的任务，如果可能的话。”

汤娅·昆顿写道，加登先生要确定“鬼片”是否存在，并查明南京大屠杀的真相。加登先生去请教了他在早稻田大学的朋友，那是一位退休的历史教授。这位教授告诉加登先生，关于南京大屠杀的历史真相，当时在基督教青年会工作的美国人乔治·费奇博士所写的书《我在中国八十年》中有记录。他给了加登先生这本书，里面提到了马吉拍摄的影片。

汤娅·昆顿继续告诉邵子平，加登先生在找到马吉影片之后去了南京，完成了对影片中幸存者的采访，在《验证南京大屠杀》这部1991年拍摄的55分钟纪录片中证明南京大屠杀确实发生了。

“在当地（洛杉矶）时间1991年7月2日中午，我看到了马吉影片。”加登英成对我回忆，为此，他专门去京都大学图书馆查阅了1991年的报道资料，确认了准确的时间。“洛杉矶与日本有16个小时的时差，那应该是日本时间7月3日凌晨左右。”

7月3日的晚上，NHK电视台、朝日电视台、TBS电视台迅速连续播报了在美国发现记录南京大屠杀影片的重大新闻，日本共同社、《每日放送》等特别做了专题报道。这条重磅新闻7月4日登上日本各大报纸的版面，在日本社会与学术界引发强烈震动。《每日放送》强调，“这是我们在美国洛杉矶独家取得的胶片。时隔半个世纪，它又复活了”。

沉睡影像苏醒，震撼日本媒体；寻获马吉影片，日媒火速播报

TBS电视台1991年7月3日午后6点新闻播报：

播音员：我想从这部时隔多年重见天日的影像开始介绍。现在我们看到的就是日军的暴行，这是1937年南京大屠杀时的影像。当时在南京的两个美国人秘密拍摄了这卷胶卷，但由于这个胶卷去向不明，一直被称为“鬼片”。日本记者刚刚在洛杉矶拿到了这个胶片。时隔半个世纪，它又复活了。这就是南京大屠杀的真相。

胶片以《被侵略的中国》为题，影像上附有英文说明文字。关于南京大屠杀，至今为止已经有很多影像资料介绍，但那些胶片并不能有力地证明拍摄的就是南京大屠杀事件本身。而这次我们找到了，这是第一部被确认拍摄了南京大屠杀的影片。

历史学者、宇都宫大学教授笠原十九司看了胶片后认为：没错，今天看到的影片内容正是南京大屠杀。首先是医院的场景，我们知道马吉有拍摄南京大屠杀事件的胶卷，但怎

么也找不到，所以很遗憾。现在看到的胶片，肯定是乔治·费奇带走的那卷。我感觉，我们找到了传说中的"鬼片"。

时年79岁的侵华日军老兵东史郎：我们不把中国人当成人，就像杀猪、杀虫一样，即使现在看到中国人受伤的影像，我也没有罪恶感。伤害一个人、杀死一个人，是很可怕的事，但我当时没有罪恶感，满不在乎地干了。

TBS电视台晚间11点现场直播：随着南京被日军占领，当时在南京的欧美各国人士在城市中心设立了国际安全区，对本国国民和受害的中国人展开了救援活动。当时积极参与中国救援活动的成员中有两个美国人的身影。[1]一位是牧师，即当时担任国际红十字会南京分会主席的约翰·马吉，另一位是国际安全区总干事乔治·费奇。马吉牧师和费奇一边对受伤的人和难民进行救援，一边不停地转动马吉爱用的16毫米摄影机，记录当时的场景。就这样，两人用两个月的时间偷偷拍下的胶卷，被费奇缝进了自己的驼毛大衣里，躲过了日军的严密监视，拿到了上海，然后马上冲洗了4份，做了胶片拷贝。之后，费奇带着一份胶片回到美国，在美国各地举行放映会，呼吁反对战争。费奇在距今12年前的1979年离开了人世，他的胶片被遗忘。在其外孙女汤娅从衣柜里找到胶片之前，胶片一直处于沉睡状态。

汤娅寄到洛杉矶电影中心的胶片是《被侵略的中国》，时长大约10分钟，短片全篇无声，生动地讲述了战争时，南京市

---

1 当时留在南京参加救援的共有14位美国人。

内发生了什么。确实是这样。

为什么这个胶片有后续呢？马吉他们拍摄并带到上海的胶片只是一部分，原始胶片中没有发现的剩余部分在哪里？在马吉的孙子那里也发现了胶片。《每日放送》的记者加登先生一直在洛杉矶寻找和采访这个胶片。

播音员连线在美国的加登英成：加登先生，这确实是一份很辛苦的工作。你是怎么第一个找到胶片的呢？

加登英成：费奇的《我在中国八十年》是一个契机，这本书是我借来的，书里面详细地记载了刚才那个胶片从南京带出来的路线，也提到应该有4份拷贝。我希望找到一份，于是多次连夜打国际电话到美国寻找目标。

NHK电视台7月3日午后7点新闻播报：

据说是美国传教士拍摄的南京大屠杀事件的16毫米胶片，最近被共同社纽约分社以录像带的形式得到了。据共同社报道，这个胶片是美国圣公会的约翰·马吉牧师拍摄的，由当时的同事乔治·费奇牧师带到了美国。影片反映了市民被送往医院的情况，其中有被刺刀刺伤的市民脖子上的巨大伤口，有脖子以上被烧得漆黑的男性。另外，也有室外的拍摄，有家人被虐杀而呆立在原地的老妇人，还有漂浮在水塘里的尸体等。这就是南京大屠杀的真相。

NHK电视台7月3日午后9点新闻播报：

在南京大屠杀发生后，胶片从中国运到国外，然后在洛杉矶的电影中心里沉睡了很长时间。虽然承诺不会处死俘虏，但侵略者还是把二三十个男人一个接一个地送上刑场。年迈的女性回到家中，却听到家人全部被杀、两个女儿遭殴打后也被杀害的消息。双手被绑在身后的市民被射杀或被刺刀刺穿后，被扔进水池里。

立教大学的栗谷健太郎教授看了胶片，认为这是可信度极高的历史资料，展示了南京大屠杀中日军的残暴，是相当珍贵、有价值的胶片。拓殖大学的旗生彦教授说，这个胶卷的拷贝曾在战争结束后被带到美国、日本和德国，但后来行踪不明，研究者们一直在寻找这部“鬼片”，现在以令人震惊的心情看到了。这个影像虽然不能反映南京大屠杀的全貌，却成为揭开南京大屠杀事件真相的重要线索。

朝日电视台7月3日午后6点播报：

你们现在看到的这个胶片是在美国发现的，是美国传教士拍的日军南京大屠杀。有一种说法认为，日军在南京大屠杀中杀害了30多万中国人。但即便在今天，关于事件的真实和规模仍存在争议。历史学家们认定这部影片是南京大屠杀的唯一影像记录。胶片画质不太好，但是，画面中出现了被日军殴打后不断被送往医院的市民。

朝日电视台7月3日晚10点专题评论：

下一条新闻是54年前的事：南京大屠杀流血惨案。今天晚上，在美国发现了记录1937年12月在中国南京发生的日军南京大屠杀的胶片，是当时南京国际红十字会的主席、美国的约翰·马吉牧师拍摄的。马吉牧师作为日军进入南京后为数不多的留在南京的外国人，在战后的东京审判中也站在了证人台上。在放映出来的画面中，可以看到浮在水塘里的尸体，还有回到家中看到两个女儿被屠杀后呆呆地站着的老奶奶。

播音员：这一影像被发现的契机是去年10月，众议院议员石原慎太郎在接受杂志采访时表示："南京大屠杀是中国人编造的。"美国华人团体对此进行了抗议，并在《纽约时报》上刊登了"言论广告"。看到报纸后，马吉牧师从前同事的女儿，向华人团体提供了她一直保存着的这一影像，就此，影像公布于众。

演播室男主持人：今年夏天，海部俊树准备访问中国。每到夏天我都会提到，在侵略中国一事上，日本是明显的加害者，中国是受害者。在这个问题上绝对不能弱化加害者[的责任]。即使要弱化的话，受害者有资格，加害者绝对不行。

演播室评论员：这个问题上，以前的同盟国德国也有当时的资料，这次是美国传教士[的资料]。资料公开后，日本人就否认。日本人的适应能力、应用能力很强，但总是不愿意正视对自己不利的过去。石原做的事情反而引出了新的重要资料，从这一点上讲，他说的话是有意义的。但是他的动机，对于解决问题没有帮助，不知道接下来会怎样。

演播室男主持人：教科书问题也是如此，日本人很不擅长反省自己做过的耻辱之事，表现得也很含糊。日本人应当反省这种暧昧的性格。

中国人不忘自己的“火劫”

“在亲历南京大屠杀的中国人和日本人中，尚健在的已经不多了，能作证的人也已时日无多。但是，这个中国历史上空前的惨案还悬而未决，我们活着的人，尤其是作为这段历史的见证人的这一代，有责任把南京大屠杀这件在第二次世界大战中最骇人听闻的、惨绝人寰的日军罪行，彻底澄清，以对祖先，以儆子孙，更为南京大屠杀中死难的三十多万同胞申冤。”[1]1994年2月，吴天威[2]在《日本侵华研究》杂志第17期上发表文章，表明自己研究南京大屠杀历史的立场。

1990年2月，《日本侵华研究》在美国创刊，出版方是日本侵华研究学会，此刊为发表研究日本侵华史成果的学术性季刊。

1995年，历史学家唐德刚在日本侵华声讨大会上专题介绍海外华人团体推动索赔经过及目前相关组织，他的大会发言题目是《纪念抗战 对日索赔》，在先后介绍了对日索赔同胞会和纪念南京大屠杀受难同胞联合会之后，他说：“上述各会遇有对日大事，则通力合作、融为一体，平时则为各自专业而分别效力。经常做综合学术研究及新闻报道者，则有吴天威教授主编之《日本侵华研

1 《日本侵华研究》1994年2月，第6页。

2 吴天威，出生于1922年，沈阳人，1945年金陵大学历史系毕业，1965年美国马里兰大学历史学博士毕业，长期在南伊利诺伊大学历史系任教，著名中国近代史专家，曾任美国日本侵华研究学会会长，主编《日本侵华研究》。

究》，及方志远医师主编之《对日索赔专刊》也。”[1]

这两本刊物被唐德刚称为“我纪念抗战、对日索赔各单位之喉舌，亦保持我抗战精神与对日研究之永久不懈也”。

关于《日本侵华研究》，据唐德刚介绍，此为当前华文期刊中唯一以研究日本侵华为主题的大型刊物，主编吴天威教授“披肝沥胆，苦心孤诣，废寝忘食，始有今日。然创刊海外，销行有限，经费短绌，艰苦之情可想而知。若非激于民族大义，抗战情怀之殉道精神，实难维持此一季刊之长短发行也”。

姜国镇在2020年12月及2021年10月分别寄给我两批资料，其中有零星几本吴天威主编的《日本侵华研究》期刊，红色的封面简洁醒目。

《日本侵华研究》刊发内容主要有揭露侵华日军的残暴罪行、日本侵华史研究、批判为日本侵华翻案和日本军国主义复活迹象，以及对日索赔问题等。

没有更多关于吴天威教授的资料，我便细细阅读仅有的这几本杂志。繁体字与竖行版式，读上去吃力，但从字里行间依然能深刻地感受到吴天威教授的披肝沥胆与苦心孤诣。我只能试图从能找到的文章中尽力呈现令人钦佩的吴天威教授。

该刊以中文为主体文种，同时附有英文、日文两种语言的摘要。撰稿人中有来自中国、美国和日本的学者。该刊主要分论文、资料选辑和通讯三个栏目。[2]

1　唐德刚：《纪念抗战　对日索赔》。

2　京中：《海外〈日本侵华研究〉杂志简介》，《抗日战争研究》1991年第2期，第229页。

《日本侵华研究》的编辑有吴天威、胡华玲、谭汝谦（从第3期起变为许介鳞）。“日本侵华历史实为中日两国近代史的主流”，但过去“除军事及外交方面如中日两次战争有较翔实的记载外，其他如日本对华的政治阴谋与措施，经济的掳夺及结果，以及对中国社会的影响，至今仍没有系统和全盘性的研究”。创办该刊，旨在“从学术立场唤起各地政界、学界及民众对日本侵华史的重视及研究，以挽救这段将遭到湮没、陷入危机的历史”。该文点明研究日本侵华史的态度，“不是诉之于盲目的仇恨的情绪，而是诉之于冷静的公平的理性”。[1]

吴天威教授于2005年3月20日逝世。2007年6月22日，吴天威教授档案资料捐赠仪式在辽宁省档案馆举行。[2]

吴天威先生之子吴锡硕先生将父亲毕生收集、整理的档案资料捐赠给辽宁省档案馆，为这些倾注了吴天威先生毕生心血的档案资料找到一个理想的保管之处，完成了父亲的遗愿。

吴锡硕先生及其家人代表其父亲向辽宁省档案馆捐赠吴天威先生的档案、资料共82箱。其中，档案386卷（吴天威书信351件）、图书资料2 684册、期刊573册、录像带75盘、光盘75张、幻灯片497张、缩微胶片44盘、电影拷贝片1部。辽宁省档案馆将这些档案资料登记、分类、整理、编目，入库上架。

据辽宁省档案馆官网介绍，吴天威先生是辽宁省沈阳市新民人，早年在东北中山中学就读，1945年毕业于金陵大学历史系。日本侵华战争爆发后，他积极参加抗日救亡活动。抗战结束，为揭

1 京中：《海外〈日本侵华研究〉杂志简介》，《抗日战争研究》1991年第2期，第229页。
2 《兰台世界》2007年8月1日，第4页。

露日本军国主义的侵略罪行，他毕生致力于日本侵华历史的研究，收集了大量的档案资料。1952年吴天威先生立志报国，留学海外，获马里兰大学博士学位，后任南伊利诺伊大学历史系教授。他还率先发动海内外爱国人士在美国建立了日本侵华浩劫纪念馆，揭露日本军国主义侵略中国的罪行。

在捐赠仪式上，馆领导宣读了吴天威先生当年就读东北中山中学时的同窗好友李涛发来的贺信："欣闻吴天威教授档案资料捐赠仪式今天举行，很高兴和激动。早年，我与吴天威先生均为东北中山中学学生，同窗数载，友谊深厚。后天威先生立志科技报国，留学海外。他生前曾多次表达要将收集、整理、研究的档案资料无偿捐赠给家乡的真诚愿望，此情感人。"

《日本侵华研究》编辑部编辑、曾与吴天威教授共事的胡华玲博士先后在美国主流媒体上撰写了多篇揭露日军暴行的论文，她是海内外最早系统研究金陵女子大学魏特琳的专家。胡华玲于2000年出版的英文著作《金陵永生——魏特琳女士传》，在美国学术界有广泛的影响。[1]

胡华玲撰写的《吴天威教授——一位深爱中华民族的历史学家》读来令人感佩。"吴教授深爱中华民族，致力维护日本侵华血泪史的真相。他是美国华人维护抗日战争史草根组织的先驱，是研究日本侵华史的优秀史学家。他在有生之年里，不知策动了多少维护抗日史的活动，不知启发了多少人，不知撰写了多少论著，实是鞠躬尽瘁。"胡华玲回忆了与吴天威共同编辑《日本侵华研

1 《华人时刊》，2004年第1期，第48页。

究》的往事[1]：

在1990年，吴教授挺身独力创办《日本侵华研究》季刊……

然而，要办一份定期季刊，在财力及人力缺乏之下，是件非常辛苦的事。我知道其中的辛酸，因为从一开始，我就参与了《日本侵华研究》的编辑工作。当时我们一共有5个人，都是义务服务。除了在香港的谭汝谦教授和在纽约的傅运筹先生，就是在卡本代尔的吴教授、吴夫人孙英哲女士和我。虽然我们三人分工合作负责编辑工作，但是吴教授的负任最重。他不仅得写稿、约稿、审稿，还得到各处去为季刊筹款。因为即使出版一本像《日本侵华研究》这样外表“其貌不扬”的刊物，每期仅印刷费就得两三千美元，实非一般仅靠薪水维生的大学教授个人所能负担得起的。吴教授不仅向外捐款，还叫子女不要送他们任何生日或圣诞节礼物，把送礼物的钱折算出来给两老用来办《日本侵华研究》，所以每次捐款人的名单上都有吴家两个儿女的名字。

同时，每逢《日本侵华研究》该出版的月份里，吴教授和吴太太天天都得忙到深更半夜。我这人生来不能开夜车，只能开早车，所以常常早上三四点爬起来赶工。虽然我家先生埋怨我把家里闹得鸡犬不宁，但是那段日子里我着实在日本

1 胡华玲：《吴天威教授——一位深爱中华民族的历史学家》，《抗日战争研究》2005年9月，第202页。

侵华史方面学到了很多东西，所以心中一直都非常感激吴教授。并且我还得到了一个附带的福利，就是常能吃到吴教授在他家后院种的中国蔬菜，原来他最大的消遣就是种菜。

“除了办《日本侵华研究》，吴教授还常参与城里华人组织举办的维护抗日史真相的活动。”胡华玲同时回忆：

1994年，日本明仁天皇夫妇访美。吴教授联合在纽约的对日索赔同胞会等组织在《纽约时报》上刊登全页大广告，在广告中指责日军战时对中国的烧、杀、奸、掠罪行及对其他亚洲国家的残酷蹂躏。并且痛斥日本政府不但没对受害国及人民道歉赔偿，还一而再地修改教科书，把东京审判的甲级战犯供奉在靖国神社里，企图抹杀其侵害亚洲的史实真相；同时强调日本在没有以行动正式道歉及赔偿前，没资格争取联合国安全理事会常任理事国的席位。

吴教授不但参与撰写了《纽约时报》上所登的广告，还带了一车子的日本侵华史方面的资料，大热天里由伊州的卡本代尔开了两天的车，赶到华盛顿参加华人和亚裔代表在白宫前举行的向日本天皇抗议示威大游行。他在示威抗议的队伍前发表激昂的演讲，接受媒体访问；又领头呼喊口号，高唱“我的家在东北，松花江上”等爱国歌曲。听说当场不少人都流下了眼泪。

我在1994年8月《日本侵华研究：全美华人向日皇抗议索

赔示威专辑》上，读到全美华人抗议索赔会会长裴咏菱在《回顾“六一二”向天皇抗议示威游行》中写道，吴天威教授为了携带很多资料，开了两天车来到华府参与筹备工作，他是真正领导这次示威游行的灵魂人物。[1]

“吴教授最大的梦想是在旧金山建立一座永久性的浩劫纪念馆，长期陈列日军侵华暴行的图片，报道中华民族颠沛流离的真相，为死于日军屠刀下的同胞们申冤、讨回血债，维护公理正义，”胡华玲特别写道，“虽然亲友们见吴教授年事已高，都劝他不要再去为建浩劫纪念馆奔走效命。可是吴教授置之不理，抱着愚公移山的精神四面八方筹募建馆的资金。”“他要使这段中华民族的血泪史一代代流传下去，以期引之为诫，谨防这种人类悲剧重演。”

2000年，因建立永久纪念馆一时难以实现，吴天威在旧金山附近租屋设立了一个临时纪念馆。纪念馆于当年2月底开放，首先展览日军遗留在东北的毒气化学武器和七三一部队的活体实验。他对胡华玲说：“我已经八十多岁了，今生恐怕是看不到永久纪念馆建成了。不过只要我有一口气在，我都会去努力到底。”[2]

史学研究者米鹤都曾于2008年撰文回忆在美国与吴天威教授共同分发与邮寄《日本侵华研究》杂志的经历：

> 我在美国的时候，正好赶上这本杂志的第一期出版，就责无旁贷地加入到吴先生和他太太的工作行列中来。记得有一

1　裴咏菱：《日本侵华研究：全美华人向日皇抗议索赔示威专辑》，1994年，第31页。

2　胡华玲：《吴天威教授——一位深爱中华民族的历史学家》，《抗日战争研究》2005年9月，第206页。

次，我们开了两个多小时的车，到圣路易斯取回印刷好的杂志，然后再把它装信封、打印地址、贴卷标，再送到邮局和UPS分送到美国和世界各地。仅邮寄这点事情，我们三人就忙了整整两天。记得寄出最后一本时，大家都非常高兴，吴先生和吴太太还专门请我吃了一顿饭，以表庆贺。当时每出一期的经费大约是3 000多美元，吴先生的亲朋好友几乎都为此捐过钱，但是其中多数还是吴先生自己出资的。这本杂志是季刊，吴天威夫妇一直亲力亲为，从约稿、翻译、校对到包装、邮寄等，大多工作都是吴先生和他太太两人亲自完成的。当时南伊大有300多个来自中国大陆的留学生，而其中来自东北师大的留学生就有200多人，另东北师大和南伊大结成姊妹学校，也是吴天威先生以他的影响力一手促成的，他在这些留学生中的威望可想而知。他只要开口，立刻就会有众多的志愿者来帮他完成这些琐事，而且他自己带的两名来自国内的博士生，都曾主动要求帮忙，但是吴先生都谢绝了。他曾对我说，这些学生平时学习任务比较重，而且还要打工挣生活费，比较辛苦，所以他能做的事情都自己做，尽量不给中国留学生们找麻烦。在斯坦福大学、哥伦比亚大学、南加州大学等许多著名大学的图书馆里都能看到《日本侵华研究》，它们在默默地发挥着作用。

我还在《日本侵华研究：纪念抗日战争胜利五十周年专辑》中翻出了一个贴着邮票却未使用过的信封，以及一页吴天威教授写给读者的亲笔信的复印件：

敬爱的朋友和读者：

《纪念抗日战争胜利五十周年专辑》(一九九五年第二十三及二十四两期合刊)，为力求报道完备、翔实，内容精简，经最大努力现已在纽约出版。此乃对日本帝国主义侵华战争及滔天罪行做有力的见证，并缅怀我国以宝贵的生命赢得这次战争的胜利的三千五百万死难同胞。同时更感到我们当前任务之重大，誓为他们讨回公道，迫使日本侵略者谢罪道歉和赔偿，并归还在战争中掠夺的我国的物资及文物。

此《专辑》共256页，内有“纪念论文”“抗战文艺”“华侨抗日运动”“世界各地庆祝胜利活动”“日军暴行资料”“日军七三一部队罪行在美展览”“民间索赔动态”及“抗日战争图志”等章节，皆由海内外著名学者及作家执笔，堪称唯一之全面周详、公正之作，关心我“抗战”胜利者不可不读。谨按成本零售，每本十五美元，购置十本以上者每本十二美元。尚祈广为推介。

敬祝

健康愉快

《日本侵华研究》编辑吴天威

1996年5月8日

几乎在每一期《日本侵华研究》的开篇，吴天威写的“致读者”，都谆谆叮嘱“不忘历史”。在第17期的“致读者”文末，吴天威说:“中国的‘火劫’尚未为西方所承认和重视。这固然由于欧美人一贯的‘重欧轻亚’，及日本政府的尽力掩盖，但是，我们中国人自己应该负主要责任。由于西方人重视犹太人‘火劫’，随着《辛德勒的名单》电影的放映，对‘火劫’的关注已被推至高潮，我们希望我们中国人不忘自己的‘火劫’。”

美国记者会："日本人擅长改写历史"

1937年12月18日的《纽约时报》以《所有的俘虏均遭屠杀》为题刊登了记者德丁的报道，德丁在报道中第一次使用了触目惊心的"南京大屠杀"一词，引发世界舆论巨大震动与反响。

1992年5月18日，德丁应"联合会"之邀，在纽约唐人街举行记者会。出席者有"联合会"会长唐德刚、总干事邵子平、著名历史学家吴章铨，及来自《世界日报》《法国地球报》《星岛日报》等报社的十余名记者与学者。

德丁在95分钟内回答了112个问题，以亲身经历彻底揭露日本政要引证日本记者采访他的歪曲报道篡改历史的卑鄙行径。时任联合国资深翻译的吴章铨特别将此次采访全部译成中文，以《窦萸安在纽约记者会的发言——驳斥日本媒体对其关于"南京大屠杀"的报道》为题，全文刊发在吴天威教授主编的《日本侵华研究》1992年8月第11期上，引发海内外史学界高度关注。

石原妖言惑众，德丁亲身驳斥

2021年11月21日，时任"联合会"总干事，并主持此次记者会的邵子平回忆："纽约记者会的起因是1990年冬，日本东京都知事石原慎太郎在接受《花花公子》专访中悍然宣称‘1937年南京大屠杀是中国人编的故事，是一个谎言’。”

时年85岁的邵子平记忆清晰，他说：“那年，石原慎太郎在接受杂志采访中引证日本《产经新闻》驻华盛顿记者森久村对德丁的采访报道，公开否认南京大屠杀。”“森久村在采访德丁后刊发报道称日军在去南京的路上不可能发生暴行，因为德丁没有看见。”

邵子平率先在记者会上就此向德丁提问。“当然喽！我经过的路上没有任何暴行，日本人还在上海，”时年85岁的德丁立即回答，“当日本人攻击上海附近的时候，我正在上海《大陆报》报社，一个中英文的报纸，担任助理编辑，同时也为《纽约时报》做些工作。《纽约时报》需要一名记者，负责从中国方面报道这场战争，他们雇用了我。于是我离开《大陆报》，从朋友那里买了一部汽车便开往南京。这大约在日本人开始进攻上海后的第十天或第十一天。那时候他们还集中在上海战役，因此我在开往南京的路上经过很平静的乡村。”

“有日本记者说，日本人在上海到南京之间不可能做出任何暴行，因为我没看见，也没有文字的报道，”德丁明确地说，“当然啦！日本人还没有到来，我到南京比日本兵开始从上海向南京进军早了两个月。”

“日本人擅长改写历史”

记者会之后，邵子平在1992年5月26日致信德丁：“日本记者以一种高度暗示的方式歪曲了对您的采访，以表明您支持他们对南京大屠杀的否认。”

石原慎太郎公开否认南京大屠杀的行径激起了纽约公众的

愤慨。邵子平说:“德丁在纽约的记者会上明确表示日本《产经新闻》驻华盛顿记者森久村在采访他之后,并没有给他一份副本,德丁丝毫不知道森久村在报道中写了什么。”

“日本人擅长改写历史。”在记者会上,针对日本记者的不实报道,德丁举例证明:“你看最近《纽约时报》关于汤森·哈里斯——美国第一任驻日公使——的故事。日本人送给哈里斯一个女人,后来他发现她身体不好,就把她赶走了。现在她摇身一变,成为日本的女杰,日本人把她塑造成一个英勇的形象,说她不愿意与哈里斯同居。这便是日本人改写历史的另一个例子。”德丁认为,日本政要篡改历史的动机是对年轻的一代隐瞒他们以前所犯的滔天罪行。

“德丁在记者会上说得非常详细”,邵子平介绍道。那次采访很成功。美国中文媒体以《墨写的谎言掩不住血写的历史 南京大屠杀铁证如山不容篡改》为题揭露日本政要的无耻嘴脸,《世界日报》《星岛日报》等诸多媒体刊发了该报道。

张连红认为,德丁的回忆访谈有力回击了日本右翼谎言。德丁在接受“联合会”采访时,针对森久村的不实言论,通过自身所见所闻,围绕日军在南京街头和码头大肆屠杀俘虏、沦陷前南京人口迁移范围、南京遇难人数、西方传教士揭露日军暴行的客观性等,对日本右翼的谎言进行了反驳。“实际上,在1984年至1987年,德丁曾两次参加日本南京事件调查研究会的笠原十九司教授的长时间访谈,笠原十九司教授在日本也公开发表了访谈成果,对石原等右翼势力的谎言进行了有力回击。”

据张连红介绍,1988年6月,德丁曾重回故地南京,参观了新建的侵华日军南京大屠杀遇难同胞纪念馆。回美国后，他在《圣地亚哥联盟论坛报》上发表参观感言：“这个新纪念馆的建立，表示了中国政府并没有忘记这段历史，但是部分日本官员和右翼群体否认这段历史，一次次地洗刷罪行，甚至不承认日本侵华的事实。”在接受“联合会”访谈的六年后（1998年），德丁在美国圣地亚哥去世。

留下第一手史料，戳破日本右翼谎言

“联合会”组织与现场摄录的德丁详细叙述亲历南京大屠杀的95分钟记者会影像实录，极为珍贵。

“战时担任《纽约时报》记者的德丁是南京大屠杀重要的历史见证人，他的亲身经历对还原南京大屠杀真相具有很强的说服力。”张连红表示，“联合会”组织采访德丁的影像与文字记录，具有十分重要的史料价值。

“作为《纽约时报》的记者，德丁是报道战时中国最具影响力的西方记者之一。”张连红介绍道。德丁接受《纽约时报》的委派，在南京沦陷前两个月就来到南京，对日军空袭南京和南京保卫战进行持续报道，在日军攻占南京时，他是留在南京的5位西方记者之一，他利用美国记者身份，在日军占领的南京城内进行了现场采访，在南京沦陷后的第三天才离开，目睹了日军占领南京初期屠杀战俘的恐怖暴行。从12月18日开始，德丁撰写的关于日军在南京暴行的长篇报道在《纽约时报》持续刊发，引起世界广泛关注。其后德丁一直在中国报道中国抗战。1945年9月，德丁再次回到南京，继续对战后南京进行系列报道。

张连红认为，这份录像中，德丁的回忆访谈提供了许多其亲身经历南京大屠杀的历史细节，丰富具体的细节产生了“真实”的力量。作为南京大屠杀的亲历者，他回忆说他在从城门到江边的那段路上，“我的车轮在很多尸体上打转”，“有一群日本兵在附近吸烟、谈话，他们部队的军官正在屠杀一个营的中国士兵”，“离开之前，我绕城一周，发现很多死人，尤其是中国士兵。日本人把射杀中国士兵当作很好的游戏，每见一个中国兵便射击。在我去下关江边的路上，经过城门到码头，死尸堆积得很高。”德丁还回忆他在国际俱乐部的门前看到一名身受重伤的中国士兵，他爱莫能助，只能塞给这名士兵五元钱。作为记者，身临其境的德丁，对陷落后南京真实场景的观察记录，为历史留下了极为珍贵的第一手资料。

德丁访谈摘录：“日本人把杀中国士兵当游戏”[1]

问：你说在屠杀开始后，你在南京待了三天，南京城的情况如何？

> 德丁：在日本人占领南京一天后，我便全城奔走，看见很多尸体！我必须把这个重大的消息发给报社，我决定搭乘“奥阿胡号”轮船去上海。离开之前，我绕城一周，发现很多死人，尤其是中国士兵。日本人把射杀中国士兵当作很好的游戏，每见一个中国兵便射击。在我去下关江边的路上，经过城门到码头，尸体堆积得很高。

1　吴章铨：《窦奠安在纽约记者会的发言——驳斥日本媒体对其关于“南京大屠杀”的报道》，《日本侵华研究》1992年第11期，第37页。

我的车轮在很多尸体上打转,我所见到的最残忍的暴行,就是当我在江边等船的时候,有一群日本兵在附近吸烟、谈话,他们部队的军官正在屠杀一个营的中国士兵。他们被分开,每十个人或十五个人一批,用机枪将他们射死。

问:你能不能描述一下你当场所见,比如受伤的人、横死在街头上的尸体等。他们是头部有刀伤、枪伤或炸弹伤吗?

德丁:我只有一次仔细地察看过他们受伤的情形。我经过一个国际俱乐部的门前,那里有一个穿着军装的中国兵躺在路旁,他的下颚已经被枪弹打掉,他身体上的伤痕有些是烧的,还有些是刀砍的,还在流血。我不能给他任何帮助,他伸出手,期望我能把他带走。我不知道能把他送到哪里,或者拿他怎样办,我只好拿出五元钱放在他的手里,这当然对他毫无帮助,但我内心觉得应该为他做点事情,他还没有死!

问:日本对修改历史所做的辩护理由之一,就是他们不愿意让父辈所犯的罪行成为日本下一代的负担。你知道现在他们正培养下一代更坚强的自信心,你对历史有什么看法?再者,有没有“客观的历史”这回事?

德丁:我认为德国人做了一件很好的事:把过去的事完全公开。他们承认所发生的罪行而且对此毫无疑问。今天日本人应像德国人那样，由领导者公开一切，再批评错误。把罪行归咎于那一阶段日本的低劣领导身上。

1991年7月12日，“37分钟”版马吉影片首现纽约

1991年7月12日，在日本《每日放送》记者加登英成于洛杉矶找到费奇版马吉影片胶片的10天后，邵子平在纽约成功找到了马吉牧师拍摄记录南京大屠杀历史画面更为丰富的“37分钟”版马吉影片的原版胶片。

1991年8月2日，“联合会”在纽约召开记者会，公布了美国牧师约翰·马吉1937年至1938年间在中国南京拍摄的记录侵华日军南京暴行珍贵历史镜头，这些曾经震惊西方的记录南京大屠杀暴行的动态影像“马吉影片”，在湮没43年后重现，再次震惊世界。

众筹广告集证，驳右翼谬言

1990年12月26日，美国《纽约时报》第16页刊登一则全页广告“纪念南京大屠杀受难同胞，兼驳斥石原慎太郎”，文章衬底是1937年12月18日《纽约时报》头版刊发的“（日本）南京屠城”的报纸版面，广告显著位置是一个跪地中国人被日军持刀砍头的历史照片。广告同时向全世界征集南京大屠杀有关资料。

对于这页广告的起因，《世界日报》副总编辑魏碧洲记忆犹新。

1990年冬，《花花公子》杂志刊发了石原慎太郎的专访，石原慎太郎公开宣称“南京大屠杀是中国人编造的”。魏碧洲读到这篇专访后，深感吃惊与气愤。他把这段专访整理成一则消息，刊发

在《世界日报》上。

魏碧洲说，日本虽然一直没有公开承认南京大屠杀，但也从没有人公开否认，“这次石原慎太郎以东京都知事的身份说了这样的话，就坐实了他们的立场”。

果然，报道刊发后，魏碧洲就接到当时在联合国工作的邵子平打来的电话，查询此报道的信息源。

公众的怒火被迅疾点燃。唐德刚、吴天威、杨觉勇、陈宪中、姜国镇等人立即行动起来。筹款在《纽约时报》刊登全页广告是他们一系列行动的第一步。

据陈宪中回忆，“石原讲南京大屠杀不存在，我们就要借助主流媒体去反驳”。“广告费6万美元是大家共同凑的钱”，“看到的人还不少，影响很大”！

广告刊出后，时年79岁的艾迪斯·费奇夫人看到报纸，想起手上存有一批侵华日军暴行照片，就主动联系对日索赔同胞会。魏碧洲说，邵子平他们很兴奋，立即约上他一同驱车赶到新泽西，在费奇夫人家中阁楼上，翻出一摞她父亲，即当年在南京的美国传教士乔治·费奇留下的逾半个世纪的50张珍贵照片、回忆录《我在中国八十年》，以及由马吉拍摄、费奇编辑的南京大屠杀11分钟影像。

难寻旧时人，原来是近邻

2018年1月，在北京东厂胡同一所普通民居内，时年82岁的邵子平对我叙述了自己于27年前辗转5 300公里，最终却在家门口发现马吉影片并公之于世的珍贵经历。

身着灰色西服、腰板笔直、嗓音洪亮，说起27年前寻找马吉影片的曲折经历，邵子平历历在目。

1990年12月，德国揭秘《罗森报告》，报告中直接提到美国传教士马吉拍摄记录南京大屠杀的影片，自1991年起，在美国寻找马吉影片就成为邵子平的头等大事，他全力以赴。

邵子平说，"与马大卫成为很好的朋友，是我这辈子很值得纪念的一件事"。

1912年，马吉牧师被圣公会派往南京。循此线索，79年后的1991年初，邵子平从纽约直奔位于得克萨斯州达拉斯市的圣公会总部，行程约2 520公里。在那里，他查到马吉回美国后任职于华盛顿特区的圣约翰教堂，并曾在白宫主持了罗斯福总统的葬礼。

来到华盛顿，邵子平急切地问："马吉现在在哪里？我们能不能见他？"教堂牧师回答：马吉已于1953年去世，生前曾在耶鲁大学教堂做牧师。

邵子平又马不停蹄地赶到康州纽黑文市，"果然，马吉的资料都在那里"。邵子平问耶鲁大学神学院档案馆馆长："有没有他拍的影片？"馆长说："有马吉的私信和他拍的照片，但没有影片。"

邵子平不甘心，追问："那么他总有家属吧？"这句话触动了馆长。馆长说："对呀，是他儿子把这些材料送给我们的，他住在纽约州，地址是Grace Church St., Rye。""什么？！"邵子平非常惊喜。"我家就住在那里啊！"

从纽约找到达拉斯市，再寻至华盛顿，继而一路追踪至耶鲁大学，之后又折回纽约。从北到南路程长达5 300公里，风尘仆仆穿越大半个美国，最终竟然在家门口找到马吉后人。说到这里，邵子平爽朗地大笑着，不住感叹“不可思议”。

折回纽约后，邵子平夫妇立即拜访了马吉牧师的次子大卫·马吉。那是1991年7月11日。

当年66岁的大卫·马吉已从摩根银行副总裁职位上退休，住在与邵子平家仅隔两条街的一座小岛上的临海别墅内。

出生于中国的大卫·马吉与邵子平一见如故，中文脱口而出：“我叫马大卫。”

找到13卷屠杀现场原片

邵子平说：“我想看你爸爸的东西。”大卫·马吉给他看了父亲写给母亲的家信、卡片与照片。“有没有影片？”邵子平回忆着说，“我就开门见山了”。“有啊，就在楼下的地下室里。”“我一听，太高兴了，‘我们到楼下去找吧’！”

“他那个房子很大，有两层楼，地下室里堆满了杂物。”大卫·马吉领着邵子平翻找，突然说：“糟糕！前些日子有个日本人找我儿子要影片，是不是我儿子给他了？”果然，翻找无果，邵子平大失所望。

第二天，7月12日，邵子平再次登门：“我盯住你不放了。”大卫·马吉却告诉他，“我儿子说，给日本人的影片他拿去看了，里面都是教会的内容，没有什么大屠杀”。邵子平说：“那我们再找找。”

终于在地下室里，他们找到四个铜盒里装着的13卷胶片，其中还有马吉牧师的亲笔说明。邵子平逐个查看，“一个中国孕妇被刺了39刀”，“一个小男孩被刺”……这正是马吉拍摄的记录南京大屠杀现场的原片！

“你看，我与大卫多有缘分啊，他的影片就是留给我的！”邵子平开心地大笑起来。

日本记者也在美国寻“鬼片”

“如果我们不拿出证据来反驳，就好像他们说的是真的了。”南京大屠杀的真相早在1948年就完全被封冻。美国传教士乔治·费奇的回忆录《我在中国八十年》引导“联合会”将寻找铁证的重点锁定于马吉影片。

马吉牧师于1991年名噪一时，缘于东德、西德合并统一后，原东德的波茨坦档案馆开放，人们发现在1938年初德国驻南京大使馆给柏林外交部的文件中，有14页英文撰写的马吉当时所摄的电影内容介绍，原片却不见踪影。

这份报告在1990年12月17日被日本《京都新闻》发现，在日本报纸以大字标题刊出后，由于未发现影片拷贝，“有名无实”，影片被日本媒体称作“鬼片”，有日本记者来美国展开寻找。

邵子平查资料获知：1988年公布的《罗森报告》提交了马吉影片拷贝与解说词，称此影片“是日本人所犯残暴罪行的有力见证”，并认为“解说词和影片本身都是一部令人震惊的时代文献”。邵子平说，“我们就与《每日放送》记者争相寻找马吉影片的原片”。

当年，邵子平将每天为“联合会”工作的要点记录在一页页纸上，那些笔记中，“Kato”这个名字出现得较为频繁。“Kato”是日本《每日放送》的资深记者加登英成，1991年，他只身赴美寻找马吉影片。

2021年1月，我从日本找到了加登英成，62岁的加登英成已经退休，在京都生活。

加登英成从日本学者洞富雄那里借到了乔治·费奇于1967年出版的自传《我在中国八十年》。在这本书中，加登英成读到南京沦陷后，马吉用“贝尔”牌16毫米家用摄影机，秘密拍摄日军暴行。马吉拍摄后，亲自将影片分类，除了在片头做简要说明，每组画面都另外用文字详细记录说明。马吉影片首个版本1至4号影片，在1938年1月29日由安全区国际委员会总干事、美国人乔治·费奇缝在驼毛大衣的内衬里，悄悄从南京带到上海，再冲洗出来，影片在战时曾经被带到美国、英国、日本和德国等地播放宣传，当时在国际社会曾产生广泛影响。

加登英成开始尝试寻找马吉影片。加登英成在2021年1月24日给我的邮件中回忆起当年的寻找经过：

> “把有南京大屠杀影像的胶卷藏在驼毛大衣里，经由上海带回了美国。”《我在中国八十年》上面这么写着。
>
> 为了寻找乔治·费奇的后代，我委托了美国的朋友。有消息说，纪念南京大屠杀受难同胞联合会的姜国镇知道乔治·费奇孙女汤娅·昆顿的联系方式。
>
> 在姜国镇的热情帮助下，我专程飞赴美国，采访了乔治·费奇的女儿、女婿与孙女。
>
> 回到日本后，我找到了马吉牧师的儿子大卫·马吉的联系方式，于是我拜托美国的朋友进行了采访。

完成在美国的采访，加登英成来到中国上海与南京，找到并拍摄了乔治·费奇当年在上海放映马吉影片的场所，在南京采访了马吉影片中拍摄的南京大屠杀幸存者李秀英与夏淑琴。两位幸存者领着加登英成指认了当年的受害现场。

与南京大屠杀相关的“37分钟”版马吉影片原版胶片在1991年7月12日被邵子平找到，而加登英成在1991年7月2日在洛杉矶历史影片协会看到了费奇家人捐赠的“11分钟”版马吉影片的复制胶片。

加登英成还从耶鲁大学图书馆里查找到了美国罗伯特·威尔逊的日记，他在完成拍摄制作纪录片《验证南京大屠杀》之后，于1992年，正值南京鼓楼医院建院100周年之际，将纪录片录像带和罗伯特·威尔逊日记复印件赠送给鼓楼医院。

加登英成在纪录片里公布了日记片段，影像显示这份日记是用英文打字机打印在南京鼓楼医院的信签上的，打字稿上有作者罗伯特·威尔逊的签名。

“37分钟”影像——日寇屠城铁证

1991年7月，大卫·马吉慷慨地向邵子平所在的“联合会”提供了当时被认定记录了南京大屠杀带有镜头说明目录的全部原片。摄于1938年1月10日之前的内容，多为医院内或室内等小范围场景。摄于1938年2月至4月的镜头，与暴行有关，出现在医院外、郊外或民居里。马吉还拍摄记录了难民营内的宗教活动。

邵子平找到马吉原片后，“联合会”特别兴奋。陈宪中说：“我们又去过马大卫家五六次，去看有没有遗漏。”

细心的陈宪中与“联合会”的姜国镇医生一道反复去大卫·马

吉家，陈宪中记得，“马大卫年纪比我们还大，很多事情也记不清楚了。家里东西放得很凌乱，胶片有的在地下室，有的在储藏间”;“那些胶片我们全部找过了，筛选出了与大屠杀相关的所有内容”。

邵子平将这些珍贵的胶片原片送到纽约一家影像公司翻拍后，将原片、原盒送还给大卫·马吉，“联合会”用翻拍片进行剪辑，制成一套能在电视台专业设备上播放的，时长为37分05秒的“一寸盘”电影胶片。“这37分钟比其他所有版本都长，尽管已有53年历史，但这些原片胶片质量极优。其他所有版本中的所有镜头都可以在这‘37分钟’版本里找到。”陈宪中确认，“这‘37分钟’版是定稿”。

制三千套录影带寄送联合国，阻日本入安理会

1991年8月2日，“联合会”在纽约召开新闻发布会，公布了37分钟的马吉影片，大卫·马吉现场展示了父亲用于拍摄这些珍贵历史镜头的摄影机。发布会还特别邀请了《朝日电视》《朝日新闻》《读卖电视》《读卖新闻》《每日放送》《东京电视》等众多日本媒体。

当年作为《世界日报》记者参加发布会现场采访的魏碧洲，清晰地记得自己看完影片后“很激动”。他说，“这是外国人从他们的角度拍摄的没有任何偏颇的历史事实，非常珍贵”。魏碧洲记得，稿件刊发后很震撼，唐人街无人不晓，有读者说，“有这个明明白白、真真切切的史料摆在这里，日本人想躲都躲不掉”。

1991年和1992年，由陈宪中出面，“联合会”筹措了30万美元，聘请著名导演依据“37分钟”版马吉影片，先后拍摄、编制了历史文献纪录片《马吉的证言》和《奉天皇之命》，在美国的社区、大学巡回放映了近百场，并在中国台湾地区以及日本的电视台

放映。

1997年，“联合会”将纪录片制成3 000套录影带，寄送联合国所有的会员国办公室，同时赠予美国各地图书馆、大学与有关机构。

1997年4月19日，《世界日报》在B4版以《南京大屠杀日本罪行录影带制作完成首批一千套寄送国际人士　盼侨胞踊跃认捐》为题刊登消息，突出报道了“联合会”经过近五年时间，耗资三十万美元，收集了南京大屠杀日本罪行录影带，全套录影带包括《马吉的证言》《奉天皇之命》《黑太阳：南京大屠杀》等三部影片，现已制作完成。1997年4月18日，“联合会”呼吁华人同胞积极认购关于南京大屠杀的录影带，以便向各国政要寄送，阻止日本成为安理会常任理事国。

该消息报道：

> 陈宪中表示，今年是南京大屠杀惨案发生60周年，该会搜集三种关于南京大屠杀的电影并加以复制，有特别重要的意义。他说，目前联合国因为财政困难而拉拢日本，在日本的推动下，联合国可能在1997年对安理会的扩大席位问题做出决定。作为在日本侵华期间深受其害的炎黄子孙，绝不让拒不悔改认罪的日本侵略者的阴谋得逞。

这篇报道突出了陈宪中所表达的“联合会”的立场，他说：“日本拒不认罪、拒不道歉，也拒不赔偿，还美化过去的侵略罪行，积极扩张高科技军备，威胁亚洲和平，因此根本不够资格。”

“联合会”在纽约呼吁华人同胞积极认购录影带以响应和支

持他们的计划。一套录影带的售价为60美元，若捐款可以扣减所得税。

“南京大屠杀是第二次世界大战三大惨案之一，是民族灾难，也是人类浩劫。1991年7月重现的约翰·马吉影片，真实再现了南京大屠杀现场，有力回击了1980年以来日本右翼不断否定南京大屠杀的荒谬言论。”张连红表示，约翰·马吉的影片，是反映日本侵略者制造南京大屠杀最直接、最有力的史料，不仅具有不可替代的特殊价值，而且它与同时代反映南京大屠杀的日记、书信和外交报告等文献一起，互为印证、互为补充，共同构成南京大屠杀的珍贵文献，成为后人不断反思、追忆这一人类悲剧的历史宝库。

日军《七三一部队图片展》美国巡展

1995年9月23日，为期一周的《侵华日军七三一细菌部队历史图片展》在纽约曼哈顿苏荷区的王瑾画廊开展。此次展览是纽约华人纪念抗战胜利五十周年的活动之一，由对日索赔同胞会、中华发展基金会与纪念南京大屠杀受难同胞联合会等主办。《侨报》在开展前大幅报道称，纽约观众将有机会目睹、了解日军细菌部队之暴行。

《日本侵华研究》在1995年12月出版的第23—24期合刊中刊登了由陶瑜撰文的《日军七三一部队图片展在纽约》[1]，详细介绍了

1　陶瑜：《日军七三一部队图片展在纽约》，《日本侵华研究》，1995年12月第23—24期合刊，第170页。

举办此次图片展的缘由与具体开展情况。

众所周知，第二次世界大战时期，侵华日军在中国战场上曾违反国际法和人道法，对中国军民施放毒气。但日军本部在中国东北设立军事基地，秘密开展大量制造各种病菌的实验，以无数中国和蒙古、俄罗斯俘虏，甚至一些美军战俘充当活人实验材料的事却不为人知。随着许多第二次世界大战历史档案和实物材料被陆续曝光，这些暴行才大白于天下。在中国，香港导演牟敦芾曾在数年前把七三一细菌部队的史实用纪录片加以情节化的手法拍成电影，引起广大民众的反响。而在美国和英国，约十年前有一些第二次世界大战时代的退伍老兵组织起来，向国会的委员会作证，揭发当年被日军俘往沈阳时充当细菌实验材料的经历，他们要求美国政府调查此事，并向日本索取赔偿。1995年3月，驻日本的纽约记者撰写专文——《揭开恐怖面具：日本必须面对其战争暴行》——历数日军在细菌战方面的罪行，也指出美国军方当时为攫取七三一细菌部队实验成果，以赦免其部队成员作为交换条件，留下了可耻的记录。时至今日，这一违反人性、极端残酷的暴行终于大白于天下。

虽然如此，但在1995年初美国史密松博物馆举行的第二次世界大战空军史展览中，原子弹的介绍文字将日本说成第二次世界大战的受害者，引起轩然大波。此事一方面受到美国某些历史学者“修正主义”理论的影响，另一方面也与第二次世界大战以来人们对当年日本侵略者凶残罪行知之不深，或者逐渐淡忘有关。

美国这个展览公然颠倒黑白，使得“联合会”中研究日军侵华历史的专家吴天威教授愤怒不已。吴天威教授认为，日军当年的罪恶史实应当被公之于众，使日本那些颠倒黑白的谬论无处遁形，才可以有力地驳斥“修正主义”史观。吴教授为了实现这一心愿，四方奔走，与美国东西两岸华人社团联系，并与位于北京的中国人民抗日战争纪念馆联络，得到中国人民抗日战争纪念馆的支持，提供100余幅侵华日军七三一部队的珍贵图片，先后在纽约、圣路易、旧金山及洛杉矶展出。

美国《侨报》在1995年9月22日刊发展览报道，题目为《用图片来控诉日军暴行 “七三一部队图片展”下旬华埠展出》，报道中指出，第二次世界大战结束已半个世纪，日军在中国的种种暴行罄竹难书，大小屠杀与惨案不下数百起，其最大的南京大屠杀渐渐不为世人所知，而日军以中国人做活体实验，研究、制造及使用细菌武器，以及此等恶行造成的灾难，历来较少受世界关注。七三一秘密部队是这种恐怖的细菌武器制造者中规模最大者，其相关资料在战争期间是日本的最高国防机密。

在美国展出的100余幅具有代表性的照片，从北京空运而来，翻印放大，并附加中英文说明。中国人民抗日战争纪念馆特派馆领导带队赴美，以示对这次富有历史意义的活动的支持。

“历史是人类同遗忘不断斗争的成绩。日本侵华的历史要在今后中国人及世界各国人的记忆中保持长新，就还需要我们继续不断地奋斗。”陶瑜特别记录了9月23日下午纽约展览开幕的场面。

展览吸引了侨界和新闻媒体的关注，学界教授、社团领袖和美国友人陆续前来参观，时任中国人民抗日战争纪念馆副馆长的刘建业先生更从北京随同展览图片来到美国东西两岸，支援展览活动。他对日本七三一部队在中国的罪行更是了如指掌，并就每帧图片做了详细介绍。

展览在七天内接待了近两千名访客，许多在苏荷区观光或游览画廊的各国族裔的朋友顺路参观了展览。“索赔会”配合展出，在场上连续放映英语纪录片影像，使英语观众和华裔后代对展览内容有了更深一层的了解。

许多华人带着子女来参观，用中英文夹杂的语言给孩子们讲解这些痛苦的历史。一些在纽约各区中文学校工作的热心人士看了展览后，主动要求把图片移往新泽西州的中文学校展出，在那里，还可以接触到更多的说中文的华人子女和美国当地图书馆的一般民众。主办单位经过协商，决定在展览结束后前往新泽西州继续展览三天。一些香港来的年轻学生对展览甚感兴趣，并计划把图片和说明上传至互联网，使信息能在更广大的范围内传播。

1995年10月5日，《国际日报》在对《日军七三一部队图片展在纽约》10月6日至13日于蒙市长青艺文沙龙大厅展出的报道更为详细。

报道指出，七三一部队是日本最大的一支细菌部队，总部设在中国哈尔滨，从20世纪30年代中期开始，七三一部队疯狂地进行细菌实验，惨无人道地以活人作为实验对象，先后杀害了三千多人。七三一部队还多次进行细菌战实战演习，组织远征队，对中国军民实施细菌战，杀害了数以万计的无辜百姓。

主办方表示，这项展览通过120多幅照片，真实地再现了七三一部队的罪行。

展览分六个单元，包括：

一、七三一部队的来龙去脉。以24张历史照片、3张图表，介绍了七三一部队的组建过程、组织机构和建设规模，说明它是一支违反公法的法西斯杀人部队。

二、细菌武器的研究与生产。以21张照片，反映七三一部队生产细菌武器的情况。

三、细菌武器的野外实验。以11张照片揭露七三一部队在野外进行细菌战实验的罪行。

四、活体实验。以25张照片揭露七三一部队用活人进行细菌试验的罪行。

五、细菌战的实施。以14张照片揭露该部队对中国军民实施细菌战的罪行。

六、罪行与审判。以22张照片介绍了该部队战犯的审判情形，以及对七三一部队的研究和揭露。

第三章　2018年，“37分钟”版马吉影片重现纽约

2018年10月8日深夜，我在北京意外确认“联合会”终于在纽约找到“37分钟”版马吉影片的胶片。将邵子平送至二环，再回到家中，已近凌晨1点。我不再掩饰心情的激动，在家里疾步走了几个来回。拎起厨房餐桌上的半瓶冰酒，拔掉瓶塞，全部倒进玻璃杯中，一仰脖子一饮而尽。

《58页手记》揭秘重新发现马吉影片全过程

至2017年，在南京，除了少数几位历史学者和纪念馆资深工作人员，邵子平的名字鲜为人知。

完成邵子平找到马吉影片的专题报道后，摆在我面前的是：一、为邵子平办理身份证；二、寻找“37分钟”版马吉影片的“一寸盘”；三、寻找能证明“联合会”发现《拉贝日记》的证据，澄清历史真相。

这三件事都十分重要，但也都不轻松。

可是，怎么样才能帮邵子平办好身份证呢？虽然无从着手，但我很有信心，邵子平对南京这座城市的贡献巨大，完全值得南京记住并报答他。

我的计划是先从推荐邵子平参加“感动南京”年度人物评选着手。

“感动南京”年度人物每年全南京市只选出10人，颁奖仪式十分隆重，南京电视台全程直播，当地所有媒体都会采访报道，具有不可小觑的社会影响力。

什么样的人物能“感动南京”？

“感动南京”年度人物的推荐标准要求，被推荐人应长期致力于某件事情，引起社会广泛关注。其事迹有“感动性”——具有巨大的正能量，能引发情感共鸣；有“持续性”——能长年累月地坚持并得到群众的普遍认可；有“亲切性”——平凡而朴素的人做出不平凡的事等。

平心而论，这几条标准，邵子平都符合。在长达7年的时间里，他在海外追寻南京大屠杀史料，出钱出力，锲而不舍，先后找到马吉影片与《拉贝日记》这么珍贵的史料。“邵子平完全能够当选‘感动南京’年度人物，”张连红老师评价他，“他对历史的贡献无可取代！如果没有他与‘联合会’早年做了这么多事情，国内历史学界后面对南京大屠杀的历史研究很难开展。”

2017年邵子平寻找《拉贝日记》的报道在《大公报》刊出后，我曾向侵华日军南京大屠杀遇难同胞纪念馆认真介绍过他，馆方立即建议邀请邵子平来侵华日军南京大屠杀遇难同胞纪念馆做口述史采访。

那么，待邵子平10月份来南京时，请他去纪念馆做口述史采访，不失为一个恰当的时机。

有了初步打算，推荐邵子平参评“感动南京”年度人物算是有了着力点；而邵子平已确定于2018年6月赴美，说好了会去纽约找“37分钟”版马吉影片，寻找“一寸盘”也算有进展。只剩下考证发现与促成公开《拉贝日记》的功劳，这一项功劳究竟该归谁？我一筹莫展。

我这么一个非历史学专业出身、半路出家的记者，被迫直面来自历史专业的挑战。

2018年5月，在与邵子平电话联系时，绞尽脑汁的我突然一个激灵：“你有没有日记啊？”

“有啊，都在北京呢。”邵子平从美国退休时，把所有的个人物品都直接搬到了北京，“快二十年没碰过了”。

我又惊又喜，连忙说：“那我就去北京，从你的日记中也许能找到重要证据。”

“我警告你啊，”邵子平提高了音量，“我的东西很多，你几个月都理不完！”

原来是这样的警告，这不正说明资料完整嘛。犹如突然发现一座帝王陵墓，而这个陵墓从未被盗过，全部珍宝完好无损。意外惊喜令我心情大好。

我当即与邵子平约好国庆假期后去北京。

我根据“联合会”寻找马吉影片的时间段做了个时间轴——《邵子平先生寻找马吉影片与〈拉贝日记〉时间表》，计划从邵子平

20年的资料堆中重点查阅1990年至1997年这个时间段的资料。

关于重新发现马吉影片及发现《拉贝日记》的时间线

一、马吉影片

1. 1990年12月下旬，《纽约时报》刊登了关于征集南京大屠杀有关资料的公告，费奇的女儿提供了父亲的遗物。纪念南京大屠杀受难同胞联合会在她的引导下，获得费奇的回忆录和他编辑的影片版本，继而引发“联合会”与日本《每日放送》争相寻找马吉影片原片。

2. 邵子平没有记清楚自己在什么时间段找到马吉的儿子，进而找到马吉的原片。目前从现有资料分析，应为1991年，具体月份不详。

3. 邵子平在《约翰·马吉拍摄的南京大屠杀纪录片》中记录：1991年8月[1]，带着马吉影片原片的“一寸盘”来到南京。

《北京日报》在《南京血证：约翰·马吉和他记录日军暴行的真实影片》中记述：1991年8月，在他（邵子平）的推动下，大卫·马吉从家中地下室里存放的父亲遗物中，找到了父亲当年拍摄的胶片拷贝和那台16毫米摄影机。胶片已有五十多年历史，但质量很好，依然可以播放。就这样，记录日军南京大屠杀暴行的唯一动态影像的原始胶片及其拍摄工具

1 这里出现的“1991年8月”，为找到马吉影片原片和到中国大陆寻求播放的时间。

被发现,这成了南京大屠杀证据搜集历史上的一个里程碑。

4. 另有报道:邵子平曾于1991年到上海寻访、支持民间对日索赔团体。

二、《拉贝日记》

1. 1993年,邵子平专赴德国,试图从教会寻找拉贝线索。他说:“我在柏林查电话簿,打了好多电话,找到五十几个拉贝,都跟我要找的拉贝没有任何关系。”

2. 1994年12月,美籍华裔女作家张纯如联系邵子平,请他帮助收集南京大屠杀的史料。1995年1月,张纯如住在邵子平家,每日往返耶鲁大学查找资料。邵子平特别提示张纯如,“南京大屠杀期间有一个德国人叫拉贝,我们要想办法找到这个人”。

3. 1996年4月,张纯如辗转找到拉贝的外孙女莱茵哈特夫人。1996年9月,邵子平从张纯如自莱茵哈特夫人处得到的德文资料中,发现拉贝在给希特勒的一份报告中写着“如果你(指希特勒)不相信的话,可以看我的日记”。

看到“日记”二字,邵子平眼前猛地一亮,他立即致电莱茵哈特夫人,证实存在日记的事实。

4. 1996年9月,邵子平先生数度写信给莱茵哈特夫人,请求其将《拉贝日记》交给“联合会”,遭到拒绝后,委托德国的同学戴克牧师帮忙劝说莱茵哈特夫人。

5. 1996年11月,莱茵哈特夫妇特别利用休假去德国南部说服舅舅取来了日记,送到戴克的办公室。他们开始复印日记,共计2 000多页,分次寄往纽约。

6. 1996年12月12日14时整，美国纽约曼哈顿洲际大饭店里，记者招待会开始。拉贝的外孙女、65岁的莱茵哈特夫人向世界各国记者展示了她外祖父当时所记的战时日记，即刻引爆全球媒体。

因为有莱茵哈特夫人给戴克牧师的邮件以及戴克牧师自己在当时的记录报告，所以，关于《拉贝日记》的时间记录要更清楚一些。

2018年7月，邵子平从美国返回北京，在美国期间，寻遍老友，未找到“37分钟”版马吉影片“一寸盘”，抱憾而归。

2018年10月，赴北京的行程确定后，我告诉邵子平“星期一去，星期五回”。

“才这么几天？你可能够呛！”

屈指计算，德国的邵华要在10月17日回国，我必须要在她回来之前先抓紧找出一部分资料。

国庆假期结束。2018年10月8日上午，我乘高铁去北京。下午1点23分在北京南站下车后，北京的朋友张立国开车接了我，驱车78公里，直接送我去怀柔，下午不到3点便到达邵子平的住所。

邵子平的妻子罗其云去了城里，邵子平在家里等我。一进门，我省去寒暄，直接跟他去了楼上的书房。果然，倚墙的两个大书橱堆得满满当当，一排排各种图书与一摞摞塞满信件、日记、公文的文件夹。还真是“起码20年没动过”，邵子平一点都没有夸张。

时间紧，任务重，我把衣袖一卷，直接开始翻找。

我先搬出一摞，一页一页翻看时间，把不在我划定时间范围内的资料集中放置一旁。

沉寂了数十年的资料每一个缝隙里都集满了岁月的尘埃，一页页翻动时，细密的灰尘飘浮扬起，纸张间竟然还有不止一只被压扁的陈年臭虫，干瘪臭虫尸体晕散的污渍，透黄了上下毗邻的好几页纸。

我搬出一大摞邵子平的日记，有20世纪50年代、60年代、70年代的，等等。我没有时间细看，只能粗翻，发现越往前写得越多。比如，20世纪50年代的日记本，一大本一大本，每一本都是厚厚的，每一页都密密麻麻写满了字。我瞄了一眼，印象中并没有什么特别的大事，年轻的邵子平，在平淡的时光里尽情抒发各种感慨。

到了20世纪80年代，邵子平已经不用笔记本写日记了，改用使用过的A4纸背面的空白记事，一页一页，基本按时间顺序叠放。内容也不再是长篇大论，变成简洁的关键词，布局凌乱，应该只有他自己能看明白。

邵子平精通中文、英文、德文三国语言，粗通法文、日文。那些零散记事的纸面上，有英文，也有德文，还有零星法文，我根本看不懂，好在日期都是用阿拉伯数字标记的。我细细梳理出时间轴内可能有价值的资料单独放在一边。

不知不觉间，天色已黑。资料太多，尤其零散，80年代之后的资料基本没有记录本，都是一页页的纸张，每一页都不能漏看。

自下午3点多进门后，我就没有停过。我请邵先生在一旁休息，待把全部资料过一遍之后，我再将筛选出来的部分拿给他过目。

将两个书橱的图书资料全部过手查看一遍之后，已经是晚上7点半，天已黑透。邵子平饿了，他说这个村里没有饭馆，得去隔壁村，但距离有点远，而他的腰、腿都不利索。

虽然事先我有计划请他吃晚饭，但觉得要步行至隔壁村，来回一趟加上就餐，时间最短也会超过一个半小时。

我们就决定在他家里下面条充饥。

下楼走进厨房，我大吃一惊！厨房里脏、乱、差的程度简直没法形容。成摞的脏碗堆满水池，餐桌上调料、干果、带有污渍的脏碗，挤满整个桌面。脏碗与瓶瓶罐罐的狭窄间隙，夹着一张张皱巴巴的、用过的白色纸巾，十分扎眼。

我把衣袖往胳膊上一卷，先收拾桌面的垃圾，将纸巾捡出来丢进垃圾桶；再清理桌面，把脏碗归类，放入水池；然后拧开自来水龙头，逐一洗净一水池的碗。

邵子平有点过意不去，自告奋勇去下面条。他抓起一把面条就要放进一个有积水且明显未清洗的铁锅里，被我眼疾手快地一把拦住。

“我来吧，我不会烧菜，但下面条还是会的。”将铁锅洗净，换上干净的水，打开煤气灶点火开关。水烧开后，我麻利地放入面条，换小火煮。一会儿，两碗热气腾腾的面条端上了桌。邵子平就着妻子拌的素菜酱，“呼啦呼啦”吃了一大碗。

餐后收拾好厨房，我们上楼继续工作。

这时候，轮到邵子平唱主角了。我把一摞按我需要的时间段整理出来的资料按顺序递给他，请他逐一过目。

窗外夜幕深沉，屋内书桌的台灯下，邵子平已全神贯注，一页一页，掀开尘封的往事。

“来了！来了！”突然，他的音量提高，激动人心的时刻还真来了！“找到了！”邵子平手中拿着的那沓A4纸，正是1991年7月的工作记录。

自1991年7月1日起，邵子平全力以赴在美国寻找马吉影片，紧张忙碌的间隙，他以记关键词的形式在纸上记录了每天的工作要点和重要进展：

1991年7月1日，查纽约圣公会马吉在何处。

1991年7月2日，查美南得克萨斯圣公会总部，询问马吉牧师下落。

1991年7月7日，汇总各方面提供的关于马吉牧师的材料，找到马吉牧师所在的圣公会总会电话，追查至耶鲁大学和华盛顿特区教会。

1991年7月9日，获得大卫·马吉的电话号码。“与我竟住在同一村庄，巧！”

1991年7月11日，邵子平写下：“专访马大卫家。”

这一天中午12点30分，邵子平联系上了马吉牧师的儿子大卫·马吉，得知其家中地址，邵子平当日就登门拜访，“马大卫提到13卷默片”。当日未找到与南京大屠杀相关的影片，以为胶片被大卫·马吉的儿子马吉三世送给了当时同样在美国寻找马吉影片的日本记者加登英成。

7月12日，邵子平不甘心，再度登门，在大卫·马吉家中地下室仔细查找，终于在四个铜盒里发现了13个小方盒，每个小方盒里盛放着一小卷胶片。小方盒上有马吉牧师亲笔标注的胶片内容。这就是马吉牧师当年记录南京大屠杀的13卷胶片原片。

第1至第4卷胶片的镜头摄于1938年1月10日以前，并和《罗森报告》中的未署名目录相符。

第5至第10卷胶片的镜头摄于1938年2月至3月，也与暴行有关，由于屠杀的高潮大致已经过去，许多镜头摄于医院之外。

最后第11至第13卷胶片的镜头摄于1938年4月，记录了难民营内的宗教活动。

大卫·马吉将这些拷贝中有关南京大屠杀的10卷胶片慷慨地交给了“联合会”。

此后，几乎每一天，邵子平都用简洁的关键词记录了他们在找到马吉影片后所做的工作：寻找高品质的摄影制作公司；复制与南京大屠杀相关的胶片内容；做成可用作电影放映的胶片版“一寸盘”，时长37分钟05秒；联系哈佛大学历史教授等美国著名历史学者考证、评估；筹备组织新闻发布会；商议和拟定充分使用这些铁证揭露侵华日军的罪行等具体事宜。

那些被时光封存27年的珍贵历史细节，在满纸尘土中“复活”。

我将邵子平围绕发现马吉影片前后全过程所记录的零散资料整理出58页，命名为《邵子平先生于1991年寻找马吉影片完整手记》，简称为《58页手记》，时间跨度为1991年7月1日至1992年1月15日。

在此之前，马吉影片被发现的时间，现有的所有媒体报道中的说法都不准确，有的说8月，有的说5月。因为年代久远，甚至连当事人邵子平与陈宪中等知情人都记忆模糊。

这批手记的面世，确定了1991年马吉影片在纽约被重新发现的准确时间，记录了邵子平等人为寻找南京大屠杀关键史实证据所付出的艰苦努力。

美国传信找到“37分钟”版“一寸盘”

我当然没有忘记此行的主要使命是寻找邵子平与《拉贝日记》有关的史料证据。

在成堆的资料中，我找到一本1937年的德国教会资料汇编原件，上面有1993年起邵子平数次赴德国，据此寻访多个教会，希望能从教会活动文件里发现关于拉贝及其后人的寻找记录。

邵子平说，这本1937年的德国教会资料汇编，是其德国校友戴克牧师赠予他的。

我如获至宝，终于可以用自己考证来的事实证据去推翻那位作者的结论了。

遗憾的是，1996年前后，邵子平与“联合会”忙于用马吉影片的素材拍摄纪录片并在美国到处放映，在为寻找与公开《拉贝日记》而努力的那些日子里，没有再用关键词逐日记录每日工作重点。

不过，关于这部分历史，有莱茵哈特夫人于1997年6月5日写给戴克牧师的邮件以及戴克牧师亲述的题为《找回〈拉贝日记〉》的报告，足以证明邵子平等人发现并力促公开《拉贝日记》的事实。

那日在怀柔自下午到晚间连续不断专心梳理资料的过程中，有一个极为重要的插曲。

傍晚，也许是看我连续作战，连水都没喝上一口，邵子平动了“恻隐之心”。晚上6点40分，邵子平突然对我说，“你不要告诉任何人啊，‘37分钟’的‘一寸盘’可能找到了”。说着，他站到我身边，划开手机屏幕，给我看一个微信群，群里，他在与另外一个熟人对话，对方告诉他找到“37分钟”版“一寸盘”了。“但不能白给”，看到这句话我心里一惊，而不动声色。

“你不要告诉任何人，”邵子平再度强调，“现在还不确定‘一寸盘’里面装的内容是否还完好。”

轻轻放下手里的资料，我快速给张连红连发了五条微信：

“在邵先生怀柔的家中，一页页查看他的日记。”

“‘37分钟’版马吉影片的‘一寸盘’已在美国找到了。”

“邵先生12月去美国带回来。”

“目前我只告诉您。”

“邵先生这几个月一直托当年的朋友在美国寻找。”

我顺手将下午发现的1991年大卫·马吉写给“联合会”的马吉影片使用授权书草稿拍照发给张连红，授权书中清清楚楚地写着“我证明这4卷37分钟16毫米胶片，是我父亲约翰·马吉在1937年末南京大屠杀期间拍的”。我继续发微信告诉张连红：

“这个就证明了马吉影片有37分钟。”

“与大屠杀相关的内容有37分钟。”

19点04分，张连红回复“太好了！”，还带着三个大拇指表情符号。

当时，因为还有大量资料没有看完，我没有因此停滞，而是继续翻阅整理。

“‘一寸盘’还是应该回到南京啊。”八字还没一撇，当时我还没有看到“一寸盘”的确切消息，心想，就算真有，胶片还在美国，尚不知内容是否完整，品质如何。距离较真的时刻尚远。

“反正都会在中国。”邵子平支吾了一下。

这次赴北京出差，我申请了一周的假期，准备下功夫筛选邵子平二十多年的资料。没想到仅花费了短短六个小时，我们就获得了重大成果。

邵子平和我都很兴奋。

晚上9点30分，张立国来怀柔接我。邵子平说，他的护照已经过期，他要去城里办理护照延期，问我：“我能不能跟你的车到城里去？”邵子平在北京二环的东厂胡同里有住房，我去过两次。

我说“没问题”。他又絮絮叨叨，担心自己额外增加的行程影响到小张回家。

我捧着梳理出的重要资料原件先上了大门外的车，因为已经与邵子平说好，我将这些珍贵资料带回南京，全部扫描做成电子文档。“你把这些原件都给我，我回去扫描，扫描完了之后，原件给你，复印件我给你打印一份，以后你给人家看，就给复印件。我再打印一份复印件，给侵华日军南京大屠杀遇难同胞纪念馆，算是这次你去南京的见面礼。”听着我对这些资料的保管安排计划，邵子平很满意。

经过这次资料梳理，我发现邵子平的史料意识较为淡薄，大堆资料虽然没有被扔掉，随搬家带到了北京，但也没有做过任何分类整理的保管工作。

我疲惫地靠在车后排座位上，看着张立国细心地帮助邵子平仔细地检查了电源开关、煤气开关，再一道一道关闭、锁好所有的门窗。最后，张立国用手机的闪光灯打着光，帮助邵子平锁上院子大门。

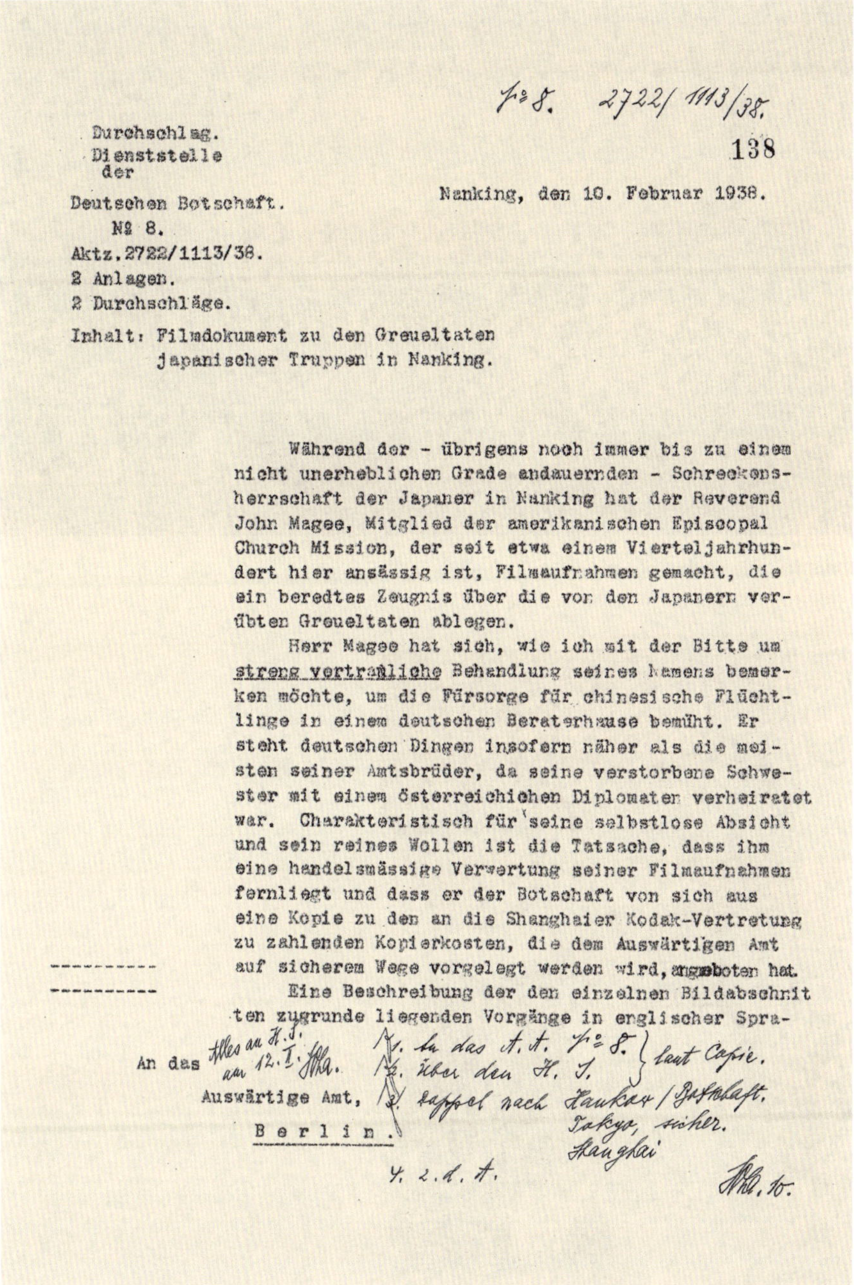

№ 8. 2722/1113/38.

138

Durchschlag.
Dienststelle
der
Deutschen Botschaft.
№ 8.
Aktz.2722/1113/38.
2 Anlagen.
2 Durchschläge.

Nanking, den 10. Februar 1938.

Inhalt: Filmdokument zu den Greueltaten japanischer Truppen in Nanking.

Während der – übrigens noch immer bis zu einem nicht unerheblichen Grade andauernden – Schreckensherrschaft der Japaner in Nanking hat der Reverend John Magee, Mitglied der amerikanischen Episcopal Church Mission, der seit etwa einem Vierteljahrhundert hier ansässig ist, Filmaufnahmen gemacht, die ein beredtes Zeugnis über die von den Japanern verübten Greueltaten ablegen.

Herr Magee hat sich, wie ich mit der Bitte um streng vertrauliche Behandlung seines Namens bemerken möchte, um die Fürsorge für chinesische Flüchtlinge in einem deutschen Beraterhause bemüht. Er steht deutschen Dingen insofern näher als die meisten seiner Amtsbrüder, da seine verstorbene Schwester mit einem österreichichen Diplomaten verheiratet war. Charakteristisch für seine selbstlose Absicht und sein reines Wollen ist die Tatsache, dass ihm eine handelsmässige Verwertung seiner Filmaufnahmen fernliegt und dass er der Botschaft von sich aus eine Kopie zu den an die Shanghaier Kodak-Vertretung zu zahlenden Kopierkosten, die dem Auswärtigen Amt auf sicherem Wege vorgelegt werden wird, angeboten hat.

Eine Beschreibung der den einzelnen Bildabschnitten zugrunde liegenden Vorgänge in englischer Spra-

An das
Auswärtige Amt,
Berlin.

1. An das A.A. № 8.
2. über den H.S.
3. doppel nach Hankow / Botschaft. Tokyo, sicher. Shanghai
laut Copie.
4. z.d.A.

现存于德国外交部档案馆的编号为2722/1113/38的《罗森报告》原件。在这份报告中，罗森指出马吉影片和解说词是令人震惊的时代文献，并建议“把带有解说词译文的这部电影放映给元首一看”

1996年12月12日下午，美国纽约曼哈顿洲际大饭店举行新闻发布会，公布《拉贝日记》

1996年12月12日下午，拉贝的外孙女莱茵哈特夫人向各国记者展示了她外祖父当时所记的战时日记

南京屠殺・鐵証加一

美國傳教士拍下日軍暴行

馬約翰版本紀錄影片重現

【本報記者魏碧洲紐約二日訊】在日本舉國上下行將紀念廣島長崎原子彈爆炸及首相海部俊樹訪問中國大陸之際，又一部塵封已久有關南京大屠殺慘狀的紀錄片，二日在紐約市重新出現。

致力蒐集彙編日軍戰時暴行的「紀念南京大屠殺受難同胞聯合會」，二日在紐約舉行記者會，正式介紹由當年中國傳教士馬約翰（John Magee）親手拍攝的一千零廿二呎珍貴紀錄片。

目前紀錄片的持有人是馬約翰的次子馬大衛，六十六歲的馬大衛生於江西牯嶺，十歲離開中國大陸，後畢業於耶魯大學，和布希總統為昔日同窗，是退休的紐約華爾街投資銀行家。

這捲長達一小時的錄影帶是馬約翰當年所拍攝的四捲膠片之一，經聯合會與馬大衛接洽後翻拍而成。紀錄片是默片，從頭開始敍述南京大屠殺的經過，中間配以停格字幕說明內容。聯合會總幹事邵子平表示，除了可能的未知官方收存紀錄片外，馬約翰所拍攝的可能是目前唯一活動性的紀錄南京大屠殺實況。

在全場記者屏息靜觀的紀錄片中，可以看到半邊頭顱遭日軍刀劈未死的中國百姓、後頸被日軍刀砍而未斷的男子、有十一歲、七歲遭日軍蹂躪的幼女、一名幼嬰遭日軍火燒後以刺刀戳穿、浮滿中國人屍體的池塘、面容浮腫斷腿的婦女……。

尤其引人悲憤的是馬約翰在室內遠遠拍攝到在一群人牆前，三名婦女撲跪在地，哀求日軍放掉正被帶走的男子，人牆後是日軍在槍決中國人。

「紀念南京大屠殺受難同胞聯合會」二日不僅邀請華文媒體，也請到「朝日電視」、「讀賣電視」、「朝日新聞」、「讀賣新聞」、「日本放送」、「美日放送」、「東京電視」等日本媒體前來觀

能說華語的馬大衛表示，

大陸，後來曾在戰後的東京

。南京大屠殺發生於一九三七年年底到三八年

報告才知道有馬約翰的紀錄

州追到華府再到耶魯，最後

中發現四捲銅盒裝的珍貴膠

明。馬大衛表示，他一九

過長達廿四頁的家書，詳述

1991年8月，美国华文媒体《世界日报》报道马吉影片重现

雷伯日記・描繪南京大屠殺殘酷景象

德國人遺留珍貴史料公諸國際、對掩飾眞相日本官員不啻當頭一棒

【本報記者唐典偉紐約報導】德國商人約翰・雷伯（John Rabe）在南京大屠殺期間所寫的日記和他搜集的珍貴資料，經過中文媒體率先披露後，也引起美、日一些主流媒體和輿論的重視，並作大幅版面的報導。美國CNN、美聯社等數家主要媒體均派記

德國商人雷伯在南京大屠殺期間所寫的日記和他所蒐集的實貴資料，十二日在紐約正式公開。曾從日軍手中拯救了數以千計華人性命的雷伯，在這些紀錄中，用第一手資料忠實地記錄下日軍在南京大屠殺中所犯下的暴行。上圖：珍貴史料照片之一。（本報記者許振輝攝）

1996年12月13日，美国华文媒体报道《拉贝日记》公布

A6 要聞 責任編輯：陸振文 美術編輯：莫家威 2017年12月11日 星期一 大公報

80周年（1937–2017） 遇難者人數30萬

「世界記憶」南京大屠殺 系列之 重見天日

美華人千里追尋《拉貝日記》

女作家找到作者外孫女 德牧師勸說公布真相

80年前，侵華日軍在南京製造屠殺30萬中國軍民慘案。1996年12月12日，當年任南京安全區國際委員會主席的德國商人拉貝（John Rabe）所撰寫的日記在紐約公開，當中詳述600多例南京大屠殺個案，成為侵華日軍南京大屠殺暴行鐵證。12月3日，現年77歲的德國牧師戴克先生受訪，向大公報細訴21年前協助促成《拉貝日記》公諸於世的經歷。戴克表示，當年他受大學同學邵子平所託，秉持「再現並傳承歷史真相，是我們這一代人對後人義不容辭的責任」等正義之理，說服拉貝外孫女萊因哈特夫人公開日記，被封印近六十年的日軍侵華暴行鐵證呈現世人眼前，震動全球。

大公報記者 陳旻

編者按

今年12月13日是南京大屠殺80周年，中央將在南京舉行第四次國家公祭儀式，屆時海外多國200餘個華僑華人社團將首次同步開展悼念活動。上世紀八十年代起，一批海外華人為揭露南京大屠殺真相、捍衛歷史真實和民族尊嚴，義無反顧地奔走各地蒐證，將日軍二戰侵華暴行公諸於世。眾多海外華人心繫祖國，與之攜手維護人道正義和歷史真相，經各方努力，《拉貝日記》得以「重見天日」，沉默多年的南京大屠殺「新幸存者」開腔挺身指證，紀念館獲有心人「無償捐贈」珍貴史料文物填補空白，這種種令南京大屠殺真相從國家記憶變成世界記憶，整個源自南京大屠殺歷史的任何粉飾狡辯再無立足之地。

▲《拉貝日記》重現人間，戴克牧師扮演重要角色 受訪者供圖

▲二〇一七年十二月二日邵子平攝於美國賓夕法尼亞大學博物館前 受訪者供圖

今年81歲的邵子平1936年出生於南京鼓樓醫院，長期在聯合國總部從事人力資源與法規工作。1988年起邵子平與美籍華裔熱心人士在紐約創立「紀念南京大屠殺受難同胞聯合會」等機構，立志為南京大屠殺遇難同胞討回公道。

「恢復歷史原貌 讓日本道歉」

邵子平從當年南京安全區國際委員會總幹事費吳生（費奇）的著作了解到，南京大屠殺期間在南京保護難民外籍人士中，拉貝地位格外突出，拉貝成為他尋找南京大屠殺證據的突破口。

機緣巧合下，邵子平透過美籍華裔女作家張純如得知拉貝外孫女萊因哈特夫人下落，遂拜託德國老同學戴克牽線。居於柏林的戴克是基督教新教牧師，在柏林福音教會工作，2006年退休。1963年至1967年，戴克與邵子平同在德國海德堡大學求學，二人結識後建立起長久友誼，一直保持聯繫。

戴克憶及當年情況說：「我問邵子平，你為什麼要找這些東西？」邵子平回答說：「必須向世界揭露日本對中國的殘暴行為，但是得有證據。」戴克至今清楚地記得，當時邵子平真誠地說，父親是駐日外交官，發生南京大屠殺時自己是嬰兒，並不在南京。「可以想像，如果我沒有因為父親的工作離開南京，定會與所有的南京無辜民眾一樣，面臨被日軍屠殺的危險。」

戴克表示，經過劫難的邵子平一直認為，自己與南京當時受難民眾擁有共同的命運，而邵子平對得到《拉貝日記》如此執着還有一個很重要的原因：日本政府沒有像德國政府那樣深刻反省侵略歷史、繼而道歉與賠償。為此，邵子平力圖恢復歷史原貌，讓日本政府對中國遇難的無辜百姓道歉，同時也為受難者爭取經濟賠償。

戴克又講，邵子平曾邀請他去紐約看美國牧師馬吉在南京大屠殺期間拍攝的紀錄片，他看後感到非常震撼，認為有必要將記錄南京大屠殺史實重現人間。

邵子平：戴克是關鍵

戴克清楚地記得，「1996年，邵子平找到了我，請求我聯絡萊因哈特夫人，提供並允許複製她祖父拉貝的日記，因為邵子平相信，一位新教牧師在萊因哈特夫人的眼中當然是非常值得信賴的人」。戴克致電居住在柏林的萊因哈特夫人問道：「日記還在不在？」萊因哈特夫人回答說：「日記是有的，外祖父把日記直接交給自己保存，可要留給後世，不要讓它消失。」

斷斷續續通了兩三個月電話，戴克最終打動萊因哈特夫人，他誠懇地告訴對方：「為了讓真實歷史能傳承下去，為了受難者和他們的家人，我們應該盡自己的力量。有了這些歷史和它的憑據、證人，重現歷史真相，我們才有可能迫使日本政府向中國的受難者道歉，以至於給予賠償，就像德國這樣。」

1996年12月12日下午2時整，在59年前南京城淪陷同一時刻，美國紐約曼哈頓洲際大飯店裏，記者招待會開始，當時65歲的萊因哈特夫人現身，向世界各地記者展示外祖父戰時日記，轟動全球。時至今日，說起《拉貝日記》，邵子平仍興奮地說：「我有個同學在德國教會裏做神父的，他成了關鍵。」

▲當地時間一九九六年十二月十二日，萊因哈特夫人現身美國紐約，向世界各地記者展示外祖父戰時日記 網絡圖片

▲拉貝（左三）與建立南京國際安全區的同伴合影 網絡圖片

▲拉貝故居每天不斷有南京市民特別帶孩子前來，懷念與感恩拉貝 大公報記者陳旻攝

▲位於南京的拉貝故居現成為拉貝紀念館 大公報記者陳旻攝

▲南京拉貝故居裏的雕塑再現日軍攻佔南京城後，拉貝領導南京安全區全力保護難民的情形 大公報記者陳旻攝

▲一九九七年十二月，在南京大屠殺六十周年之際，張純如出版英文版《南京大屠殺》一書 網絡圖片

大海撈針 《拉貝日記》重現於世

1993年	1996年4月	1996年11月	1996年12月12日
邵子平專程赴德，於柏林教會檔案庫裏翻找，冀能從教會活動文件裏發現關於拉貝後人線索	美籍華裔女作家張純如輾轉找到拉貝外孫女萊因哈特夫人，邵子平託德國牧師戴克請求萊因哈特夫人公開日記	萊因哈特夫婦專程赴德國南部諾展買買取來日記，並送到戴克辦公室	在美國紐約曼哈頓洲際大飯店，萊因哈特夫人向世界各國記者展示拉貝日記

「查電話簿 找到50多個拉貝」

茫茫人海，找尋拉貝後人如同大海撈針，特別是上世紀九十年代沒有互聯網，讓《拉貝日記》重現人間的搜索過程有多艱辛，實在難以想像。

1993年，邵子平專赴德國尋人。他說，「我在柏林查電話本，打了好多電話，找到五十幾位拉貝，都跟我要找的拉貝沒有任何關係。」德國牧師戴克表示，邵子平在1993年來德國，到柏林教會的檔案庫裏翻找，冀能從教會活動文件裏發現關於拉貝及其後人的線索，「但他沒有找到任何記載」。1995年2月，邵子平遇上美籍華裔女作家張純如成為轉捩點。當時，張純如聯絡邵子平，請他協助收集南京大屠殺的史料。

邵子平提示張純如，「南京大屠殺期間有一個德國人叫拉貝，我們要想辦法找到這個人。」1996年4月，張純如通過德國在華僑民組織「東亞之友協會」，輾轉找到拉貝外孫女萊因哈特夫人。對於《拉貝日記》重見天日，邵子平說：「這是張純如的功勞！」

「日記，眼前猛然一亮」

原來，邵子平從萊因哈特夫人處得到的一批德文資料，包含一份拉貝寫給希特勒的報告，當中提到：「如果你（指希特勒）不相信的話，可以看我的日記。」「日記」，邵子平眼前猛一亮，立即致電萊因哈特夫人詢問《拉貝日記》記載時間，得知日記是從1936年9月寫到1938年4月，「老天啊！這就是南京大屠殺整個時期，這實在太重要了！」邵子平激動難抑，急切地請求「日記能不能給我？」邵子平不放過任何微小線索，是《拉貝日記》重現於世另一關鍵。

「日記讀到的都是流着的血」

邵子平得悉《拉貝日記》的存在後，說服拉貝後人公開此書的重任落在德國戴克身上。戴克憶述，電話交談中，萊因哈特總表現出「畏懼和顧忌」，不願回憶這段歷史。

外祖父被德政府「封口」

萊因哈特夫人向訴戴克，她1931年出生在中國，常聽母親去南京看望拉貝，「曾在南京目睹過可怕的事情」。1938年，拉貝返德後把南京經歷告訴外孫女。萊因哈特夫人坦言，外祖父返德後失去在西門子公司重要職位，窮困潦倒，更被德國政府要求對「日本對中國犯下的戰爭罪必須保持沉默」。1950年拉貝去世後，萊因哈特夫人收到《拉貝日記》九冊作為遺產繼承，她對戴克說不能把這些日記留在家裏，因她「打開日記所讀到的都是流着的血」，「如果跟日記在一起的話，會窒息。」為了心靈平靜，她把日記全部送給舅舅奧托·拉貝。

戴克說：「經過長時間鋪墊，萊因哈特女士終於確信這段歷史對於國際，特別是中國和日本，以及德國公眾，是非常重要的原始文件。她同意把日記拿出來」。1996年11月，萊因哈特夫婦親往德國南部設服舅舅取來日記，然後送到戴克辦公室，《拉貝日記》封印終獲解除。

紐約發布會 記者來自全世界

憶起1996年12月12日《拉貝日記》發布會盛況，作為紐約「紀念南京大屠殺受難同胞聯合會」會長的邵子平歷歷在目，他說：「記者大批地趕來採訪，包括日本所有大報記者」。「公布《拉貝日記》經過精心設計，使南京大屠殺歷史在全世界產生前所未有巨大衝擊力。」

「（發布會前）兩千多頁的拉貝日記，一頁一頁複印出來，印了500張就打一包寄到紐約」，「我一看，太有價值了！」邵子平立即請來歷史學者鑒定，哈佛大學歷史系主任說從未見過一份披露這段歷史數量這麼大、重要性這麼高的資料。

邵子平當時向紐約時報說：「我們說，『我們給你們紐約時報獨家刊載，獨家發表這個大新聞的專有權利』」。紐時決定在12月13日南京大屠殺紀念日，以全頁發表。「但紐約時報說媒體界有個『君子協定』，重大新聞得共享，所以聯合會決定邀請世界各國記者召開記者招待會發布拉貝日記。」邵子平說。

邵子平透過戴克邀請萊因哈特夫婦來紐約參加記者招待會，邵子平夫人羅其言回憶說：「我們家就把主臥室讓給他們，到最高級百貨公司買全新床單。」

2017年12月11日，《大公报》专题报道《拉贝日记》被发现的历史

1991年7月3日，日本TBS电视台于23时连线在美国的记者加登英成，详细报道他从洛杉矶找到马吉影片的过程

1991年7月3日，日本朝日电视台于18时播报的新闻

1990年2月，《日本侵华研究》在美国创刊，由日本侵华研究学会出版、吴天威主编。本刊为发表研究日本侵华史成果的学术性季刊

“联合会”在美国不断举办各类形式的纪念活动，纪念南京大屠杀遇难同胞，呼吁人们不忘惨痛历史

“联合会”主席唐德刚与邵子平共同主持记者会。时年85岁高龄的德丁详细叙述自己1937年12月在南京亲历侵华日军南京大屠杀的经历

1998年3月，“联合会”在华盛顿举办活动。图为大卫·马吉在介绍父亲用于拍摄南京大屠杀影像的摄影机

1997年，“联合会”将以马吉影片为主要素材拍摄的两部纪录片，连同另一部反映南京大屠杀历史的纪录片一并制成3 000份录影带，在美国广为传播。图为邵子平展示他们当年制作的录影带

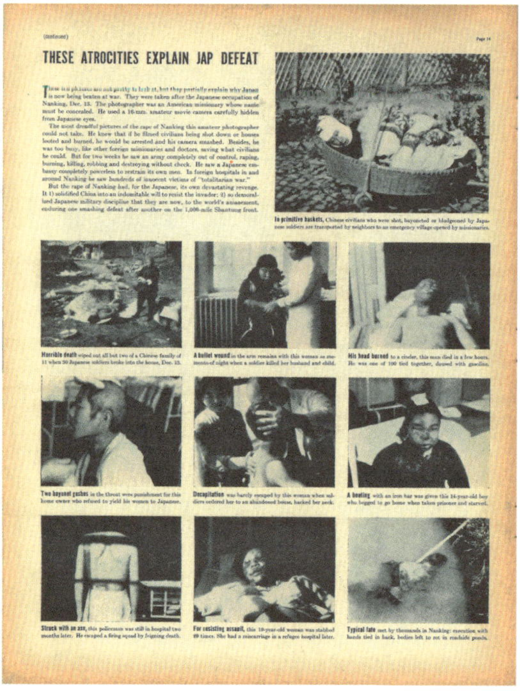

(continued)

THESE ATROCITIES EXPLAIN JAP DEFEAT

These ten pictures are not pretty to look at, but they partially explain why Japan is now being beaten at war. They were taken after the Japanese occupation of Nanking, Dec. 13. The photographer was an American missionary whose name must be concealed. He used a 16-mm. amateur movie camera carefully hidden from Japanese eyes.

The most dreadful pictures of the rape of Nanking this amateur photographer could not take. He knew that if he filmed civilians being shot down or houses looted and burned, he would be arrested and his camera smashed. Besides, he was too busy, like other foreign missionaries and doctors, saving what civilians he could. But for two weeks he saw an army completely out of control, raping, burning, killing, robbing and destroying without check. He saw a Japanese embassy completely powerless to restrain its own men. In foreign hospitals in and around Nanking he saw hundreds of innocent victims of "totalitarian war."

But the rape of Nanking had, for the Japanese, its own devastating revenge. It 1) solidified China into an indomitable will to resist the invader; 2) so demoralized Japanese military discipline that they are now, to the world's amazement, enduring one smashing defeat after another on the 1,000-mile Shantung front.

In primitive baskets, Chinese civilians who were shot, bayoneted or bludgeoned by Japanese soldiers are transported by neighbors to an emergency village opened by missionaries.

Horrible death wiped out all but two of a Chinese family of 11 when 30 Japanese soldiers broke into the house, Dec. 13.

A bullet wound in the arm remains with this woman as memento of night when a soldier killed her husband and child.

His head burned to a cinder, this man died in a few hours. He was one of 100 tied together, doused with gasoline.

Two bayonet gashes in the throat were punishment for this home owner who refused to yield his women to Japanese.

Decapitation was barely escaped by this woman when soldiers ordered her to an abandoned house, hacked her neck.

A beating with an iron bar was given this 14-year-old boy who begged to go home when taken prisoner and starved.

Struck with an axe, this policeman was still in hospital two months later. He escaped a firing squad by feigning death.

For resisting assault, this 19-year-old woman was stabbed 29 times. She had a miscarriage in a refugee hospital later.

Typical fate met by thousands in Nanking: execution with hands tied in back, bodies left to rot in roadside ponds.

1938年5月16日，美国《生活》杂志刊发了从马吉影片中翻拍的10幅照片，还原了南京大屠杀的血腥场景

1991年8月2日，“联合会”在纽约召开记者会，公布了美国牧师约翰·马吉于1937年至1938年间在中国南京拍摄的记录侵华日军南京暴行的珍贵历史镜头，时长37分05秒。这些记录南京大屠杀暴行的动态影像，在湮没43年后重现，再次震惊世界。左起：邵子平、大卫·马吉、唐德刚、陈宪中

2018年10月30日。由陈旻(后)采访，邵子平完成口述历史实录，叙述找到马吉影片和《拉贝日记》的经过

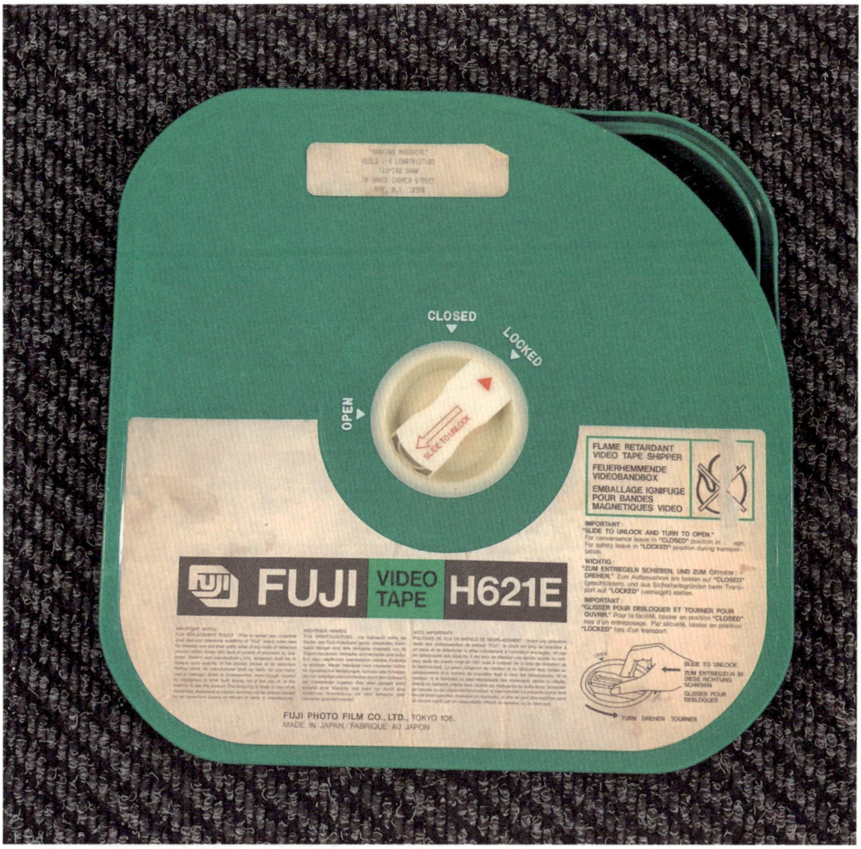

南京大屠杀影像资料储存盘，由约翰·马吉拍摄，于1991年制作完成。2018年10月，邵子平等爱国华人在纽约找到这个储存盘

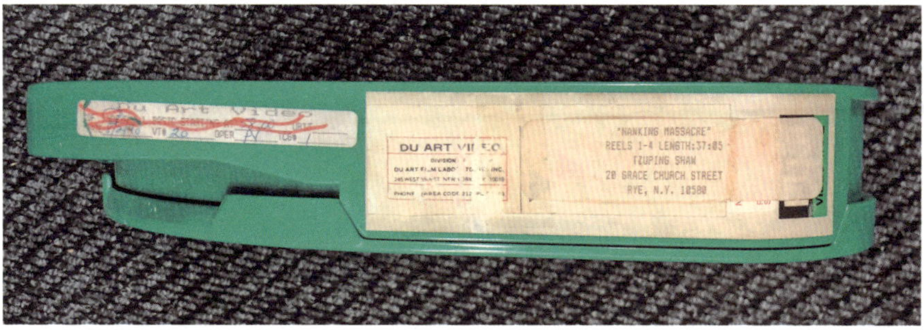

这个储存盘的标签上清晰地注明“南京大屠杀”，时长为37分05秒，并有邵子平的名字

约翰·马吉的后人捐赠13卷电影胶片原片到耶鲁大学神学院图书馆。内容包含20世纪20年代马吉在中国担任传教士时和20世纪30年代拍摄的画面，其中有记录南京大屠杀的画面

约翰·马吉的后人捐赠给耶鲁大学的光碟、录像带等影像资料

2019年4月15日，国家记忆与国际和平研究院史学专家课题组赴美征集南京大屠杀史料。图为他们与耶鲁大学神学院图书馆特藏部玛莎·斯莱莉女士（左二）的合影。左起：杨夏鸣、玛莎·斯莱莉、张连红、刘燕军

我们当然先送邵子平去东厂胡同。沉沉黑夜里，我困倦交加，邵子平则情绪饱满。

我唠唠叨叨对他说，等他10月下旬到南京后，先去母校南京琅琊路小学怀旧，然后去拉贝纪念馆和侵华日军南京大屠杀遇难同胞纪念馆参观和完成口述史的采访，捐赠一套《58页手记》复印件给南京，我会跟纪念馆商量，请馆里出具捐赠证书，等等。“这些事情都由我来做。”

“你的仔细和严谨适合做研究。再下一步就是当学者，写出论文来，把精确考证的历史报道到学术界与广大读者中，”邵子平鼓励我，“你已经转型了，这很不容易。”

这时，邵子平忽然又跟我说：“小陈，我告诉你，你不要跟别人讲！这个，马吉影片的‘37分钟’盘找到了。”

这话下午他已经说过了呀。因为这趟没有白跑，我很满足，心情一放松，就格外疲倦，反应有点迟钝，以为他这是车轱辘话来回说，心想“他已经告诉过我了”，同一件事老人翻来覆去讲是可能的。

我没有打断他。

“这次倒真是我们南京的那个片子，就是马吉牧师的那个片子。哎，我这里应该给你看一看。”邵子平拿起手机，亮起的手机屏幕上，我看见他打开的是邮件，而下午他给我看的是微信。

本来我是半眯着眼睛呈半休息状态，这时不由得坐直了身子，瞪大了眼睛盯牢他的手机屏幕。

也许是网络原因，邵子平手机里邮件打开的速度特别慢。

深夜里，怀柔那一带，公路两旁没亮路灯，仿佛仅凭汽车的车灯刺开一条路面。汽车在暗夜里平稳地行进，偶尔传来远远的汽车鸣笛声。

我一身的疲惫瞬间一扫而空，几乎屏住了呼吸，等待的每一秒都显得格外漫长。

“喏，就是这个！”邵子平打开的一封邮件附件有两张图片。

“我叫他赶快告诉我这里面是什么东西，因为这上面看不清楚。我叫他联系买家。”邵子平说着，用手指放大附件里的图片，“哎呀，你看这个现在放大出来看见了——是南京大屠杀第1卷到第4卷嘛，37分05秒！我的名字在上面，马大卫住的那个村庄的地址也在上面”。“马吉影片就是装在里面的，只要这个里面的东西不坏，内容应该就是完整的。”

“您把这个照片发给我。”这下可是眼见为实了。我尽量用平静的口吻，强行按捺住内心的狂喜，避免“打草惊蛇”。

“选择图片的压缩大小，你选哪一个？”“选最大的，实际大小！”邵子平爽快地将邮件转发给我。亲眼见他点了“发送”，我才转回身子，赶紧一遍遍刷新自己的邮箱。

“我现在要他去查这个里面的片子好坏，怎么样？”邵子平显然是第一次查看这封邮件里的附件图片，他用手指继续放大图片细细端详着，同时还不忘问我：“邮件来了没有？”

“没有啊！”我有点气短，恳请他再发一遍。邵子平慷慨地又发了一次。见我还没有收到，他安慰我：“你这个邮箱是不是南京的？邮件肯定要从南京绕一下，再到北京，是需要一点时间的。”

“这又不是快递员投递邮件”，我心里嘀咕着，没去辩解。用手机拍下他手机上邮件附件的两张“一寸盘”图片，先留个证据。

将邵子平送到二环，再回到家中，已近凌晨1点。我不再掩饰心情的激动，在家里疾步走了几个来回。拎起厨房餐桌上的半瓶冰酒，拔掉瓶塞，全部倒进玻璃杯中，一仰脖子一饮而尽。

自2018年3月在采访中发现了“37分钟”版“一寸盘”的价值后，我与邵子平一起竭尽全力，想把影片找回来为南京补充史料。可毕竟27年过去了，能否找到实在没有把握。现在真的找到了，7个月的努力没有白费！

“37分钟”版“一寸盘”引争端

2018年10月，纽约“联合会”同伴姜国镇告知确认“37分钟”版马吉影片“一寸盘”被找到，邵子平的日子不再平静。

2018年10月22日，这一天是星期一，纪念馆例行闭馆。上午，邵子平赴南京捐赠详细记述了27年前马吉影片寻访过程的《58页手记》。

中午，捐赠仪式之后，纪念馆安排午餐招待邵子平夫妇与邵华母子。按照邵子平的意愿，纪念馆特别邀请到他的老朋友张宪文和纪念馆原副馆长段月萍，还有张连红、刘燕军，以及南京大学拉贝与国际安全区纪念馆主任杨善友等作陪。

步入餐厅，邵子平看见先到一步的段月萍，快步走过去与她热烈握手，两人兴奋地大声互相问候，邵子平请我给他俩合影。

见到张宪文，邵子平又是一阵大呼小叫：“你的头发都全白了！”“你的胡子不也白了！”老朋友相见，他们有说不完的话。

“邵老师此次是27年后再到我们纪念馆，是破冰之旅！”凌曦说道。邵子平跟着调侃,“27年了,看到你们都面目全非了”,引发一桌大笑。“应该是日新月异”,张宪文纠正他。

席间,邵子平情绪一直很兴奋,话说个不停。我的同学徐云翔的父亲是南京师范大学校友会负责人,她发来请父亲特意找出的邵子平当年在国立中央大学师范学院附属中学(现南京师范大学附属中学)的学生学籍表与学业成绩表,我转发给邵子平,并向大家展示。

学生学籍表上邵子平的少年照片被大家相互传看。第一次见到自己中学学籍表的邵子平更是连连惊叹。看到当年的数学成绩只有65分,邵子平说:“看来我也不是什么学霸。”“邵子平小时候比现在可爱多了!”邵夫人罗其云的声音格外突出。

趁气氛热烈,凌曦与我端起酒杯,一同去向邵子平夫妇敬酒。

我说道:“邵老师,您是国家记忆与国际和平研究院研究员,就已经是侵华日军南京大屠杀遇难同胞纪念馆的人了!这‘37分钟’版肯定得给自家南京。”

我得先在主观上将邵子平拉到南京的“阵营”里。邵子平表示可以给纪念馆一份影片拷贝。

“我们馆是国家一级馆,您的这个‘一寸盘’放我们这里就是‘镇馆之宝’啊!”凌曦继续做工作。

邵华也过来跟着劝说。处于兴奋之中的邵子平松口答应考虑去美国时与“联合会”其他同伴商量,积极争取给南京。邵子平夫人罗其云表态了:“当然得给南京了!”

我见第一步已经有成效,特别高兴,这些日子的工作没有白做。

“一寸盘”回归陷僵局

我对邵子平的认识，2019年1月8日绝对是个分水岭。此前，我视邵子平为弱势老人，尊敬、同情他，忙前跑后，悉心照顾他。在这之后，我对他刮目相看。他太厉害了，不仅仅是位老人，更是一位专业精湛的法学专家，思维敏捷，精力过人，斗志旺盛，并且行动力超强。虽然他的记忆力出现了衰退，常常混淆一些重要的时间点，但丝毫不影响他在重要节点上能言善辩，并紧追不舍。

2022年3月4日，我在北京市东城区安定门外大街丁88号江苏大厦的一间客房内，打开笔记本电脑，敲击键盘，开始写这本书。

我将记忆倒回至2017年深秋，重温最初认识邵子平时的强烈震撼和因此油然而生的崇敬。我忍不住拿起手机拨通了邵子平的电话，我说：“我开始回忆了，现在刚回忆到最初认识您的时候，那是一段很温暖的时光，还没有回忆到我们吵架。”

“我们吵架的次数也不多嘛。”邵子平颇不以为然。

我与邵子平吵架的次数是不多，我一直以为其根本原因是我的克制。重听当年的电话录音，才发现其实更多的是邵子平的包容。在我一次次咄咄逼人的追问下，邵子平的语气还是相当温和，充满耐心，这个发现不禁使我顿生内疚。

第一次电话采访时，邵子平就反复叮嘱我，与他的电话往来，以及面对面的采访都必须要录音，以防止漏掉他突然记起的某个重要历史细节。现在，也正是这些录音在帮助我迅速回想起当时经历的各种场景。

2019年1月7日，我赶赴北京，要在邵子平夫妇从美国回来的第一时间弄清楚“37分钟”版马吉影片“一寸盘”的究竟。

在1月7日与邵子平的联系中，我已经知道了他此行回国，并没有兑现我们在其赴美前达成的口头协议：带回“37分钟”版马吉影片。他不仅没有带回“一寸盘”胶片，连数字版也没有带。

这是我最担心的局面！自邵子平夫妇一个月前飞赴大洋彼岸以来，我每一天都寝食不安，担心事情生变。果然，怕什么，就来什么。

1月8日早晨8点，我准时赶到东厂胡同，摁响了邵子平家的门铃。

邵子平夫妇在我到来前半小时才进的家门。屋里，行李摊在地上，他们还没顾得上收拾。

我特意带去《大公报》刊发的三篇连续报道的刊稿报纸，邵子平展开报纸一篇篇仔细地阅读。“邵老师，南京方面非常关注‘37分钟’版马吉影片，您到了美国以后，大家都在一起等着。”

“我们的片子比南京现有的清晰度高，37分钟里还有日军进城的仪式，好像其他某个版本也有，可我们的更详细。那几个日军在两边维持秩序，嬉皮笑脸的，也不像站队的样子，好像他们已经完全占领了南京。‘37分钟’版的全部内容都来自南京大屠杀前后那段时间。”“我没记错，有一群乡下人抬着伤员疾步运往南京近郊的急救医院的情景。”邵子平简单叙说了他与陈宪中、姜国镇在纽约查看“37分钟”数字版马吉影片的情况。“影片存放时间长了，有老片子经常有的问题——忽然一下亮得不得了，再突然闪一下，有这么一两个镜头要浪费掉，所以‘一寸盘’一定要修复。”

“‘一寸盘’还是交还给了姜国镇，原来是他保管的，现在还请他继续保管。数字版文件在陈宪中那里，他今年3月来中国，到时候可以给大家看。”“如果你们着急，可以到纽约去看，”邵子平喝了口水说道。

当天晚上，我在邮箱里收到邵子平发来的“37分钟”版马吉影片“一寸盘”在纽约Du Art Services公司的检测报告：

现场评估：

由旧的黑白素材片段组成，是无声的。

镜头很旧，有很多污点，拼接不好，而且胶片卷得不整齐。

建议对主要文件进行全面的质量控制并尽可能进行数字化恢复。

我立即反馈给纪念馆与张连红。

张连红回复：幸好你发现得早，不然时间一长可能就无法恢复了。

我又写邮件将纪念馆的意见发给了邵子平。

邵先生：

您好！

您刚回国就打扰您，实在抱歉！

我和纪念馆方面沟通了情况，馆方建议是：

1. 千万不要去修片子。目前的文件是转录马吉影片原片的拷贝件，毕竟还是直接转的。要修复也是要等数码化之后在数码文件上修。

2. 纪念馆收藏的目的是揭露日军暴行。

3. 这是具有重要史料价值的拷贝件，纪念馆愿意征集。

您先好好休息，倒时差。确定去南京的日期后请立即告知我。

祝好！

陈昊

2019年1月8日

2019年1月25日中午，我在邮箱里看到美国姜国镇发来的120张“37分钟”版马吉影片的内容截图。

姜国镇在发给纪念馆的同时抄送给我了一份。他这样写道：

这次我们又重新发现了马吉牧师的一寸盘，觉得很兴奋也很高兴，更高兴的是可以跟国内的人士分享。

我现在把我们从这个“37分钟”的“一寸盘”里截取出来的120张照片寄给你研究参考，有什么问题请不吝赐教。至于我们的条件，等你看完之后我们再商量，如何？

我立即把这120张截图发给张连红，张连红回复“有许多张是第一次看到”，认为信息量更大、画面更震撼、实证性更强，“价值相当高”。

我很高兴，立即拨通了邵子平的电话，告诉他这个消息。“纽约有行动了？”邵子平愉快地说：“我催了姜国镇很多次，他是个麻醉科医生，平时相当忙。如果有病人晚上要手术，他也要工作。”

纪念馆派出的课题组从美国返回后，在题为《马吉影片资料的收集与初步整理》报告中这么写道：南京市有关领导高度重视，指示纪念馆迅速展开工作，进行收集与整理。为此，纪念馆委托南京师范大学张连红教授牵头成立了课题组，江苏行政学院杨夏鸣教授与纪念馆的刘燕军为课题组成员。

课题组迅速行动起来，开始办理赴美签证手续。一切都在顺利地向前推进。我终于能坐下来，什么也不想，静下心来喝一杯红茶了。

在耶鲁神学院图书馆的新发现

回想起投入寻找“37分钟”版马吉影片“一寸盘”的那些时光，让我感到很不可思议的是，每当焦头烂额、困顿沮丧、无可奈何之际，总会出现意外的光亮，继而柳暗花明、峰回路转。

2019年2月3日，我回到北京家中，心烦意乱，无心过年。虽然邵子平在复信中已经明确指出后面的事与我无关，但我并没有如遭棒喝，豁然省悟，仍然一厢情愿地自感责无旁贷。

突然，有新的消息传来。2月3日下午，邵华告诉我，她因为要给邵先生去信，就去查马吉影片的相关情况和价格依据。为了解马吉影片的渊源，邵华专门登录美国耶鲁大学神学院网页细细查找，该校图书馆公布的关于马吉影片的消息令她眼前一亮，于是她赶紧告诉我。

邵华将查找到的详细资料悉数发给我。我坐在电脑前，对照马吉牧师的影片说明词，仔细研究，屏幕的亮光无声映照着我的眼眸，一扫先前的郁闷。

2015年11月17日，大卫·马吉的儿子约翰·马吉三世亲自向神学院图书馆捐赠了13卷罕见的电影胶片，这些胶片由其祖父约翰·马吉于20世纪20年代和30年代在中国做传教士时拍摄。“我代表整个马吉家族”，约翰·马吉三世在宣读家人的声明中指出，这些电影被捐赠给耶鲁大学正是他已去世的父亲大卫·马吉49岁时和其他家庭成员的共同意愿，“将珍贵的南京电影捐赠给神学院”。网站报道表示，电影胶片的修复和数字化将由美国南加州基金会赞助。

2016年1月22日，该网站发布这些电影胶片的修复和数字化的最新消息，介绍耶鲁神学院图书馆从约翰·马吉三世那里获得的13卷原版胶片中，第1卷和第9卷内容有南京大屠杀的影像，加起来有22分钟。其他11卷记录了20世纪20年代和30年代南京和其他地方的日常生活，包括街景和教堂服务。其中含1931年长江洪水的录像。

耶鲁大学特别提到其中有关于南京大屠杀的镜头是“以前未知”的。

耶鲁表示，圣公会传教士马吉积极参加日本占领南京期间在南京设立的国际安全区委员会，以保护平民。日本占领造成的暴行和死亡的程度多年来一直是争论的焦点。马吉的电影提供了日本军队暴行的视觉证据。

神学院图书馆特藏部主管玛莎·斯茉莉在网站上介绍：“这

两个卷胶片加起来大约有22分钟，似乎包含了一些之前未知的镜头。”

第1卷包括金陵女子文理学院的生活影像，展示了铺在体育馆地板上的卧室，以及妇女和儿童洗衣的镜头。其中包括魏特琳的罕见镜头，她是该学院的传教士和管理人员，影片详细描述了日本占领下的南京的情况。

第9卷开场是一群乡下人用临时担架把一个个伤员运往南京近郊的医院急救的情景。影片还展示了：超过20名病人在医院排队等候就诊；在诊所里，一名护士检查一名男子被枪击受伤的左手，根据马吉牧师的笔记，这名男子在试图保护他的妻子和女儿时遭到枪击；一个出门寻找水牛的63岁农民，被日本兵开枪击中，画面上是他入院3周后的影像；另一个场景是难民营里一排排简陋的棚屋和排队领取食物的人们。

玛莎·斯茉莉称赞马吉家族：“这些胶片是对我们收藏史料的很有价值的补充，记录了南京大屠杀以及约翰·马吉和其他传教士在那里所做的工作。”

邵华还查到，这些由南加州基金会免费完成数字化的胶片，应该是在2018年初被发布在图书馆网站上“南京大屠杀”项目内的，意在与学界分享。

在耶鲁网站上，邵华还找到了耶鲁大学神学院图书馆的特藏部专门设置“南京大屠杀”专项的详细消息，耶鲁在专设的“南京大屠杀”特藏项目中，聚集了10位西方证人的证言。

“南京大屠杀”专项内汇集了从日本入侵后留在南京的西方人那里获得的第一手资料和照片。网站表示：“这些资料并不能

郊区，农民抬伤者去医院救治。南京“17分钟”版未见的新画面

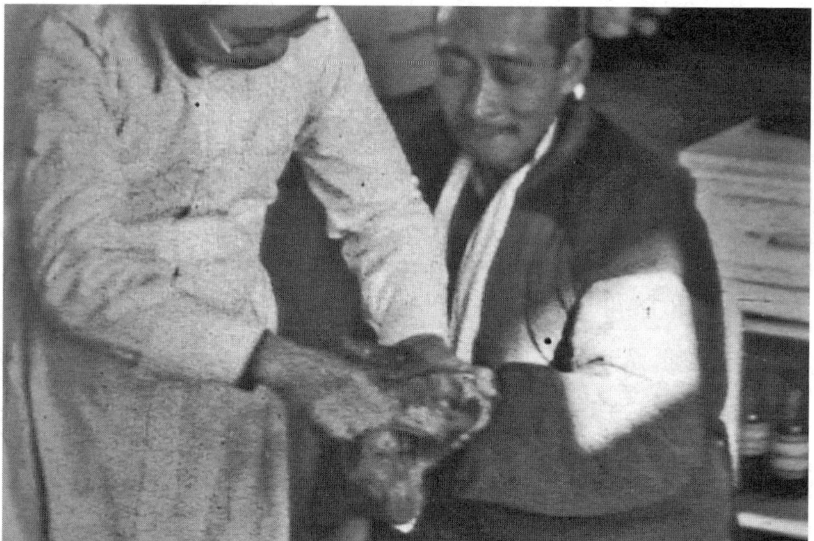

被日本兵击伤手背的南京平民。南京“17分钟”版未见的新画面

提供对1937年至1938年南京发生的事情的全面了解，但这些西方人士所做的观察为补充更多的研究提供了一个重要的历史视角。”这些西方人士有贝德士、乔治·费奇、欧内斯特·福斯特、约翰·马吉、麦卡伦、米尔斯、约翰·拉贝、斯迈思、魏特琳与罗伯特·威尔逊。

邵华将网站上的英文介绍翻译成中文发给我。

耶鲁网站上的特别介绍写道，在“南京大屠杀”专项设立之前，保存在耶鲁大学神学院图书馆的这些西方人士的文件资料，分散在多个收藏品中。该项目由日本ICU基金会提供资金支持，并由日方工作人员根据文档的日期，将南京大屠杀期间留在南京的西方商人和传教士文档挑选出来汇集组成，于2018年2月23日完成。

这些信息令我振奋。

我当然在当天（2月3日）立刻将耶鲁大学神学院图书馆公布的关于马吉影片的消息的网址发在“37分钟征集”群里：“耶鲁收集了福斯特、拉贝等好几个人的资料，项目的名称就是‘南京大屠杀’，因为文字小，所以我把链接放在下面，这是关于项目的介绍，还可点击浏览电影、照片等。”这一发现，引发热议：

刘燕军：资料在网上都是公开的，我们馆里都下载了，包括后来的那两个视频。

陈昊：2016年的两段视频加起来是22分钟吗？邵华说网页上可以直接点播这两段的节选。不知道馆里下载的是不是全部。

刘燕军：没有吧，一个大约5分钟，是从网上下载的。

陈旻：那就对了，邵华说网上有视频的节选，不是全部。您这次去美国正好可以把全部内容看一遍。

我当然也把邵华的新发现同步发给了邵子平："耶鲁网站上公布了5分钟，是马吉影片的第1卷和第9卷，共有22分钟，网站上公布的是节选。"

邵子平非常重视这个消息，将它转发给纽约的同伴，他还将自己发给他们的微信一同转发给我："纽约诸位请注意，如果这22分钟的内容都是'17分钟'版所没有的。17分钟加上22分钟等于39分钟，比我们的37分钟还多。那么我们当时所做的比较就有重大缺陷，没有照顾到全部现有资料。不知道我们的'37分钟'版还有多少价值。"

看到邵子平对老朋友们的喊话，我心头发热，他心里是有南京的。

春节前，课题组已经在紧锣密鼓地办理赴美手续。2月5日，我在群里再次建议："请张连红老师与刘燕军老师去纽约时，不妨先去耶鲁神学院图书馆，因为图书馆已经建立了'南京大屠杀'专题项目，不仅有马吉牧师的影片，还有福斯特的，如果能找到福斯特拥有的马吉影片第5至第12卷，那将是巨大的收获。"真得感谢邵华！

南京课题组远赴耶鲁，带回6个版本的马吉影片

2019年1月28日，侵华日军南京大屠杀遇难同胞纪念馆迅速

成立由张连红领衔的赴美征集史料课题组，成员是江苏行政学院杨夏鸣教授和《日本侵华南京大屠杀研究》杂志编辑部负责人刘燕军。

2019年2月3日，“37分钟征集”群里的历史学者们看到我发在群里的资料，立即着手研究比对。

“2016年大卫·马吉捐赠的马吉影片的第1卷、第9卷，和现在耶鲁图书馆公开的节选，我仔细比对了一下，第1卷，其内容是关于金陵女子文理学院的难民生活(含难民从礼拜堂出来、难民带着行李等排队前行、种牛痘、大卫给妇女登记丈夫、儿子的失踪信息、难民洗衣、难民睡地板等)，这是原始马吉影片第9卷影片中第5个专题画面。没有1938年4月份有关金陵女子文理学院难民宗教生活的画面(第11卷、第12卷影片内容)。”2月9日，张连红发言。

“福斯特的档案里目前没有发现胶片。”刘燕军也仔细去查找过。

“耶鲁公布的第9卷的内容主要关于南京东郊江南水泥厂难民医院和难民棚区的镜头，是原马吉影片第5卷中第4至第10号镜头。”

“初步判断耶鲁公布的第1卷和第9卷影片同马吉第1至第12卷影片内容不完全一致，可能是耶鲁大学图书馆重新剪辑过，或者是马吉后来根据原片剪辑过。”

“因此，需要到耶鲁认真核查比对。”张连红一如既往地严谨。

2月20日，刘燕军在群里告诉大家：

“按照连红老师的指示，我请编辑部的孙文佳起草了一封英文信，发给耶鲁大学神学院图书馆特藏室的斯茉莉女士。”

“在江苏台拍摄的《外国人眼中的南京大屠杀》纪录片中，斯茉莉多次接受采访。她是耶鲁的‘南京大屠杀’项目的主要推动者之一，也是资深研究专家。”

“我觉得，耶鲁的马吉影片视频资料，纪念馆应该尽量争取全部获得。”我显然是外行，能想到的只能是先一网打尽。

2月22日，“在2015年我们收到的约翰·马吉拍摄的13卷胶片中，只有第1卷和第9卷与大屠杀期间的南京有关。您可以从影片部分的描述中看到，其他电影是与其他地方或其他时间有关的。基金会将这些影片数字化，为一部纪录片做准备。我们可以将第1卷和第9卷的数字文件提供给您用于研究目的。对这些影片的任何出版或其他用途都需要授权”。

“斯茉莉回信了，她说只有挂在网站上的与南京有关，其他与南京无关。”刘燕军说。

我生怕他们因此不去耶鲁神学院图书馆，赶紧说：“我的感觉是不论如何，必须去看一遍。之后再下结论。”

邵子平在忙于繁杂个人事务的同时，还特别热情地不断在“联合会”的同伴陈宪中、姜国镇面前称赞我，增加他们对我的信任，也为南京课题组赴美谈判做铺垫。“陈旻努力勤奋，主动积极，这是她成功转型为记者的原因。作为记者，她经历甚丰，写作也多。对我们马吉影片的采访，多亏她细致追查，我们才明白，原来我们‘联合会’的‘一寸盘’已是当时仅存的最长的马吉影片了。（后来她的好友邵华查出耶鲁可能还有其他版本。）”

2019年4月3日中午，邵先生告诉我，他已经“跟姜国镇说好，与张老师和刘老师4月17日在纽约见面。期待一切顺利”。我把约定好的谈判时间发在“37分钟征集”群里。曾有过十年机关工作经验的我，自认为具备较强的沟通协调能力。

4月8日，刘燕军又收到斯茉莉的来信：

亲爱的纪念馆馆长：

克里斯·马吉告诉我他同意你们复制电影。我们欢迎你来拷贝我们的数字化文件。你的同事最好带着大容量U盘，我们可以把电影副本存在上面，这些文件非常大。

谢谢各位。

玛莎·斯茉莉

2019年4月15日，南京派出的课题组赴美。早晨7点，张连红在“37分钟征集”群里发布：“早上好！我们一行今天上午9点坐动车去上海，下午3点多飞纽约，有关查找影片资料的进展，我们会及时在群里报告。”

这个群早已被我“置顶”，从这一刻起，它也成为我最关注的群，我得时时刻刻盯着。

4月17日，他们第一站赴纽黑文耶鲁大学神学院图书馆查阅马吉资料。

北京时间4月17日上午9点58分，此时应是美国东部时间4月16日的夜晚9点58分，抵达美国后的张连红连续发出三条消息：“今天一天在耶鲁神学院图书馆查阅马吉资料，收获很大。斯茉莉女士虽然退休了，但还是从很远的地方来图书馆帮我们复制了图书馆马吉拍摄的所有影片资料，我们也拍摄了一些文献资料。”

“刚才我们三人一起观看了相关视频，有关南京的内容很丰富。与大屠杀直接相关的有两个文件，可惜的是第二个只能打开一半。我们商定明天上午再去一趟，了解一下原因，重新复制。不过现在能打开的部分大概也在30分钟左右了。”

“这比我们馆里原先掌握的部分要更丰富。明天下午我们赶去纽约见姜国镇先生。时间地点已经确定，我们看过影片后再汇报！”

张连红在向纪念馆汇报抵美后的工作开展情况，我一阵激动，抢先说“你们辛苦了”！

课题组从耶鲁无偿获得了全部马吉影片拷贝，其中记录南京大屠杀相关内容有6个版本，各版本内容多有交叉重合，许多组镜头为侵华日军南京大屠杀遇难同胞纪念馆藏“17分钟”版马吉影片所缺失的。

在课题组赴美之前，我将“联合会”会长姜国镇的联系方式发给张连红，也请邵子平与姜国镇衔接沟通，课题组在美国顺利地与姜国镇接上头，进入高效工作状态。

北京时间4月18日上午10点16分，张连红说：“下午4点姜先生和吴章铨先生和我们见面一起观看了‘37分钟’版光盘，绝大多数内容同耶鲁的版本相同！”

“与姜国镇谈的结果怎么样？你们太辛苦了，到了美国不倒时差就投入工作。致敬！”这是我最关心的。

“晚上畅谈十分开心，”张连红说道，“姜国镇主动提出要给纪念馆，可能会在我们临走前给我们拷贝一份，但他表示要同‘联合会’其他成员商量一下！”

“原片最好能征集。”纪念馆方面强调。

“原片当然重要！”张连红是历史学家，当然不会含糊。

“是因为我们获得了耶鲁的内容，从而取得主动权了吗？”我忍不住问。

“陈老师所言极是！”张连红在这句话后面一连点了四个大拇指表情符号。

“耶鲁复制给你们的内容使‘一寸盘’失去了内容的优势。”我很高兴邵华在耶鲁的发现能在谈判中起到关键作用。

此后的几天，我愉快地期待着，恨不得时间快进。

北京时间4月21日上午8点40分，张连红发出一张课题组与姜国镇的合影。

张连红说：“今晚请姜国镇先生一起吃饭，姜先生表示同邵、陈二老商量后尽快来南京。”

我心跳加速，手指微微颤抖，敲下：“邵先生说陈宪中已经表态‘不管了’。他们没把‘一寸盘’交给你们？数字版文件给了吗？谢谢！”点击回车键发送。我直击要害。

“目前没有。”杨夏鸣老师回答道。

我的心猛地一沉，只好安慰大家：“邵先生现在在台湾。我这几天就马吉影片的事时不时试探他，他没接话。大家先沉住气，毕竟我们已经从耶鲁获得了与‘37分钟’版的影像重复的资料，可以说已经取得90%的成功了。”

没有人再接话。群里的气氛再度沉闷。

事后，我曾请邵子平向姜国镇了解，为什么他已经答应将长达

37分钟的拷贝给课题组，结果却食言？

邵子平告诉我，姜国镇认为南京课题组看了纽约的37分钟数字文件，却未向“联合会”放映在耶鲁找到的资料影像，令他生疑。

邵华从耶鲁网站获得的关键信息，使“联合会”意识到他们的“37分钟”版马吉影片不再是“世界上唯一仅存的马吉影片”。遗憾的是，课题组此行未能与“联合会”就“37分钟”版“一寸盘”回归南京达成共识。

北京时间4月23日，张连红在群里发信息：“今天我们到美国国家档案馆，复制了马吉胶片，其中一些镜头是纪念馆‘17分钟’版所没有的。此外，我们还复制了美国人拍摄的南京遭轰炸的纪录片，非常珍贵。晚上请蔡德梁夫妇一起吃饭，相谈甚欢，文件的清晰度需要他帮忙申请处理修复。”

“请问美国国家档案馆所藏影片画面，在‘联合会’的‘37分钟’版里有吗？谢谢！”我问道。

“不同版本中大都有重复的。”张连红答。

“还是没有超出联合会‘37分钟’版的内容？”我不甘心。

“各有不同。”“不同版本的价值也是不可取代的。”

“这趟收获很大啊！”表面上是安慰大家，其实我是在安慰自己，有总比没有好。

“轰炸录像里也有不少珍贵镜头。”杨夏鸣补充道。

“期待！计划何时回宁？”我暗暗叹息。看来，“37分钟”版马吉影片“一寸盘”的回归任重道远。

北京时间2019年4月27日，南京课题组返回南京。短短的12天，他们先后在纽黑文、纽约、华盛顿、里士满调研，查阅、复制了很多资料，成果丰硕。

课题组在总结中写道：

在老朋友玛莎·斯茉莉女士的帮助下，课题组在耶鲁大学神学院图书馆特藏室，查阅了耶鲁大学所有的马吉档案。约翰·马吉毕业于耶鲁大学神学院，他去世之后，他的家族将所有的档案捐赠给耶鲁大学，其后，该档案内容不断增加。增加部分包括大卫·马吉受邀参加纪念南京大屠杀受难同胞联合会的各种相关文件、剪报，2002年大卫·马吉来南京时拍摄的照片等。另外，大卫·马吉去世后，2015年，他的家人将家中所有的影像资料悉数捐赠给了耶鲁大学。

课题组拍摄了其中的重要文件，包括部分照片；最为重要的是，拷贝了马吉家族于2015年捐赠给该校的所有影像资料，容量近160G。

关于“37分钟”版马吉影片“一寸盘”，课题组的记录是：

17日下午，纪念南京大屠杀受难同胞联合会会长姜国镇先生会同该会的吴章铨先生，与课题组见面，放映了“37分钟”版影像资料。

因为事先做了不少功课，课题组对这些影像资料进行了初步分析与比对，如前所述，前10分钟有一些是战前的内容，涉及轰炸、难民逃难等多方面。这部分内容都没有字幕，其中一些场景应该是上海。“37分钟”版影像资料中，还有一些有关日军的影像，似乎也不是马吉拍摄的。

建议继续与纪念南京大屠杀受难同胞联合会进行沟通，争取获得他们的捐赠。

20世纪90年代，纪念南京大屠杀受难同胞联合会制作保存了“37分钟”版影像资料。现如今，相关的原始胶片已无从查找，但是，其功绩不可否认，没有他们的努力，这段资料将湮没无闻。就文物价值而言，“联合会”的光盘也有一定的价值。在我们与姜国镇会长的沟通过程中，他也表达了这方面的意向。希望纪念馆尽快邀请姜国镇会长来南京，也可同时邀请邵子平、陈宪中先生，他们都是当年制作“37分钟”版影像资料的功臣，可以同时对他们进行口述历史的采访。

课题组回南京后，我迫不及待地冲到南京师范大学找张连红打探详情。

据张连红介绍，此次课题组在美国获得的现有全部马吉影片意义重大。从空间范围来看，南京“17分钟”版影片的主要镜头大都集中在南京安全区范围内，而纽约的“37分钟”版，其镜头则超出安全区范围。张连红说，马吉在1938年2月16日至17日曾前往南京东郊的栖霞寺和江南水泥厂难民营巡察，因此城外一带日军暴行的镜头也被拍进马吉影片。从影片内容来看，纽约的“37分钟”版影片比南京现有的“17分钟”版内容更加丰富，案例更多，并且有些案例比“17分钟”版更为具体深入。

张连红强调，马吉影片是南京大屠杀档案申报《世界记忆名录》中极为重要而且不可取代的重要文献，这些影片对于南京弥足珍贵。

不过，纽约“37分钟”版马吉影片回归南京的计划再次搁浅。

北京东长安饭店的惊喜

2019年1月6日，在确认“联合会”已经将“37分钟”版马吉影片“一寸盘”在美国完成检测及数字化转换的当天，我就建了一个名为“‘37分钟’版马吉影片相关事宜”微信群，这个群最早有陈宪中、姜国镇、邵子平，后来邵子平将“联合会”的吴章铨也拉进了群。

当时，在纽约的邵子平已买好机票，正准备回中国。而我很想看一眼“37分钟”的数字版，试图做一些努力。

2019年1月3日，新华社的报道《美国和以色列正式退出联合国教科文组织》引起了我的关注，报道中提到：美国和以色列于2019年1月1日零时正式退出联合国教科文组织。

美国和以色列正式退出联合国教科文组织引起了日本舆论高度关注。有日媒担心，“美国退出后，中国在联合国教科文组织的影响力提升令人担忧”。日本《产经新闻》在报道中直接指出：教科文组织2015年决定将中国申请的南京大屠杀档案列入《世界记忆名录》的做法，“带有政治倾向”，“被部分国家认为存在问题”。

我查到日本《产经新闻》在2018年1月3日的报道：“南京大屠杀的真相及其依据存在问题，并未经过充分讨论就入选。”

我把相关报道发在这个“‘37分钟’版马吉影片相关事宜”群

内，恳请四位老先生："我想尽快看到这37分钟默片，之后采访张连红等历史学者，对日本媒体的有关报道做出反击。谢谢！"

"谢谢你的资料，有意思。我们初步观看，认为默片完整度良好，似乎应该先调查DuArt Services公司将来能否修复，美国是否有更好技术。"邵子平避重就轻。

我不死心，在群里提醒邵子平："辛苦您了，半夜里回复我。有没有可能将片子发我邮箱，我看一下内容，针对日本媒体的报道进行反驳？""请问37分钟的影像现在有数字文件吗？""若有数字文件，可否给我看一下，有哪些内容？特别是有哪些南京所没有的内容。可以回应联合国的事。"

"有数字文件。'联合会'认为我们应保留使用权，将来使用权还应该属于购买者。此事由姜国镇会长等考虑后定。我已经向他们建议向你和纪念馆提供片段。"邵子平终于正面回应。

我赶紧追着说："谢谢您！我不作其他用途，仅仅想做报道。"

"回应联合国，不急吧。"

"急啊，就是这两天的事。热度过去，新闻影响力会受限。"

"因你一直帮助，以上说的是我个人意见，供你参考。详细我们北京再说吧。"邵子平一锤定音，其他人保持沉默。对话无法继续，我无计可施。

2019年5月6日，我将南京课题组美国之行的收获告知邵子平：

邵老师，您好！

今天上午，我去拜访了张连红老师。在他那里看了他们从耶鲁和美国国家档案馆复制的全部马吉影片资料。

据张连红老师介绍，马吉牧师的孙子在2015年已经将马吉牧师在南京拍摄的所有胶片全部捐赠给耶鲁大学神学院，此后日本一家机构出资将这些胶片全部数字化，应该是在2017年至2018年完成的。此前，耶鲁拥有马吉家族的档案以文字为主。耶鲁这些资料全部无偿提供给专家、学者观看，复制则需经马吉牧师的孙子许可。南京得到了许可。

张连红老师他们与姜国镇先生见面时，特别带了电脑和从耶鲁复制的影像资料，但姜国镇先生并没有提出要看。

据张连红老师介绍，看了你们的37分钟影片，其中后三分之二的内容是关于侵华日军南京大屠杀的，前三分之一中有战前的部分镜头。

从内容上看，纽约1991年的“37分钟”版影片内容已经不是姜国镇所说的“世界上唯一仅存”，其中部分内容，耶鲁有数字化版本，只要马吉孙子同意，完全可以免费提供。

张连红老师表示，你们的“37分钟”版作为1991年的一个版本也具有历史价值，承载了“联合会”为搜寻侵华日军铁证所付出的心血与成果，是一段珍贵的历史经历。所以，纪念馆还是希望收藏这个版本。

邵子平回复：

谢谢你热忱地从中相助。你个人努力，可说仁至义尽了。

邵华查出马吉后人的捐赠，功不可没。请你代我向她表示敬意。

我个人未再去查，是一失误。我坦诚承认。

南京方面所做纪念诸事固然很多很大，看到马吉捐赠、耶鲁善藏，居然还有日本机构复制保存，我们“识者”（别的不能多说），对默片一事总觉稍有遗憾，但在历史长河中其实又属小事。

给邵子平的那条微信我也同步发给陈宪中与姜国镇，希望能影响他们的决定。事实证明，它确实产生了效果。

2019年5月19日，我突然收到陈宪中的微信：“我正在高铁上，下午到达北京。”

心一阵狂跳，因为约他见面已约了大半年，于是我秒回：“谢谢您！我明天中午到北京，您在北京住下后，请告知我您下榻的酒店，我去拜访您。”

陈宪中爽快地发给我北京东长安饭店的位置定位。

“收到。谢谢您！我明天中午12点半到北京，您下午或晚上几点有时间？请告知。谢谢！”

随后，陈宪中直接打来微信电话，我们约好5月20日下午3点在北京东长安饭店见面。

位于北京市朝阳区建国门外大街甲10号的北京东长安饭店，坐落于繁华的建国门外大街，为欧式建筑风格，毗邻国贸中心、建国饭店等，闹中取静，沉稳雅致。

我提前到达，待接近约定时间才进电梯，准点按响了620房间的门铃。

时年82岁的陈宪中打开门。虽然我们是第一次见面，但一年前数度越洋电话采访、一年间未曾中断的微信交流，让彼此都没有陌生感。

我递上《大公报》在2018年12月关于“37分钟”版马吉影片“一寸盘”的三篇专题报道的报纸。“你还特别留了。”陈宪中接过报纸，表情温和，立即展开浏览。

陈宪中给我带来一部分“联合会”当年的资料，这么一摞沉甸甸的资料，他从美国带到台北，又带到山西旅游一大圈，再背到北京，令我感动。

说起邵子平拿到南京身份证，陈宪中说：“他都跟我讲了好几回了，拿到身份证他非常兴奋！”

我们一见如故，相谈甚欢。我将话题切入到南京课题组在美国的收获，“南京的历史专家，从耶鲁神学院带回马吉牧师在20世纪20年代和30年代在中国拍摄的全部影片，其中有记录日军南京大屠杀暴行的6种不同版本的影片共计73分57秒，含不少未曾公开的珍贵历史镜头”。

陈宪中在美国是有影响力的侨领，在1991年邵子平找到马吉影片后，1991年和1992年，由陈宪中出面，筹措了35万美元，聘请著名导演依据“37分钟”版马吉影片，先后拍摄、编制了历史文献纪录片《马吉的证言》和《奉天皇之命》，影响深远。

1996年11月，邵子平从德国找到并与“联合会”同仁促成公开《拉贝日记》。

1997年，“联合会”筹资将纪录片制成3 000套录影带，寄送联合国所有的会员国办公室，同时赠予美国各地图书馆、大学与有关机构。

“侵华日军南京大屠杀遇难同胞纪念馆是关于南京大屠杀史料展陈与研究的专题纪念馆，”我用最诚恳的态度说服陈宪中，“纪念馆除了在文物史料征集、展览展陈、专题研究、抗战史传播、和平教育与国际交流等方面取得了重要成果，还努力通过跨学科、多视角、立体化的综合研究去研究南京大屠杀惨案和日本侵华史。”

“特别是自2017年起纪念馆筹建南京大屠杀史影像档案数据中心，将馆藏的历史史料、珍贵文物进行数字化。‘37分钟’版马吉影片的‘一寸盘’放在这里，是为了告诉后人不能忘记这段历史，没有任何商业用途。”

我还坦陈了此行的另一个目的，“张连红老师建议我将你们‘联合会’所做的历史贡献记录下来，国家记忆与国际和平研究院将此作为课题予以立项”。我来北京的同时也为此征求过作为“联合会”前任会长陈宪中的意见。“我们的目的是留住‘联合会’的历史，让历史记住寻找并证实侵华日军罪证的中国人。”

“这个想法不错，现在年纪大了，回想起过去，我们做过的事情很不容易，我们确实做了不少事情，也没有记录。”陈宪中兴致盎然。

我们继续商量“37分钟”版马吉影片“一寸盘”捐赠事宜，陈宪中说“你来安排”，我建议他们在同年12月来南京参加南京大屠杀死难者国家公祭仪式时捐赠。“好，试试看。”陈宪中答应主动找邵子平、姜国镇商量，“尽量促成”。

至此，紧绷的神经终于略微松弛。我这才端起茶几上的茶杯，轻轻喝了口水。

这次在北京东长安饭店见陈宪中，我做了充分的准备。姜国镇没有亲眼看到南京课题组从耶鲁获得的马吉影片，致使“联合会”存疑，为消除他们的疑虑，我特别带上笔记本电脑和从课题组复制的影片资料。

“陈先生，张连红他们去美国时看了你们的‘37分钟’版，姜国镇说没有看到他们的。他们其实都带了电脑，但姜国镇没有提出要看。”陈宪中马上问我：“那你有没有带来？”

“我带了。”我沉着地回答。

“哎哟，太好了！”陈宪中的惊呼令我兴奋。我立即打开随身携带的笔记本电脑。

他随即问我“能不能帮我复制下来？可以吗？”他想复制我的资料，这个情况我事先没有想到。迟疑了一下，我问他：“‘37分钟’版您带来了吗？”“有，我好像有。”陈宪中语气肯定，我立时觉得心跳要停止了。

“您这次带了吗？”我想确认。

“带了，你们没有吗？”

“能不能拷给我？”问出这句话的时候，我紧张得微微出汗。陈宪中没有接我的话。

这时，电脑完成开机，我点开储存的影片资料，选了最清晰的两分钟片段播放。由于这些资料我对照马吉影片的说明词已看过无数遍，影片解说脱口而出。

“这是乡下人把伤员运往南京近郊的急救医院的情景”，“这些人在排队候诊”，“这是南京郊区长利乡的一个农民，当两名日本兵闯入他家索要姑娘，他说‘没有’，他们便开枪将其手部射伤”。镜头里，农民的左手背皮开肉绽，护士正在为他清创。

“这些镜头，你们有吗？”我问他，陈宪中非常专注地看着影片，说“好像不太一样”。

我心一横，说：“这样吧，我把我有的资料给您，您把‘37分钟’版给我。”

“我找找看，不知道是不是放在台湾了。”陈宪中起身走向一旁的低柜，语气不确定。柜面上散乱地堆满了物品。

“我来拿，我来拿，您不要弯腰，万一闪了腰就麻烦了。”我快步上前帮助寻找。翻出一个超市常见的购物塑料袋，里面装着一大堆大大小小的移动硬盘，陈宪中找出其中最厚实的一块。

“您把‘37分钟’版拷给我，我把我的这些拷给您。”我再度建议。我声音兴奋，变得语无伦次。“好！”陈宪中这回回答得很干脆。

2019年12月，陈宪中如约来到南京。我问他为什么信任我。陈宪中说，他很佩服我，“你给我打电话采访，问得那么细”。陈宪中还特别提到，那次在东长安饭店见面时，他太太对我印象很好。

2019年5月25日下午，我将经过一年半的追寻、最终获得的极为珍贵的“37分钟”版马吉影片高清数字版文件，送交给侵华日军南京大屠杀遇难同胞纪念馆。

“联合会”捐赠“一寸盘”

纪念馆有条不紊地进行南京大屠杀死难者国家公祭仪式的准备工作，邵子平、陈宪中、姜国镇、邵华、李庆义等，都收到了邀请函。

2019年的下半年，时光归于平和。那些心急火燎的奔走、辗转难眠的焦灼、无法预测的不安、峰回路转的欣喜、走火入魔般的执着……都在这个深秋的宁静中悄然隐去。

岁月静静流淌，南京满城的梧桐树叶绿了又黄。秋风劲吹，金黄的落叶飘飞，古城素色如锦。

我成为“联合会”嘉宾们与纪念馆之间的“中介”，帮他们填写信息表，反复沟通国际机票的往返时间，不亦乐乎。

2019年11月中旬，几位嘉宾的行程敲定，邵子平、陈宪中从台湾启程，姜国镇先飞去台湾参加同学聚会后再飞南京，邵华从德国出发，李庆义从北京动身。

11月13日，我突然一个闪念，问张连红：“姜国镇有没有跟您确定过他肯定会把‘一寸盘’带来？现在大家都没有提这个问题。我在北京的时候跟陈宪中是讲好了的。如果您确认了我就不提了，否则，我还得跟他们确认。”此时距离12月13日南京大屠杀死难者国家公祭日仅有一个月时间。

我分别给邵子平、姜国镇、陈宪中三位老先生发微信。

“姜先生，您好！获知您将来南京，我特别高兴！今年5月，我在北京东长安饭店与陈宪中先生敲定，请你们来南京参加今年的公祭活动时捐赠‘37分钟’版马吉影片‘一寸盘’，纪念馆已经确定将特别举行新闻发布会，海内外主流媒体已获得通知，将现场见证并报道。非常期待！请您来南京时将‘一寸盘’带上。您确定到南京的时间后请告知，我去机场或车站接您。”文末，我连发3个玫瑰表情符号。

微信发出后，我几乎整晚辗转反侧。

11月15日，纪念馆文物部负责人艾德林联系我："已经跟姜先生核实过了，盘会由姜先生带过来。"他同时发来"一寸盘"的照片，我确认无误。稍稍松了口气。

日子不知不觉过得飞快，转眼，南京大屠杀死难者国家公祭日近在眼前。海外嘉宾陆续到来，嘉宾们下榻的南京国际青年会议酒店门前已是摩肩接踵，车如流水。这家酒店位于南京青奥轴线的中心位置，由全球知名的英国"解构主义大师"扎哈·哈迪德设计。扬子江畔，简约、时尚、高耸入云的双子塔作为南京城市地标建筑之一，在古老的都市里成为蓬勃、朝气的青春象征。

2019年12月10日晚，姜国镇乘坐飞机抵达上海后，换乘高铁来南京。我早早与负责去高铁接站的纪念馆工作人员童肖联系妥当，弄清车次，晚8点，就在南京国际青年会议酒店的大厅内等候。

"我已经在南京南站等姜老师出站了。快到了给您消息。"晚8点22分，童肖发来微信。

"陈老师，我接到人了，20分钟左右到。"晚8点39分，看到童肖的消息，我径直走出酒店大厅，站在门外等候。

晚8点48分，"陈老师，我们快到了"。

夜色里，我两眼紧盯着每一辆进来的车。终于，一辆小车稳稳地停在酒店大门前，车门打开，下车的正是姜国镇。

我抢先接过他的行李，童肖去前台办理入住手续。虽然是首次见面，但我与姜国镇如同老熟人般热烈攀谈起来。我们在大厅里愉快合影。

我和童肖热情洋溢，一路将他送进房间。听说他还没有吃晚饭，我赶紧拨通房间内送餐电话，要了份黄焖鸡米饭。

寒暄几句，我就按捺不住地询问“一寸盘”，说“想看一眼”。姜国镇面带得体的微笑，告诉我们“一寸盘”在一个打着塑料封签的行李箱内。

我打电话向客房服务员要一把剪刀。等待剪刀的过程，每分每秒，都是煎熬，唯恐姜国镇临时改变主意。

门铃按响，我几乎是冲过去开门的。打开行李箱，姜国镇小心翼翼取出“一寸盘”递给我。

那一刻，我激动欢欣。

姜国镇将马吉影片的“一寸盘”交给我，我们合影留证。

“叮咚”，门铃响了，黄焖鸡米饭送到。我们与姜国镇道别。

2019年12月12日，清晨8时24分，我驱车至侵华日军南京大屠杀遇难同胞纪念馆，将“37分钟”版马吉影片“一寸盘”亲手交到纪念馆。

2019年12月12日，《文汇报》以《日军屠城足本影像明归南京　美国传教士冒死拍摄37分钟影片　本报记者奔走两年促成捐赠》为题在A11版整版报道了“一寸盘”的回归经过。《大公报》在2019年12月11日、12日分别以两个整版专题刊发报道:《南京“37分钟”屠杀血证终归国　珍贵影片湮没异乡　抽丝剥茧突破重重阻滞》《影像吻合供词　野兽机器罪证确凿　东京审判出庭中国证人指控有据可依》。

2019年12月13日下午3点，侵华日军南京大屠杀遇难同胞纪念馆举行“37分钟”版马吉影片捐赠仪式，“37分钟”版马吉影片正式入藏纪念馆。

“联合会”三任会长现南京

2019年12月13日下午，侵华日军南京大屠杀遇难同胞纪念馆举行“37分钟”版马吉影片“一寸盘”捐赠仪式，纪念南京大屠杀受难同胞联合会三任会长邵子平、陈宪中、姜国镇，将“联合会”拥有的“37分钟”版马吉影片“一寸盘”无偿捐赠给纪念馆。

这个“37分钟”版“一寸盘”，系邵子平于1991年7月12日从马吉儿子大卫·马吉家地下室内发现的胶片原片中，将有关侵华日军暴行的内容拷贝后制成，是目前已经发现的各种版本的马吉影片中反映侵华日军南京大屠杀暴行最为全面、内容最为丰富的版本之一，具有极为重要的史料价值。

参加捐赠仪式的有约翰·马吉的后人克里斯·马吉、瑞克·马吉，旅日华侨林伯耀，德籍华人、德国波鸿鲁尔大学东亚系图书馆员邵华，《大公报》原副总编辑李庆义，南京大屠杀史研究专家张连红、杨夏鸣等。时任馆长张建军代表纪念馆接受了捐赠。

捐赠仪式上，邵华女士还将约翰·拉贝的外孙女莱茵哈特夫人自述公开《拉贝日记》过程的公证材料，捐赠给纪念馆。

纪念馆分别为纽约纪念南京大屠杀受难同胞联合会代表以及邵华颁发了收藏证书。

克里斯·马吉表示：“我祖父在82年前留守南京，保护难民，拍下侵华日军南京大屠杀的暴行，他是想向世界展示在南京发生的惨案。时隔这么多年，让大家在事发地南京看到当年祖父拍的片子，我觉得很有意义。”

瑞克·马吉说：“我为我祖父在南京救助难民感到骄傲，他的经历对我产生了非常大的影响。我会在余生不断向我见到的西方人讲述祖父的大爱故事。”

这是纪念南京大屠杀受难同胞联合会在创立28年后第一次出现在南京公众的视野中。

2019年12月13日，新华社以《南京大屠杀再添37分钟光影铁证》为题报道，特别指出“这部极具文物和文献价值的影片回归南京，将和《拉贝日记》《东史郎日记》一样，成为侵华日军南京大屠杀史研究的又一里程碑”。

“这次‘一寸盘’应该说是被重新发现的。”捐赠仪式上，邵子平强调。他说，马吉影片当年在美国、英国、德国都公开过，历史上都有记载，当然传播程度非常有限。1991年，他们在纽约州的北部最终找到了马吉牧师的第二个儿子大卫·马吉，在他家的地下室里有许许多多胶片，不止南京这一点内容，马吉牧师当年拍了很多电影，“我们找到了13盒这种小的胶片盒，盒子上写着‘南京大屠杀’，我们就把这些内容合并，做成了这个‘一寸盘’。所以，它可以说是战后被我们重新发现的”。

陈宪中在发言中说，“联合会”虽然成立于1991年，但日本人对第二次世界大战的态度早就让他们华侨“非常有意见”，因为，“首先，从20世纪70年代开始，日本修改教科书，后来又直接否认南京大屠杀”。“1990年，日本的石原慎太郎在美国知名杂志上发文，公然否认南京大屠杀。这本杂志销路非常广，他这篇文章影响非常大。”“我们很多人都看到了。我们觉得这样一件臭名昭著的事情，他们都可以否认，还有什么是他们做不出来的？所以我们就把南京大屠杀这件事情，作为我们研究日本侵华史的一个最重要的项目，集中最主要精力寻找证据。”

陈宪中说，在邵子平找到马吉影片后，“联合会”重点研究要怎么样利用这些信息。“当时我在纽约算是跟文艺界的朋友认识得比较多，所以请王正方导演与崔明慧导演，先后制作了两部纪录片——《马吉的证言》与《奉天皇之命》。”

“这两部纪录片是有历史价值的”，陈宪中认为，拍《马吉的证言》，大卫·马吉的详细叙说亦成为有力证词，而在《奉天皇之命》中，他们采访到了1937年在南京目击并报道南京大屠杀的《纽约时报》前记者德丁，“现在他们已经不在了，所以当时对他们的采访是蛮重要的，在我们拍的电影里面有翔实的记录”。

“我已十几年没来南京，这次来，真的是感慨万千！”“联合会”会长姜国镇的发言充满感情。“我出生于中国台湾，16岁到日本上高中。在日本高中一年级上课的时候，有一堂历史课，我打开教科书一看，我们以前在台湾历史课上读到的南京大屠杀至少有6页到10页的内容，非常详细。可是日本的高中历史书上看到的南京大屠杀只有一页，而且里面的描述只有三行字，书上说日军‘进入’南京城，在混乱当中不幸杀了一些平民跟俘虏。最重要的部分，就这样用三行话一带而过。”

姜国镇的脸上已满是悲愤。“我不明白历史怎么能这样写！非常不客观！我心里非常愤慨！”来到美国之后，1990年，石原慎太郎公开否认南京大屠杀，激怒了姜国镇，“那时候‘联合会’还没成立，我就写一封信给邵子平他们，问有什么事情我可以帮忙”。

姜国镇加入邵子平的队伍之后，做的第一件事情，就是把“联合会”反驳石原慎太郎的公开信直接邮寄到石原慎太郎的家里。“我在《朝日新闻》驻纽约记者那边拿到石原慎太郎的地址，就直接寄去。”因为精通日语，姜国镇迅速成为“联合会”的骨干力量。

作为“联合会”会长，姜国镇说：“现在我们‘联合会’在这儿还有几个人，我非常想念会里的其他同仁。”姜国镇眼眸闪着泪光，“我怀着很深的感情，要感谢四个人，第一位是杨觉勇教授，我们成立‘联合会’的时候，是他从腰包里面掏出2 000美元，才让我们成立了这个会。他现在已经去世了，我觉得他的名字应该被记住”；“第二位是唐德刚教授，他非常热心，不仅出钱出力，还施展他的影响力，对我们的影响与帮助非常大，他的付出一直被我们深深记住”；“第三位是汪文慧，是一位很年轻的女士，她是我们之中年纪最小的一个。她在美国长大，英文非常好，更难得的是她也说得一口流利的中文，她毕业于哥伦比亚大学政治系，是一位杰出的活动家和分析家。是她和她的闺密帕特里西亚·卢的加入，把我们‘联合会’带进了美国主流媒体的视野，帮助我们跟美国本土人士、犹太人结识，做了大量工作。她非常值得我们感激”；“第四位是张纯如。张纯如刚开始对南京不太清楚，她当初想写南京的时候，首先写信给我，那封信现在还在我家里。她问我要怎么样去寻找资料。所以她来的时候，我跟邵子平两人出力出钱，邵子平把车子借给她，我也出了点力。我没想到她的书写得那么好，后来我们之间有了很深的友谊”。

姜国镇含泪说：“张纯如去世那一天，我泪流满面，开车到加拿大去。开着车，我就想把一首诗写下来，一边开车一边写。”

那首诗的题目是《正义的天使》。其中有这几句：“你挑战了强权/你不畏军国主义的幽灵/把鬼神共泣/惨绝人寰的历史介绍给了西方的世界。”

“这四个人我们都应该非常深刻地记住他们，希望陈旻可以把他们的名字写下来。”

新增屠城血证

中国证人伍长德触目惊心的伤口展示、一栋房屋内11人被日军杀害的惨状、几乎被砍断头颅的女伤者颈部巨大的“V”形伤口……这些东京审判的检方证人和证据画面，82年后终以令人毛骨悚然的清晰镜头重现世间，引起海内外史学界学者的强烈反响。这些集中了美国牧师约翰·马吉拍摄记录侵华日军南京暴行的珍贵历史镜头，出自南京在2019年12月13日获得的“37分钟”版马吉影片“一寸盘”。

“文物与文献互相佐证罪行，影像和案例共同实证历史，是此次‘37分钟’版马吉影片面世的最大贡献。”张连红表示，这部极具文物价值、文献价值的影片，是日军侵华罪行的光影铁证。“一寸盘”定在第六个南京大屠杀死难者国家公祭日回归南京，将和《拉贝日记》《东史郎日记》一样，成为侵华日军南京大屠杀史研究的又一里程碑。

“37分钟”现安全区外日军暴行更为丰富镜头

据侵华日军南京大屠杀遇难同胞纪念馆专家考证，此次捐赠给纪念馆的“37分钟”版“一寸盘”系邵子平于1991年从马吉的儿子大卫·马吉家中地下室内发现的胶片，将有关日军暴行的

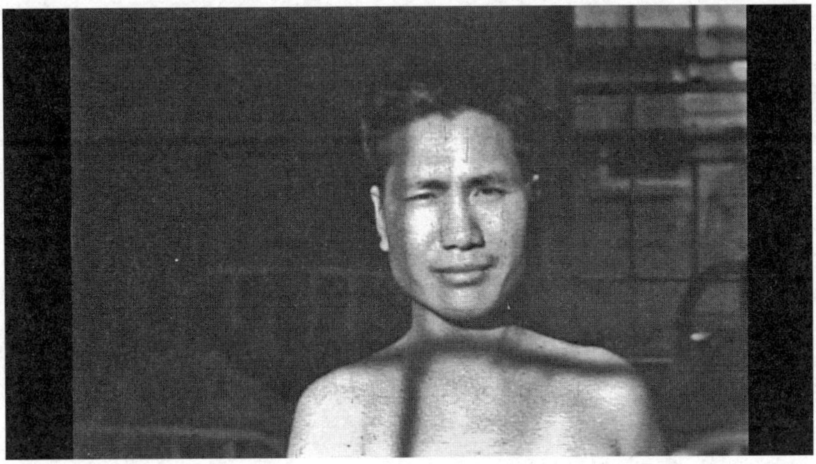

逃生的伍长德在医院救治了50多天，马吉牧师拍摄下他背部被日军刺伤的半尺长伤口，并写有详细的影片说明词

内容拷贝后制成，比侵华日军南京大屠杀遇难同胞纪念馆现馆藏“17分钟”版马吉影片内容更加丰富，具有重要的史料价值。包括三部分内容：前11分22秒反映了淞沪会战后上海的情况；然后是日军占领南京前的画面，时长大约1分23秒，主要包括日机轰炸南京和南京难民逃难等；最后是日军占领南京后犯下暴行的内容，包括鼓楼医院医护人员救治日军暴行受害者的影像、江南水泥厂难民营诊所内伤病员的情况，以及幸存者伍长德的镜头等。

专家们认为，与纪念馆现馆藏“17分钟”版影片相比较，“37分钟”版有三个方面的特点：

从时长来看，“37分钟”版影片去除时长11分22秒的上海相关画面，去除与“17分钟”版影片重复的画面，实际反映南京的内容比“17分钟”版影片大约多9分钟。

据史料记载，1938年2月16日至17日，马吉曾前往南京东郊的栖霞寺和江南水泥厂难民营，“37分钟”版里就出现了抬伤员到江南水泥厂诊所以及诊所内伤员的镜头，这些比“17分钟”版影片更为丰富。

从场景范围来看，“37分钟”版影片中，马吉牧师在鼓楼医院就拍摄了30余名受害者场景，有11个受害者是“17分钟”版里没有的。比如幸存者伍长德的画面，还有在鼓楼医院里，一名女性同胞接受治疗的画面：她颈部被砍，站立着由罗伯特·威尔逊医生检查，威尔逊扭她的头要她转身，她的面部显出极度痛苦状。

首现多个东京审判检方证人和证据画面

“37分钟”版马吉影片中出现被马吉标注为5号影片的大量镜头。“纽约‘37分钟’版马吉影片中首次出现东京审判中的出庭证人，以及多组证词中作为重要证据的南京大屠杀受害者案例动态影像”，作为2019年4月15日南京派出专程赴美国收集马吉影片资料课题组成员之一杨夏鸣教授强调：“作为远东国际军事法庭审判日军攻占南京时的最高指挥官松井石根纵容南京大屠杀罪行的重要证据，这些镜头再现的历史画面实在太珍贵了！”

1946年1月19日至1948年11月12日，远东国际军事法庭在日本东京对第二次世界大战中的日本甲级战犯进行国际审判，史称“东京审判”。杨夏鸣教授自2002年起赴美国国家档案馆收集资料，于2005年出版了《南京大屠杀史料集7：东京审判》。

在审理日军南京大屠杀专案时，起诉方有12名证人出庭作证与回答质证，其中许传音、尚德义、伍长德、陈福宝、梁庭芳等5人是中国证人。法庭收集了22份书面证词。

据杨夏鸣介绍，“37分钟”版马吉影片中出现的东京审判出庭作证的证人伍长德14秒动态影像极其珍贵，此前，内地史学界只在《拉贝日记》中看见过马吉影片的截图。

南京大屠杀是日本侵华战争与第二次世界大战中最重大、最血腥、最野蛮的战争暴行，为获得足够的有力证据，查清南京大屠杀事实真相，远东国际军事法庭的首席检察官季南（Joseph B. Keenan）在审讯前期，于1946年5月30日派遣美国检察官大卫·纳尔逊·萨顿（David Nelson Sutton）等人，专程前往南京实地取证。

萨顿在1946年6月13日寄给季南题为《获取证人的中国之行》的报告中写道：“在6月6日的下午和晚上，我们与许多潜在证人会面，他们是由司法部和南京方面带过来的，我们从面试的15人中只选中了1人——伍长德，他也同意作为证人出庭。”

6月12日，萨顿将伍长德在内的15名证人带到日本。

杨夏鸣介绍，东京审判前期，美国检察官大卫·纳尔逊·萨顿专赴南京挑选的出庭证人——中国警察伍长德——的动态影像首次公布。马吉牧师在1938年2月15日拍摄了伍长德，并在标注为“5号影片”的说明词中详细记录了伍长德的遭遇。

1946年6月18日，远东国际军事法庭审判南京大屠杀罪魁日本甲级战犯松井石根，伍长德作为见证人之一，以亲身受害的经历和亲眼所见的事实出庭作证。

1937年12月，时年38岁的伍长德是南京的一名资深警察。他在法庭上说：“南京陷落后，我和其他几百名警察都待在司法院。那时我们都把武器交到南京安全区国际委员会了。”“1937年12月15日，日军闯进了司法院，命令所有人跟他们走。”

他们被日军押到西城门，“要我们就在城门里坐着，机枪就架在城门外以及城门两侧。城门外是护城河和通往河床的一条斜坡”，“日本士兵举着刺刀，一次将100多人押出城门，还没出城门，他们就被机枪扫射，尸体沿着斜坡滚落到河里。在我之前，有16批人在城门外被打死”。

伍长德说：“轮到我这一组时，我在机枪响前拼命朝前跑，然后摔倒在地。我未被机枪射中，却被日本士兵用刺刀刺中背部”。“我倒地装死，日军在尸体上浇上汽油，放火之后才离开。天渐渐黑了，河岸四处尸体横陈，所幸我身上未被浇上汽油。日军离开后，我从死人堆里爬出来，躲进一间空房子里，并在里面待了10天。然后，我出了城来到大学医院。威尔逊医生收容了我。”

伍长德在法庭上证实，“那时大约2 000多名警察和老百姓死于那场惨祸”。

马吉牧师在医院里拍摄了伍长德背部长达16厘米的刀伤，并写下详细的说明词。1938年5月16日，美国《生活》杂志刊发了从马吉影片中截取的10幅照片，其中就有伍长德背部触目惊心的刀伤照，图片说明为“这个警察是通过装死逃出来的”。

一栋房内13人，被日军杀了11人，许传音、马吉目击惨案现场

在时长37分钟的马吉影片中，南京大屠杀幸存者夏淑琴一家祖孙9口人中7人惨遭日军杀害，邻居4人同时遇害，陈尸遍地的惨痛画面长达35秒，比耶鲁神学院收藏的画面增加了8秒。这组画面便是东京审判中的出庭证人许传音和马吉牧师赴现场拍摄的。

1946年7月26日，中国证人许传音在东京审判中作为起诉方

一栋房内13人，被日军杀了11人，其中夏淑琴家祖孙9人中7人惨遭日军残杀。图为陈尸遍地的现场。南京“17分钟”版未见的新增画面

证人出庭作证。在几乎整整一天的审判中，许传音独自用英语沉着回答检察官的询问和侵华日军战犯、上海派遣军司令松井石根的辩护律师的质证。

南京大屠杀期间，担任安全区住房委员的许传音负责搭建避难所，掩埋被日军杀害的同胞尸体。他还带着西方友人四处取证。

在回答“南京妇女遭到日本兵蹂躏后，有没有受害者死亡？”的问题时，许传音说：“在南门的新路口5号，有这样一家，我曾和马吉先生到过那里。就在那里，11个人被害，3个人被强奸。其中2个少女，一个14岁，一个16岁。强奸后，日军甚至把异物塞到她们的阴道里。后来，她们的祖母把异物拿给我看。”“年轻姑娘都是在桌子上被强奸的，我到那儿去的时候，血迹还未干。然后我发

现了尸体，所有的尸体都在那里。我和马吉先生把尸体的惨状拍了下来，作为控诉日军罪行的证据。”

1938年1月20日，马吉牧师在写给夫人的信中说“在过去的一个星期里，我看到了最可怕的东西，听到了最令人作呕的事情，其真实性无可置疑，因为我是直接从邻居和一名在现场的8岁小女孩那儿了解到的”。

马吉在第4号影片第9段中曾拍摄夏家镜头。马吉在解说词中称12月13日发生在夏淑琴家的惨案“令人毛骨悚然”。清晰的画面中，尸横满地的院子里，一个老太太不知所措，她不住诉说着，从一名死者身旁捡起衣物。马吉记录道：画面中的这个老太太14天后来到她的邻居家，发现了这两个孩子(8岁的夏淑琴和她4岁的妹妹在床单下躲了14天才活命)。就是这个老太太把摄影者领到了摆放尸体的院子里。她、夏先生的兄弟和被救出来的大女孩对我们讲述了这个悲剧的详细情况。画面上也可以看到16岁女孩和14岁女孩的尸体，她们和其他尸体排列在一起，这些人都是在同一时间被杀害的。夏太太和她的婴儿同样可在画面中看到。

1946年8月15日，约翰·马吉在远东国际军事法庭出庭作证。许传音领他去拍摄的夏淑琴家的惨状被马吉视作“最可怕的东西”。马吉在法庭的证言中对目睹的现场做了极为详细的叙述后，强调道:“如果我的摄像机……如果我当时有彩色胶卷的话，就可以看出女孩被强奸的桌子上和另外一个人被杀的地上都有鲜血。”

女伤者巨大“V”形伤口证实其险遭斩首，威尔逊、麦卡伦同证

在南京馆藏的“17分钟”版马吉影片中，马吉牧师在金陵大

学鼓楼医院拍摄的受害者个体案例有28例，而纽约发现的“37分钟”版马吉影片中，马吉牧师在金陵大学鼓楼医院和江南水泥厂医院拍摄到的受害者个体案例逾48例，新增个案逾20例。

杨夏鸣介绍道，在“37分钟”版影片中，马吉牧师拍摄的一组长达49秒，记录医院里一个颈部几乎被砍断的40岁女伤者的画面亦极为珍贵。影片中，马吉牧师在简短的解说词中写道：“日本士兵试图将这个女人斩首，[医生]缝合颈部肌肉、脊柱。”

这组画面被马吉牧师标注为4号影片第1段，并写下详细的解说词。无声的黑白动态影片中，查看伤情的医生试图转动这名颈部几乎被砍断的女伤者头颅，剧痛使得这名患者不由自主地一次次抓住医生的胳膊加以制止。深达脊柱的“V”形伤口特写触目惊心。

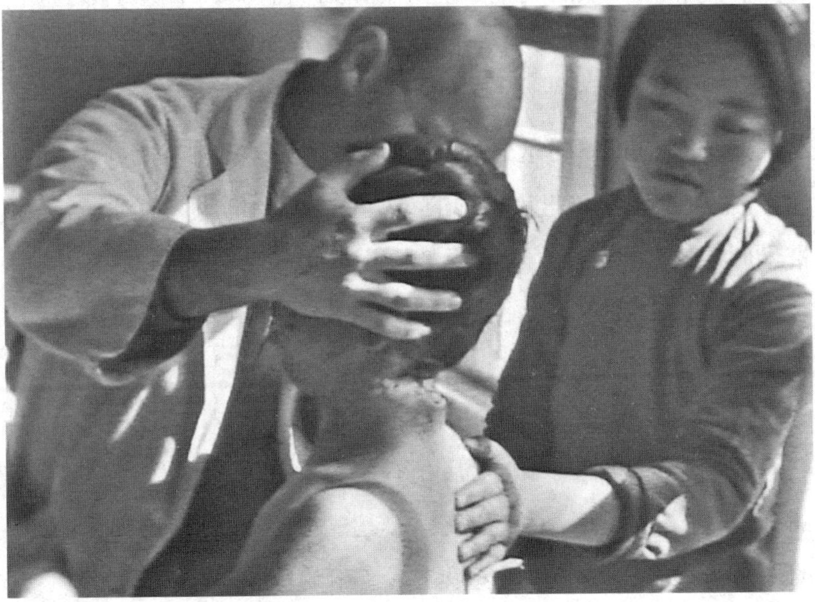

几乎被砍断颈部的40岁女伤者

“37分钟”版的这段影片比耶鲁神学院所藏的相同影像增加了12秒。杨夏鸣表示，这个受害者案例出现在东京审判中，作为出庭证人的金陵大学鼓楼医院罗伯特·威尔逊医生的法庭证言里，以及在南京大屠杀期间担任金陵大学鼓楼医院总务长詹姆斯·麦卡伦作为证据提交的日记中。“詹姆斯·麦卡伦日记中所记的这名脖子几乎被日军砍断的女性受害者案例，由美国检察官萨顿当庭完整朗读。”

东京审判中，起诉方提供了麦卡伦1946年6月27日的宣誓证词，这份证词展示了麦卡伦的日记。

萨顿当庭朗读了1938年1月3日麦卡伦的日记：“今天早上又来了一个处境相当悲惨的妇女，她带来了一个可怕的故事。日本士兵将包括该妇女在内的5名妇女抓到他们的一个医疗单位，白天让她们洗衣服，晚上对她们实施奸淫。其中有两人每晚被迫满足15至20个士兵的兽欲，其中最漂亮的一个每晚遭到40个士兵的蹂躏。来找我们的这名妇女，曾被3个日本兵带到一个偏僻的地方，他们企图在那里砍下她的头颅。她的颈部肌肉被砍断，而颈椎未断。她昏死过去，后来还是挣扎着爬到了医院。众多日本暴行的见证人中又多了一名。威尔逊医生试着缝合她的伤口，认为她还有存活的机会。”

1946年6月12日，威尔逊医生在提交给远东国际军事法庭的书面证词中写道：一名妇女后颈有一道又深又长的伤口，肉滑落到脊椎骨上，脑袋似乎随时都会从身上滚落。我调查得知，她身上的伤是遭一名日本军官反复攻击后留下的。

1946年7月25日，威尔逊医生在东京出庭作证：“让我记忆犹新的一件事是一名40多岁的妇女，送到医院来的时候，她脖子后有个巨大的伤口，有人切断了她脖子周围所有的肌肉。”

硝烟弹痕，8秒展现战后上海四行仓库

“37分钟”版影像资料的前11分22秒画面展示了淞沪战役后的上海。杨夏鸣认为，这组记录上海沦陷后的影像也是首次曝光的，同样十分珍贵。

打开影片，便是弹痕累累、巍然矗立的上海四行仓库，8秒钟呈现的镜头里，四周硝烟弥漫，黑白场景中的四行仓库令人肃然起敬。

据杨夏鸣介绍，在现存仅两三秒的战时四行仓库的极短影像资料中，未曾出现过如此仰拍四行仓库的镜头，8秒钟的时长也是

“37分钟”版影像资料的前11分22秒的画面展示了淞沪战役后的上海。图为时长达8秒的弹痕累累、巍然矗立的上海四行仓库

首次见。四行仓库"八百壮士"英勇抗敌的壮举在中国抗战史上的地位举足轻重,上海已为此建立了纪念馆,这一段展现现场的视频无疑是重要的史料。

1937年10月26日至30日,中国军队仅凭一个营的兵力坚守四行仓库,抵抗了日军四个昼夜的强攻,击破日军"三个月灭亡中国"的狂言。四行仓库保卫战重新振奋了因淞沪会战受挫而下降的中国军民的士气。2017年12月2日,四行仓库入选"第二批中国20世纪建筑遗产"名录。

上海的影像画面中,有难民蜂拥逃难及日军轰炸的场面,有大量难民拥入上海南市难民区,轰炸后的上海市政府、被炸毁的庙宇,尸横遍野的战场上散落着国军的头盔和枪弹,还有市民"欢迎"日军进入上海、中国炮兵阵地等丰富画面。邵子平介绍道,大卫·马吉曾对他回忆说,这是他父亲从一位来自上海的记者处所得的。

杨夏鸣认为,这组记录上海沦陷的影像皆为首次曝光,同样十分珍贵。对于片中出现的上海南市难民区的倡导组织者饶家驹神父,杨夏鸣认为这段长达8秒的画面也极为珍贵:"南京安全区是模仿上海安全区建立的,当年,南京的外国人在建立安全区时与日本人沟通常常是通过饶家驹进行的。"

冲天烈焰焚烧250具遇难者棺木,淞沪会战惨烈再现

在上海战后画面中,有一段长达1分10秒的焚烧堆积如山的棺木的场景,格外令人震撼。数以百计的棺木被堆成高约5米的小山,人们从四面浇上煤油、点火,烈焰在棺木的间隙喷涌,滚滚浓烟遮天蔽日。

据杨夏鸣介绍，被集中焚烧的是淞沪会战的遇难者，此事当年上海曾有题为《为了健康，大量棺木被点燃》的英文图片报道。

报道刊发了两张焚烧棺木的场景图片。解说词中写道：为了执行公共卫生部有关清除租界及外部道路地区未经掩埋或是部分掩埋尸体的政策，2月27日在林肯大街和沃伦路附近有大约250具尸体被火葬。大约50具未经掩埋的中国士兵的尸体以及小巷中无人认领的尸体（一些暴露在外，一些在简易的棺材中）被烧毁。[租界]当局尽其所能地消除了这些尸体可能造成的健康风险。洒在木材上的煤油加速了火葬的进程。之后，骨灰被收集起来并放在一具棺材中掩埋。

杨夏鸣认为，这组目前首次见于纽约、长达37分钟的历史镜

淞沪会战后，上海集中焚烧250具遇难者棺木，当年上海有英文媒体对此报道

战后上海家园被毁，居民从废墟里寻找物品

头，虽然不是宏大叙事的场景，但对了解当时社会生活细节，特别是如何进行战后的防疫工作具有重要的历史价值。

新增影像案例对应马吉解说词，实证历史

“犯罪的不是这个日本人，或者那个日本人，而是整个日本军队。……它是一台正在开动的野兽机器。”这是纳粹德国驻南京大使馆1937年12月发给德国外交部的秘密电报中对侵华日军南京暴行的最终结语。张连红多次表示，纽约的“37分钟”版是目前已见各版本马吉影片中，反映侵华日军南京大屠杀暴行最为全面、内容最为丰富的版本。尤其是文物与文献互相佐证罪行、影像和案例共同印证历史的特点，以令人震撼的历史感、不可替代的现

场感、无法辩驳的真实性，成为侵华日军这台“野兽机器”在南京高速且全火力地开动达六周之久的无可抹杀的血证。

从时长来看，“37分钟”版影像实际反映南京的画面比“17分钟”版多大约9分钟内容。多个新增画面与马吉牧师亲自撰写的影片解说词相对应。

部分与马吉牧师撰写的影片说明词对应的新增画面如下：

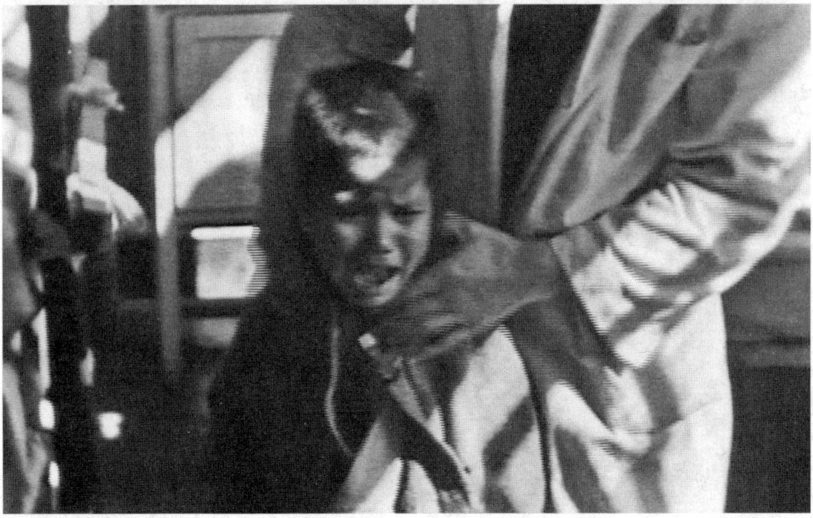

4号影片第2和第3段：一个尼姑和一个八九岁的小帮手。这孩子被刺刀刺入背部，刺伤数星期后仍然因伤口感染而发烧；枪击造成这个尼姑左髋骨骨折并因此引起严重感染，需要一次特殊的手术，她才能恢复行走。这个尼姑和别人合住在城南一座庙后面的一所房子里。日本人占领南京时，杀死了这寺庙旁边的许多人。据那个把尼姑送进医院的裁缝估计，那里被杀死的有25人。在这些死者中，有尼姑庵的一个65岁的住持和一个六七岁的小帮手。画面上的这个尼姑及其小帮手也是在那时受的伤。他们逃进一条沟里，在那里躲了5天，没吃没喝。沟里有许多尸体，其中有一具68岁尼姑的尸体，她是被倒在她身上沉重的尸体压死或窒息而死的。第5天，这个尼姑听到一个日本兵看到这些尸体时说了这样一句中国话：“好惨啊。”她随即睁开眼睛，恳请这个士兵救她。随后他把她从沟里拖出来，叫来几个中国人把她送进陆军救护站，她在那里受到一个军医的治疗。之后机会来临，她被一个邻居转移到了教会医院

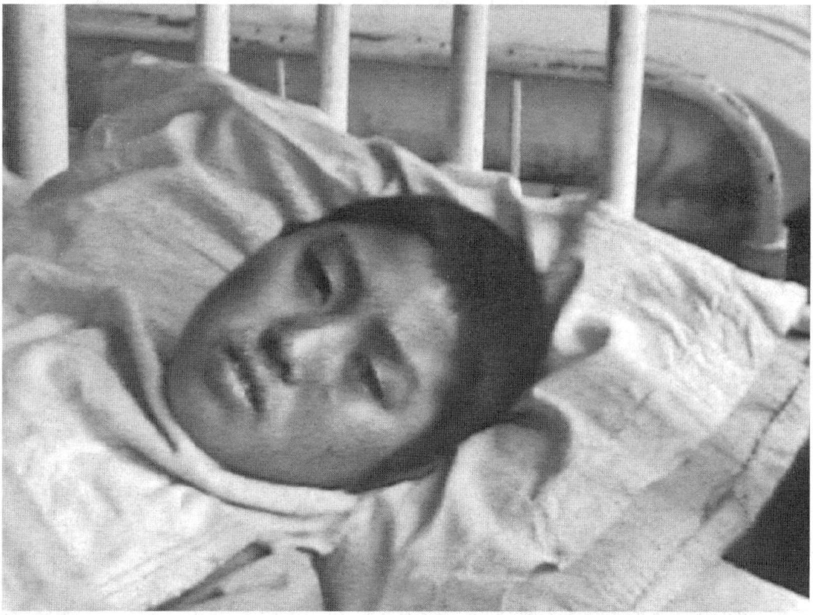

4号影片第4段：1月11日，3个日本士兵强迫这个十三四岁的男孩把蔬菜挑到城南，在那里他们抢走了他的钱，用刺刀向他背部刺了两刀，一刀刺进了下腹。2天后他被送进教会医院时，他的内脏从伤口里拖出来约一尺长。他在被送到医院5天后死去了。给他摄影时，他非常痛苦，连医生都不敢把伤口上的绷带解开

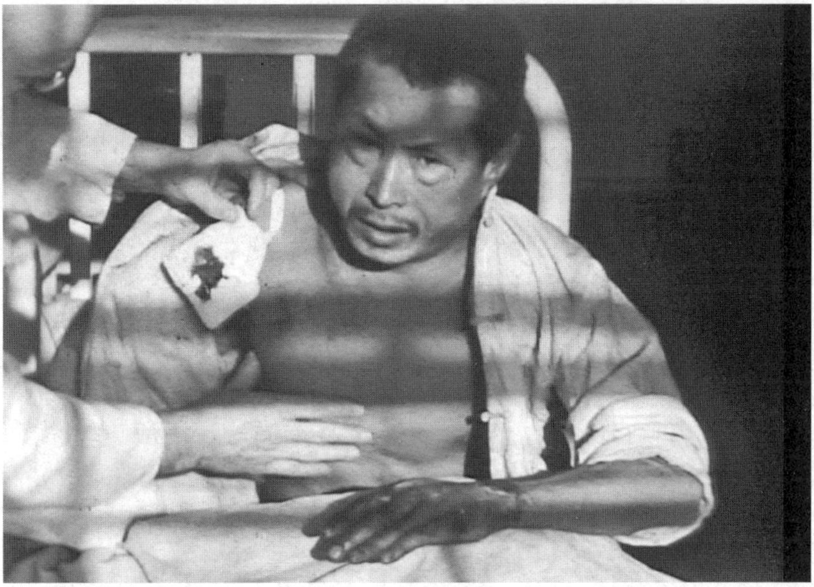

4号影片第6段：这个男子是4 000个难民中主动承认自己以前当过兵的200名中国人中的一个，因为日本人答应过他们：主动承认者可以免受处罚。他和其他许多在街上被日本人抓到的人（虽然他们以前是平民）一道，共约300—350人被带到坐落在五台山附近的一所房屋里，在那里他们被分成10人一组。日本人用钢丝把他们的手捆在背后，（他听说）要把他们押到水西门外去处死。在快轮到他被押走时，他和房子里的另外3个人躲在一堆垫子下，但他们还是被发现了，因为他们中有一人发出了咳嗽声。他们后来被拖到外面，20人一组站着，日本人用刺刀刺他们。刺了几下，他随即失去了知觉，后来又从昏迷中醒来，连滚带爬地来到美国学校的一栋大楼里，那里的一个中国人给他解开了捆在手上的钢丝。他在一条沟里躲藏了一段时间，最后才去了教会医院。医生诊断他被刺了9刀，此外被钢丝捆绑的手也受了伤。他现在已恢复了健康

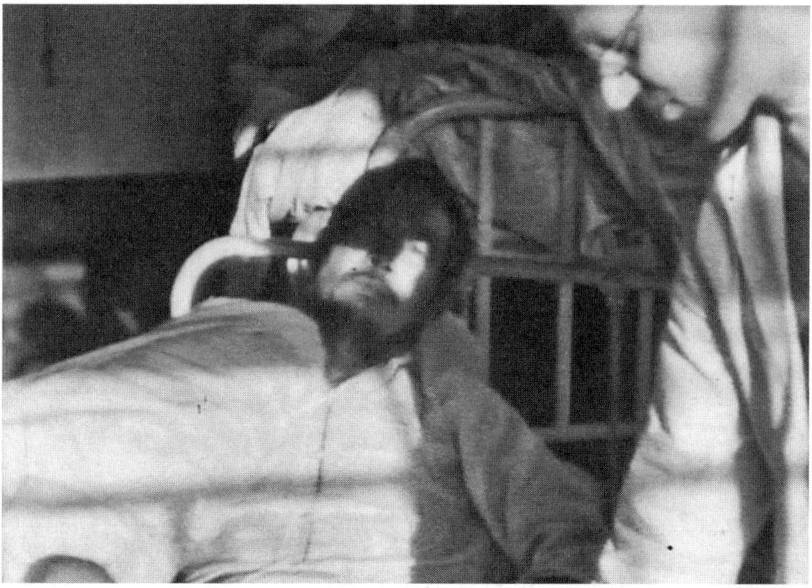

4号影片第7段：这个中年男子在1月10日回到坐落在对面山上太古洋行附近的住房里。他在自己的院子里遇到3个日本士兵，其中一个无缘无故地开枪打伤他的两条腿，有一处伤口相当严重，但是他现在很可能已痊愈

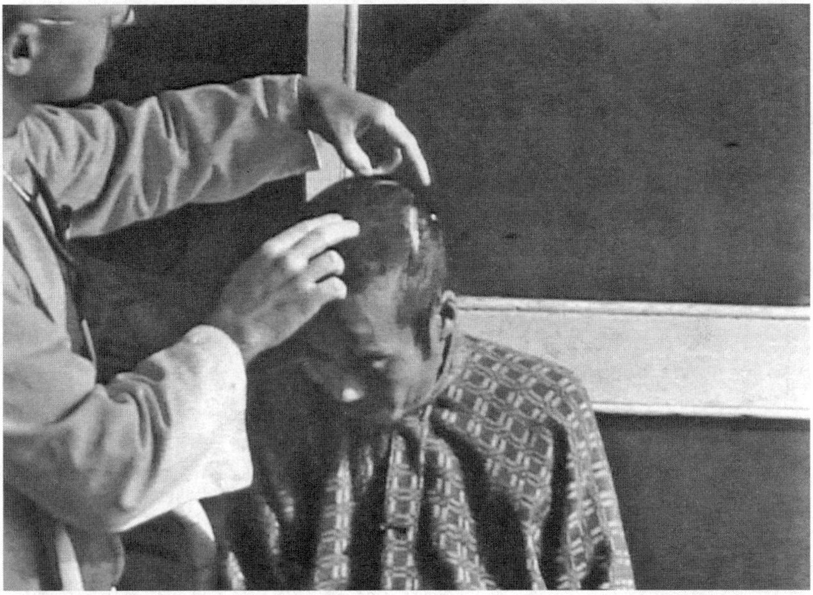

4号影片第8段：1月24日，日本士兵企图命令这个男子纵火焚烧坐落在大学医院附近双龙巷里的中和（音）饭店。由于他拒绝纵火，他们就用刺刀击打他的头部，他的头部裂了3个口子，但是没有生命危险。这次摄影时，他差不多已恢复了健康

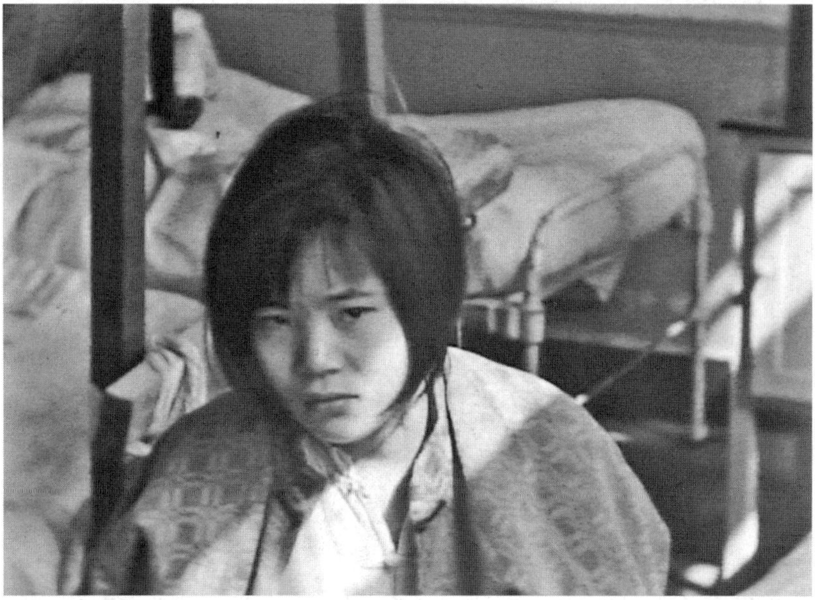

5号影片第3段：这名年轻的姑娘被日本兵从安全区的一所小房子抓走，在城南关了38天，这期间她每天被强奸7—10次。她患了三种最常见的性病，而且阴道大面积溃烂，士兵无法再接近她了。后来她被释放，1月26日被送到教会医院。这幅画面是几周后拍摄的。在她死去的同一天，她那当警察的丈夫也被抓，并从此杳无音信。有充分的理由可以相信，他与那时被屠杀的1 000多人一起遇害

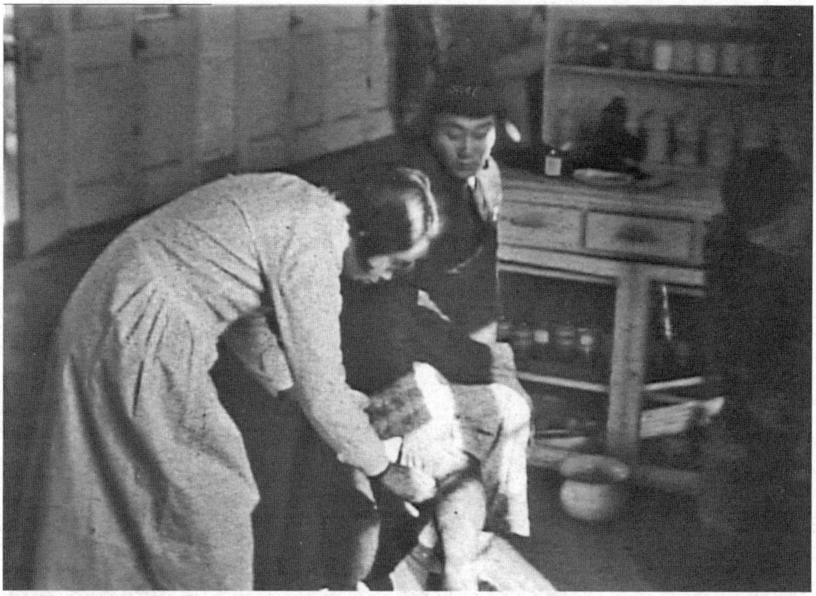

5号影片第6段：这是某个在南京被烧伤的士兵。他和其余8名同伴于12月13日在紫金山向日本人投降。他们连续3天没有吃的、喝的，然后又和200名平民以及被俘士兵被押至紫金山附近的一个地方（拉贝所收藏的影片说明记载是"押至江边一块空地"，见《拉贝日记》，第631页）。日本兵让他们站成三长排，然后用机枪扫射。他虽未被击中，但也倒地装死。日本人向他们身上浇一种液体燃料，点着后很快燃成大火。由于天色已黑，这名士兵乘人不备爬了出来，虽然他的一条腿已被严重烧伤。他于12月18日到达教会医院。当时他的伤口难以治愈，但2个月过后拍摄这幅画面时，他已基本恢复了

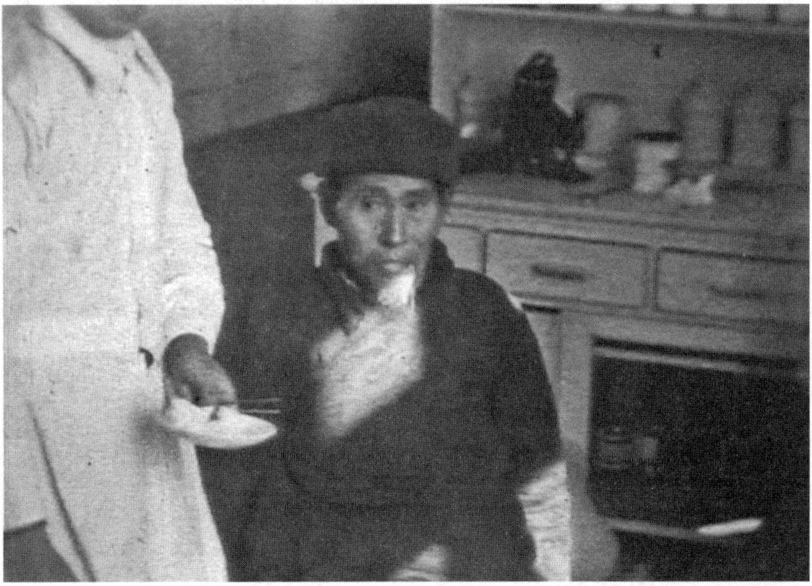

5号影片第8段：这名63岁的农民姓周，家住乌龙乡，距南京和平门约6英里。日本人第一次来这里时他正出去找他的水牛。其中一些士兵开枪射中了他。直到1月26日他才被送进医院。此画面是在他入院3周后拍摄的

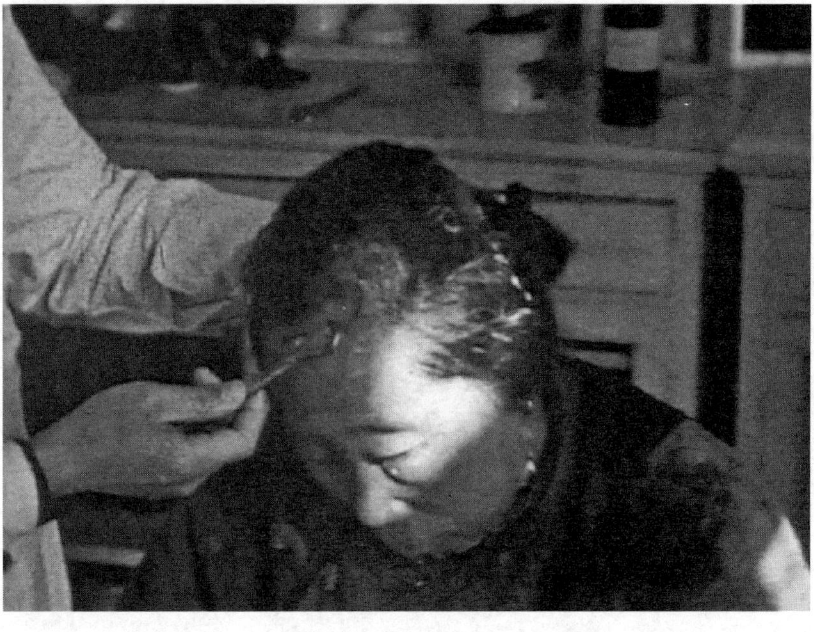

5号影片第9段：这名49岁的妇女和她丈夫是在2月14日夜晚被中国盗匪伤害的，他们家离南京大约有10英里。盗匪索要钱财，他们说没有，盗匪就用凳子砸在她的头部和胸部，然后点火烧她的双脚，直到她说出藏了4块多钱的地方，这才饶了他们

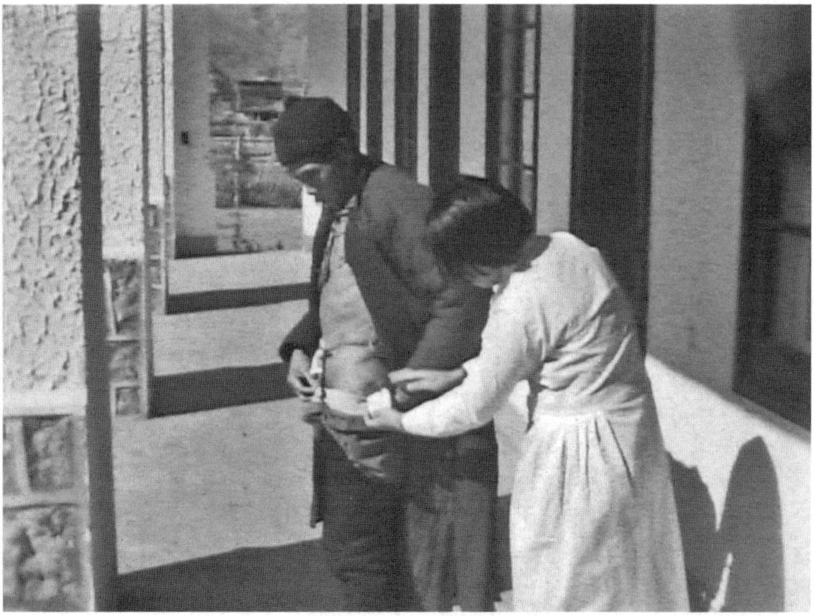

5号影片第10段：这名姓褚的农民56岁，家住南京近郊的东流镇许巷（音）。日本兵先闯入他家，命令他全家人离开房子。老人26岁的长子头中两弹而死，次子被刺刀刺死。老人背后也中了一枪，子弹从他下腹部穿出。他的妻子及几个年幼的孙子未受伤害

10号影片第3段：这是南京众多池塘中的一个。许多人被日本人杀死后又被扔进了池塘。大约在12月26日，这里有40多人被杀死，他们的双臂都被反绑在背后。红十字会把尸体埋在远处可见的土堆里。在拍摄那天，有一具尸体浮出水面，双臂仍被捆绑着，在这幅画面上可以看得见

第四章　三部纪录片成就历史经典

86年前，美国牧师约翰·马吉用一台16毫米摄影机秘密拍摄了记录侵华日军在南京城大肆奸杀、掠夺等暴行的影片，是唯一留存至今有关南京大屠杀的动态影像。德国外交报告指出“解说词和影片本身都是一部令人震惊的时代文献”。1991年7月，封冻了43年的马吉影片再现美国，日本记者与美籍华人在争相寻获后先后围绕马吉影片拍摄了三部历史纪录片，震惊日本与西方。

“37分钟”版马吉影片首次展出

2022年12月13日清晨，在侵华日军南京大屠杀遇难同胞纪念馆偌大的集会广场，国旗降下半旗，南京大屠杀死难者国家公祭仪式在此举行。同日，《为了共同的记忆——侵华日军南京大屠杀遇难同胞纪念馆海外征集藏品展》在馆内举办，来自海外的5组代表性文物藏品对外展出：“37分钟”版马吉影片胶片；侵华日军士兵保存的日军暴行相册；南京大屠杀加害者的自述音频；报道日军在南京暴行的欧美报刊；加拿大检察官亨利·格兰顿·诺兰在东京审判过程中质询日本甲级战犯松井石根的档案等。这批藏品，再现了多年来一批国际友人和海外华人为收集南京大屠杀文物史料而辗转奔波的经历，他们为丰富纪念馆馆藏、维护南京大屠杀历史真相、筑牢共同的历史记忆、捍卫正义与和平做出了重要贡献。

《文汇报》于2022年12月14日A6要闻版对此报道：

【国家公祭日】实录日军暴行　“37分钟”版马吉影片展出

展览第一部分即展出了马吉影片及相关藏品。85年前，约翰·马吉用一台“贝尔”牌16毫米摄影机，留下了南京大屠杀期间的珍贵动态影像。1938年初，时任南京安全区国际委员会总干事的乔治·费奇，将马吉拍摄的一部分影片缝在驼毛大衣里，秘密带出南京，将侵华日军南京暴行公之于世。

14版面介绍寻回过程　推动影片捐南京

1991年，时任纪念南京大屠杀受难同胞联合会（以下简称“联合会”）会长邵子平几经奔波辗转，在约翰·马吉儿子大卫·马吉家中的地下室找到了记录南京大屠杀暴行的胶片，并将这些珍贵胶片送到影片处理公司，转录成一套能直接在电视台播放的时长约37分钟的胶片。

2002年10月，在“联合会”的推动下，大卫·马吉将马吉摄影机和4盒胶片捐赠给纪念馆，这批胶片在上海电影制片厂数字化后，被制作成“17分钟”版马吉影片。

2017年11月，香港大公文汇传媒集团江苏记者站站长陈旻在采访邵子平先生的过程中，意外了解到“37分钟”版马吉影片的信息，比南京馆藏的“17分钟”版影像长得多。在大公文汇传媒集团旗下的《大公报》刊发了以《拉贝日记》发现经过为主的系列专题之后，集团旗下的《文汇报》又跟进刊发陈旻采写的《美国传教士马吉原片湮没43年　被爱国人士追寻重现　37分钟影片重现南京大屠杀》的稿件。

两年时间里，《大公报》《文汇报》与大公文汇传媒集团全媒体共推出十四个整版专题版面，详细介绍了马吉影片从发现、核实，到追寻、回归的全过程，积极推动落实“37分钟”版胶片捐献南京。

《文汇报》记者一路采访、挖掘史料，亦一路努力促成“37分钟”版胶片的持有方，能够将胶片捐赠给侵华日军南京大屠杀遇难同胞纪念馆。经过无数次沟通，2019年5月20日，陈旻在北京东长安饭店，与“联合会”前任会长陈宪中先生再次商谈沟通，确定将“37分钟”版马吉影片的胶片无偿捐赠给南京，同时获得该版本的高清数字文件。2019年12月10日晚，“联合会”会长姜国镇飞抵南京后，将马吉影片的胶片郑重交给大公文汇传媒集团江苏记者站，再由江苏记者站交给纪念馆。

纪念馆的展览呈现出“37分钟”版马吉影片的“一寸盘”胶

片所具备的重要史料与文物价值。因马吉牧师的原片已被岁月毁损，张连红表示，我们追回的这盘马吉影片的原始“一寸盘”因其具有唯一性，所以本身具有十分重要的文物价值。

1937年12月至1938年初，侵华日军南京大屠杀期间，美国牧师约翰·马吉冒着生命危险，留在南京红十字会进行人道主义救援，在目睹日军犯下骇人的战争罪行时，他用一台16毫米摄影机秘密记录下日军的暴行。这些影片是留存至今有关南京大屠杀的动态画面，成为揭露日军犯下南京大屠杀罪行的铁证。2015年10月，南京大屠杀档案成功入选《世界记忆名录》，约翰·马吉拍摄的这段影片就是其中重要的组成部分。

1990年冬，日本东京都知事石原慎太郎在美国杂志上公开宣称“南京大屠杀是中国人编造的”，点燃了在美华人的怒火。1991年，任纪念南京大屠杀受难同胞联合会总干事的邵子平于同年7月12日，在马吉牧师的儿子大卫·马吉家的地下室里，终于找到有马吉牧师亲笔标注的当年记录南京大屠杀的胶片原片。邵子平将这些珍贵的原片送给处理公司，经过翻拍剪辑，制成一套时长37分钟的“一寸盘”胶片。

1991年和1992年，“联合会”筹措了35万美元，依据“37分钟”版马吉影片，先后拍摄、编制了历史文献纪录片《马吉的证言》和《奉天皇之命》，在美国、日本等地巡回放映。

1997年，“联合会”将纪录片制成3 000套录影带，寄送联合国所有的会员国办公室，同时赠予美国各地图书馆、大学与有关机构。

张连红认为，“联合会”于2019年12月捐赠南京的“37分钟”

版胶片所具有的重要文物价值在于：当年“联合会”发现马吉影片，制作成37分钟的“一寸盘”胶片，并以此史料制作成两部纪录片广泛传播，产生了重要的国际影响。20世纪90年代，在日本右翼否定南京大屠杀的言行十分猖獗的情况下，内容翔实的纪录片《马吉的证言》与《奉天皇之命》无疑有力地反击了日本右翼的嚣张气焰。

《马吉的证言》传世

2020年10月18日上午，一场主题为“铭记民族抗战史，共护和平谋未来——纪念台湾光复75周年南京-台北视讯交流”的视频会议在“云端”举行。海峡两岸学者围绕“日军在台海两岸都留下斑斑血迹，两岸人民如何共同面对这样的血腥记忆？”“面对这些共同的苦难，今日的我们应该如何面对？如何叙述？如何传承？”“两岸人民记取历史教训之后，要透过什么方法，什么途径才能成为生命共同体”“如何携手护卫和平，共创未来？”“当下两岸如何通过多种有效的方法，进行档案史料‘抢救性’征集研究？”等议题进行交流。

这场视频会议由国家记忆与国际和平研究院、南京抗日航空烈士纪念馆、台湾财团法人民主文化基金会主办，香港大公文汇传媒集团江苏记者站与台湾新国际理论与实践中心协办。

国际法学者、纽约“联合会”创会会长邵子平作为嘉宾参加视频会议。

视频会议现场播放了王正方导演拍摄的纪录片《马吉的证

言》的片段，惨绝人寰的画面令观众数度落泪。

王正方那天因身体原因没有去交流会现场，他写下发言词，委托中国文化大学大众传播学系教授杨祖珺代自己表态：

> 马吉牧师和他的家人，还有全世界所有爱好和平的人，他们有一个共识：世间每一个生命都有相同的价值，都无比珍贵，不容许任何人任意残杀、侮辱。这是我拍摄《马吉的证言》得到的深刻体会。自私凶恶的军国主义者、霸权主义者犯下的滔天罪行，必须铭记在案，后世人类当引以为戒。

1991年12月5日，王正方义务拍摄制作的《马吉的证言》在纽约中华新闻文化中心首次公映。这部片长30分钟的纪录片由纪念南京大屠杀受难同胞联合会筹措拍摄，前后花费一个月时间。

当年12月，在世界十余处举行的南京大屠杀受难同胞纪念活动上，“联合会”提供王正方的《马吉的证言》进行放映，并将此片提供给英国BBC电视台制作记录日军侵略罪行的影片。

自2007年起，这部纪录片在侵华日军南京大屠杀遇难同胞纪念馆展厅内每日循环播放，迄今已播放了16年。

“30年后这部电影仍受到关注，陆续有更多的观众。作为本片的编剧和导演，我感到无比的欣慰。美中不足的是该片没有配置中文字幕。”回忆1991年拍摄这部纪录片的经历，王正方说：“1991年，我默默地看了马吉牧师1937年在南京拍摄的几卷南京大屠杀纪录影片，痛苦、震撼、悲愤而不能自持。日军血淋淋地残害、杀戮无辜平民，铁证如山。先人遭受惨绝人寰的苦难，我们这些后世子孙应该做什么呢？”

当时从中国台湾去美国读研究生的林立给“联合会”捐款25 000美元，“联合会”在这笔资助下着手利用马吉影片的珍贵画面拍摄纪录片。

“我访问马吉牧师的儿子大卫；他又提供了他父亲在南京大屠杀时期的日记、书信等。”制作时期短，预算低，王正方苦苦思索，“这是一部英语纪录片，重点是‘马吉的证言’，争取让美国观众对南京大屠杀有正确的了解”。

王正方的构想是：希望能借着约翰·马吉先生留下的珍贵历史记录，向西方观众陈述南京大屠杀，平铺直叙地说明事实，历史真相不容扭曲。

1990年冬，石原慎太郎公开否认南京大屠杀，点燃了纽约华人的怒火，纪念南京大屠杀受难同胞联合会立即行动起来。他们筹款在《纽约时报》刊登全页广告，全球征集和倾力寻找侵华日军史料证据。1991年7月12日，邵子平辗转找到了马吉影片，这些影片在大卫·马吉家的地下室里沉睡了半个多世纪。

从1937年12月13日到1938年2月初，日本士兵在南京城大肆奸杀、掳掠，犯下了无数暴行。马吉牧师是美国人，因此可以从日本军方领到各种通行证，其中一张证书准许他照相，于是他悄悄拍下了许多日军暴行。

“1937年这段时间，我母亲带着我们兄弟两人住在英国，父亲一个人在南京，因此我父母只能靠写信交流。下面就是父亲给母亲写的信。”大卫·马吉手里拿着几页当年父亲写给母亲的信，对着王正方的镜头念道。在大卫·马吉努力克制住愤怒的声音里，纪录片的画面是马吉牧师所拍摄的，与写给妻子的信中描述相对应的受害者案例：

> 1937年12月17日，上星期发生的事我这一辈子都没有碰到过，我做梦都没有想到日本兵会那么野蛮——整个星期都在杀人、强奸。这在历史上大概都是少见的。他们不仅抓到战俘就杀，对许多普通老百姓也是如此，不论男女老少都不放过，许多人像兔子一样在街上被枪杀。从南京城南到下关，到处是尸体，我自己在下关看见好几百具尸体。南京城里的外国人，每天都看到这种事，而在外国人没看见的成百上千个地方，同样的事也在发生，你可以想象那几天的恐怖情况。
>
> 今天在金陵大学鼓楼医院看到的情况真是难以描述。一个小男孩只有7岁，肚子挨了四五刀，没法救了。
>
> 我看见两个人登记就医，两个人都被日本兵用刺刀刺伤。一个人脖子上的伤口非常吓人！我还看到一个10岁的小女孩，同她父母亲站在难民营的壕沟边，日本兵进来先把她的父母杀死，再在小女孩手肘上砍了一刀，她就此终身残废。
>
> 我见到一个13岁的男孩，抬进医院的时候，浑身都是血。日本兵用一根钢管打得他遍体鳞伤，然后用刺刀刺穿他的耳朵。最惨不忍睹的是一个撑船人的尸体，日本兵先用刀砍，后用枪射，人还没死就又被泼上汽油点火，他被烧得焦黑一团。
>
> 最可怕的是，强奸妇女的暴行随时随地都在进行，毫无顾忌。昨天在医院里，我看见一个妇女身上到处是刀伤，头差点被砍断。她们一共5个人，被日本兵带走，说是去替他们烧饭

洗衣服。她们几个人白天做工，晚上被10个到20个人强奸。一天，两个日本兵把她带到一个空房子，要砍她的头，她脖子上的那一刀深可见骨，能够活到现在是个奇迹。

还有一个19岁的少妇，有6个半月的身孕，她因为抵抗，脸上挨了7刀，腿上挨了8刀，肚子上一处刀伤深达两寸，胎儿因此保不住了，但母亲的性命总算保全了。

从我描述的情况，你可能会觉得南京人民的惨痛经历就像一场噩梦，但一早醒来发现并不是做梦，噩梦变成了事实。

上帝啊，还要多久才会结束？一再重复这些恐怖的事情，真叫人难受。我认为应该把事实记录下来，让大家了解真相。

“我父亲在1938年离开中国，把影片偷带了出来。他在美国和欧洲各地放映这些影片，向许多教会团体揭露日军在南京的暴行。”大卫·马吉指出：“有谁看过我父亲关于南京暴行的电影吗？那些事确实发生了。”“欧洲和美国有许多人看过这些影片。传播媒介刊登的许多照片都是从影片中选出来的。”

“半个世纪的岁月流逝，足以让记忆淡去。以至于为了政治目的，可以歪曲历史事实，甚至对暴行记录也可以任意篡改或者矢口否认。”

针对日本修改教科书，刻意掩盖侵略本质，王正方在纪录片中揭露真相：

在日本，年轻人学到的这段历史，都经过修饰以遮掩丑恶的一面。新出版的日本高中历史教科书写道，这场战争历时

15年，300万日本人丧生，以日本帝国战败告终。教科书完全不提其他国家死亡的人数，而仅在中国就有1 500万人丧生。

关于南京大屠杀，日本教科书这样写道：“1937年底，日本占领中国首都南京，由于中国国军退往重庆继续抵抗，日本政府虽然企图和平谈判，但没有成功。”教科书对日本士兵的暴行只字不提。

不仅如此，石原慎太郎在《花花公子》杂志的采访中谈到南京大屠杀，他这样说：“有人说日本人在南京大肆杀掠，这绝非事实，这是中国人编造出来的谎言，日本的形象因此受损，但这只是个谎言。”

大卫·马吉不同意这个说法：“只要看过我父亲影片的人都知道，南京大屠杀的的确确是历史事实。”不同意石原慎太郎的人有很多。

“我们全力完成了这部英语纪录片，纽约公众电视台播放过本片，大卫·马吉曾携带这部影片在普林斯顿大学及美国东部地区其他大学放映。”王正方解释道，这部英语纪录片主要想向西方观众讲述中国历史，以西方观众熟悉的步调和方式来呈现马吉先生的见证。

用艺术铭记历史伤痕

陈宪中简历：

美籍华人，著名社会活动家。1939年出生于厦门，毕业于台湾政治大学新闻系。陈先生毕业后，赴美从事著名期刊

《新土》的编辑工作；而后，创办印刷企业EXPEDI印刷公司，任董事长。1991年，陈宪中参与创立纪念南京大屠杀受难同胞联合会，1992年起曾担任该会会长。30年来，一直从事日军侵华历史的史料收集和研究工作，并多次举办相关社会活动。

在纪念南京大屠杀受难同胞联合会里，陈宪中的作用举足轻重。做所有的事都离不开经费的支持，而陈宪中在“联合会”里负责筹钱与出钱。陈宪中在纽约经营一家印刷厂，自“联合会”成立至今，他为各种活动个人出资累计超过百万美元。1991年7月，邵子平从大卫·马吉家中找到马吉影片之后，为了向西方有效传播这段历史，是陈宪中凭着个人的影响力分别请到著名导演王正方与崔明慧先后拍摄了纪录片《马吉的证言》与《奉天皇之命》，留下了珍贵的历史见证。

北京时间2020年8月25日上午10点，我通过微信电话采访了陈宪中先生。

问：请介绍您的个人简历——求学与职业历程，以及少年时期、青年时期成长的经历。

答：我1939年在厦门出生，6岁的时候到了台湾，那是1945年。那一年我本应该上学，但是8月日本投降，情况有点乱，我父母就让我先不要上学，所以我晚了一年，到1946年才上学。

我先去台北的一个小学上学，后来转到北师附小，一路升入台湾最好的中学，大学读的是台湾政治大学，我念的新闻系，毕业以后当然当兵了，服完兵役做了一年助教，就去了美国。那个时候台湾大学毕业生一个主要的出路就是留学，出去深造是留学的主要目的。

我是1965年到的美国，在美国继续学新闻摄影，毕业拿了学位。我回到纽约，正好我有一个朋友，他是我们新闻系的香港侨生，姓苏，他接办美国版《星岛日报》，我就去帮他印报纸，很意外地就进了印刷行业，还算跟新闻沾点边。后来，我去开了个印刷厂，本来只想做一两年，但因为这个工作蛮繁重的，很难脱身，这一做就变成我这一辈子的事业。

问：陈先生，您父母是做什么工作的？

答：我父母是做生意的，做小生意，他们开了个杂货铺。

问：你当时到美国开印刷厂，最初创业的资金是父母给的，还是自己赚来的？

答：是这样，因为我们印《星岛日报》，《星岛日报》是香港的大报，所以有这个报纸，我们开印刷厂就等于有一个固定的大客户。我那个朋友是受委托在美国办《星岛日报》的，他找了一些朋友出钱，正好我那个时候刚毕业到纽约来，正要找事做，我们有四个股东。后来印刷厂跟报社分家了，各自独立了，报纸归报纸，印刷归印刷，印刷部分就由我来负责。

我可以说是无本起家，我用我的劳力去做。四个股东，他们三个人每人出3 000美元，我的3 000美元就先欠着，我是全职在里面工作，那时候我领的薪水也很少，就800美元一个月，等于200美元一个星期。我拿这么少的薪水，相当于用劳力买回我的股份。我们讲好四个人，每个人占25%股份。我因为拿的钱少，做了几年，才捞回我的股份。就这样慢慢越做越大。

问：您是怎么认识导演王正方与崔明慧的？

答：我到美国留学时26岁，念完书以后是31岁，我是1970年毕业的。那个时候办印刷厂，主要是印报纸跟杂志。1970年印刷厂刚成立，1971年“保钓运动”兴起，这是最大的一个海外留学生运动，相当于海外的“五四运动”，那时候我就帮忙印了很多“保钓运动”的刊物，结交了很多朋友，像王正方、崔明慧，当时所有有头有脸的人，没有一个不参加“保钓运动”的。因为我开印刷厂，他们都需要找我印东西，所以我跟他们也都变得很熟了。当然这个只是开始，我们还一起做了很多其他活动。反正这些朋友当时可以说都是有理想、有抱负、有目标的年轻人，大家都想做一些事情，所以就意气相投，整天混在一块。

问：您对南京大屠杀有什么样的认识？我这次才知道您是学新闻的前辈。

答：没有，没有。我只印报纸，并没有参与编辑出版。大概是1975年或1976年的时候，我认识了邵子平，还有历史教授唐德刚、吴天威，我们常常聚在一起谈些包括南京大屠杀在内的中国历史。当时我们中有很多从台湾来的人，因为台湾很少提到南京大屠杀的事情，我们是到美国才知道侵华日军这段残暴历史的，我们跟学历史的朋友聚在一起，提起南京大屠杀就非常生气，就开始注意南京的事情。因为我有印刷厂，我们就出版了一个杂志，叫《新土》，我已经忘了是哪一年。因为我们是从外地来的，到了美国新的土地上，就将杂志命名为《新土》。

以《新土》为中心，我又认识了很多人，有作家、读者，大家开始办一些活动。当时还有一件事情，日本开始修改教科书，应该是一九七几年的事情。日本否认日本侵华，认为日本只是进入中国，并不是侵略。我们都很愤怒！我们就写文章、出版刊物来反驳，这标志着我们海外留学生开始觉醒了，开始注意到中国历史的问题。在台湾念书时不能谈政治，而到了美国以后，资讯发达，大家发现原来还有很多事情，包括对中国大陆，当时我们也都完全不了解，认为人们还在吃草根、树皮啥的，那当然是错误的。

我们了解到很多历史上的事情，尤其是我们搞文史方面的人，认为中国近代史很重要，想进一步研究历史来寻找真相；加上我们认识一些历史学教授，像唐德刚、吴天威，还有杨觉勇，我们这一批人觉得南京大屠杀事件应该是日军侵华史中最重要的一件事情，而且南京大屠杀不只是中国人知道，1937年的《纽约时报》也登了这个事情，所以我们认为西方世界对南京大屠杀还知道一些，其他关于中国的事情，可能都不太知道，所以，大家认为我们应该特别去关注南京大屠杀这一历史事件。

1990年冬，日本的石原慎太郎否认南京大屠杀，他说南京大屠杀是中国人跟美国人合起来编造的一个假事件。我们当时就很气愤，在1991年成立纪念南京大屠杀受难同胞联合会，当时是杨觉勇教授帮我们去登记的，唐德刚相当于我们的指导，实际上做事的是邵子平，邵子平是第一任会长。我当时因为自己在全职做生意，并没有参与很多，但是这个事情我觉得应该参与，反正有活动的时候我都参加，但其实我并不是很主要的人物。

姜国镇是后来加入我们的，因为他比我们年轻很多，参加了我们办的一些活动，他非常热心，懂日文，也知道南京大屠杀。他是中学就到日本去念书的，念完书以后来了美国，他变成我们主要的一分子。

问：关于拍摄纪录片《马吉的证言》与《奉天皇之命》，这个过程是怎样的？

答：关于南京大屠杀，起初我们一点资料都没有，一直在寻找突破口。当我们找到马吉牧师的影片后，有了作为事实的根据，就可以开展工作了。当时拿到马吉影片的胶片，是16毫米家用摄影机拍摄的，片子已经很旧了，而且很脆弱，我们翻拍后做成了比较现代的胶片。

影像素材要做成电影，可以重复放映。其实当时有很多做法，但是我们觉得做成电影是最容易推广的，可以到处演，而且可以保存下来，不会像文章一样，过期就没有了。我就去找王正方。

我跟王正方是在"保钓活动"中认识的，当时他拍了部电影，还拍得相当不错。我跟他是认识的，但也算不上特别熟。我们有很多共同的话题，有共同的朋友，也有共同的事业在做。他是学电机的，我是搞印刷的，其实没有什么直接的关系，但是后来我们变成了非常好的朋友，我就跟他提了这件事，他非常热心，很快就把电影弄出来了，因为有材料嘛，他就可以直接用，而且他也没有算我们钱，就是义务帮忙把这个电影拍出来，他拍的那个片子叫《马吉的证言》。

《马吉的证言》这个片子因为要赶时间，也没有预算，算是小制作，不过因为王正方本人在电影方面才华出众，所以电影拍得还蛮像样子的。

后来我们觉得电影准备得还不够充分，就找到崔明慧。我认识崔明慧，也是因为"保钓运动"，她是中韩混血，在纽约大学的电影系工作，原来在那里教书，后来变成研究所的系主任，也经常一起办活动。这个人很爱喝酒，我也爱喝酒，我们是酒友。在一起喝酒，她很豪爽，我呢，喝起酒来也不差，有机会就聚在一起，有她在就很热闹。她这个人非常非常豪爽，也爱交朋友，她的朋友比我的还要多。

我们经常聚在一起，想着这个电影还要再拍，我就征求崔明慧的意见，问她有什么想法。她看了材料后，觉得这个事情可以做，她就另外找了一个助手汤美如，然后一起用心把它拍成一个比较正式的纪录片。

当然，我不是说王正方的片子就不正式，王正方基本上没有更多的采访之类的。请崔明慧拍电影，我们就准备在中国大陆采访幸存者，再到日本去采访。后来，我们到日本找到一些人，电影中大部分受访的人或者是在美国，或者是在日本，几乎没有在中国大陆的。

影片中在美国采访到两个最主要的人物，一位就是当年报道南京大屠杀的《纽约时报》记者德丁，另一位是马吉牧师的儿子大卫·马吉。那时，他们都在，他们在影片里面对亲历南京大屠杀历史的讲述，都是很珍贵的。因为这些人那时候还活着，还参与了这个事情，由他们来讲出这段历史是骗不了人的，所以《奉天皇之命》还是非常重要的。

拍《奉天皇之命》时到日本采访了日本老兵，比如东史郎等人，当时我们去采访东史郎的时候，还没有很多人知道他，后来他成为南京大屠杀事件的一个重要见证人。

拍《奉天皇之命》本来没有预算，先拍了再说。开始我们觉得大概四五万美元就可以了，拍着拍着，开支到了5万、10万，就觉得停不下来了，钱也不够，本来自己凑点钱，再找几个朋友凑几万还是可以的，但是后来就不行了。我们拍了一半，就拿出一些片花放映，开始筹钱。

虽然崔明慧她们到中国白跑了一趟，什么都没有拍到，但是钱我们还是要出的，一些协助拍摄的外国人，我们也不能不给钱。我们也没有经验，不知道拍这个片子一共要花多少钱，最后总共大概花了超过25万美元，接近30万美元，有一些临时产生的费用都从我的印刷厂付出去，但是因为没有记录，所以究竟花了多少钱，我没有精确统计。我们想，既然拍了，就希望把它拍好，崔明慧是系主任，还是知名导演，用她的名字拍出来的东西也不能太不像样，所以她要把片子弄好，我们也希望弄好。

拍这个纪录片唯一的问题就是没钱，崔明慧已经很节省了，很多地方她替我们节省，但是她有制作的标准，这个标准我们也很珍惜，所以最后做出来的是一个很好的纪录片。当时我们拍这个片子的时候，中国好像还没有一个正式的讲南京大屠杀的纪录片，我们算是很早的。

包括王正方拍的大卫·马吉在海边徐徐地叙说的镜头，那种很收敛的情感画面呈现，真的非常好！王正方他是鬼才，他很有才气，他拍这个电影根本没有花什么钱，他自己分文未取，我们只给他那里其他的工作人员付了钱。

这个事情本身是所有中国人都觉得只要有能力参与，就应该参与的，我们认识的人都很热心，不要报酬，但是我们在外面请的人，比方说摄影师、剪辑师之类的，这些我们就要付钱了，这两部纪录片能拍下来，实在是跟我们当初最早的计划完全不一样。

问：您还记得为拍《奉天皇之命》去筹钱时印象比较深的事情吗？

答：我们总共办了好几次筹款晚会。晚会上反正我是忙得要死，有名的人我们都找了过来，当时也有很多朋友来助阵。大家一边放映一些片花，一边吃些点心，很便宜，因为我们主要目的是筹款，不是吃饭。让大家捐钱，能筹多少就筹多少，于是我们陆陆续续筹了一些资金。

我记得筹款筹得非常辛苦，因为当时还没有内容出来，只有一些小片花，有在日本拍的东史郎的镜头，就是为了让人家知道我们这个片子大概内容是怎么样的。崔明慧当然也帮忙了，她作为制作人，很热心，又有纽约大学的招牌，她帮我们找了一些人捐款。具体有哪些人捐款我现在也忘记了，反正这部纪录片拍得很辛苦，但是最后终于出来了。

出来以后，我们就到处去放映了，在美国东西部，以及学校、社区，我们都找机会去放，然后也拿到中国香港和台湾地区放映。在每年12月13日纪念南京大屠杀遇难同胞的日子，我们就会找不同地方放映，如纽约、新泽西、旧金山，这些地方的不同社区、很多学校，然后也拿到美国西部放映，就这么到处放映，持续了好几年。

在“联合会”里，我们三个人是有这么一点分工的，邵子平专门负责跟中国大陆的联系，姜国镇懂日语，负责联络日本，我则负责美国。我们三个人分工分得很好，也没什么好闹的，大家各干各的，算计得少，合作得很好了，几十年下来我们还在一起。

问：邵子平他们对您都非常敬重，因为虽然很多事情是他们跑来跑去的，出了不少力，但是您是出钱的人，您自己生意中赚的钱，很多都投入在“联合会”的活动上面，您是怎么看的？太太有没有不同的看法？

答：前前后后我是贴进去了很多钱，所以我也记不清了，尤其拍这个片子的时候，一旦没钱我就拿，因为当时我还算有一个生意（印刷厂）在那里，所以钱比较松动一点。我应该捐了很多，但是我都没有记下来。我太太真的很支持我做这件事情。“联合会”一些活动花钱很多，例如举办《黄河大合唱》音乐会就花了很多钱。我们办音乐会亏了很多钱，都是我在垫付，有几年我买房子的按揭都付不出来，拖了很久，反正很惨。

因为大家很多都是上班族，也不会有特别多的闲钱。我虽然有生意，但我也不是很有钱，只是我的钱比较灵活，进来一大笔钱再出去，有时候我就先把它挪用了，因为老板就是我自己，假如老板是别人就没办法这样做了。

有时候，事情做下去以后就没办法停了，没有办法收手了。不过，反正到最后总算熬过来了。

问：您是否统计过这么多年您为“联合会”的大大小小的事情一共贴进去多少钱？有没有大概的数字？

答：我从来不记，没有了就去凑，但是应该有上百万美元了。音乐会就花了我很多钱。

我们办活动，比方说拍这个片子，希望让更多的人看到历史。办音乐会也是，会有比较多的人参与，纽约的合唱团有20个，要把他们凑起来，办一些活动，也是我很想做的事情。办音乐会有个好处，每一个合唱团都要表演，他们在唱歌，他们的每一位成员就会找亲友来看，影响面就更大。

我们要办就得办好，在林肯中心举办要花很多钱，光是场地费就是五六万美元，然后从中国国内请著名艺术家严良堃、杜黑、李默然、刘长喻等都没有花钱，但是很多费用由我们主要承担，花的钱都不少，还有中央合唱团十几个人，每一个人的花费都不少。

问：1987年，在南京大屠杀惨案发生50周年之际，您曾专门组织一批来自中国、当年在美国学习的很有才华的青年艺术家，创作了80余件各种类型的艺术作品，并在美国展出，具有很高的历史和艺术价值。2016年，您把这些艺术作品全部无偿捐赠给中国人民抗日战争纪念馆。2015年，为纪念第二次世界大战结束70周年，您邀请14个国家与地区的62位艺术家创作作品，举办《私密的伤痕——哭慰安妇》画展，先后在纽约、北京、杭州、台北展出。请问您为什么要以艺术的方式来呈现南京大屠杀这个主题?

答:我在美国做印刷厂,我当时的工厂在艺术区,我认识很多从各地来的艺术家。日本有一个画家,叫什么名字我现在忘记了,他很关心人类的灾难,他最有名的作品就是关于广岛的,我在他的作品集里看到有一幅画描绘的是南京。我在想,好像还没有以南京大屠杀为主题的画作,而画展就是画作的集体呈现,以艺术作品的视角,公开那一幕幕惨绝人寰的场面、那一桩桩灭绝人性的暴行、那一段段骇人听闻的故事,用另一个方式记住历史。

我就跟几个艺术家谈,他们都很支持,所以前后我们办了两次,一个以南京大屠杀为主题,另一个以"九一八"为主题,连续两年在纽约画廊区举办展览。纽约的画展办得很成功,纽约艺术家联盟还为我们画展开了一个座谈会,也蛮成功的。

用艺术的方式来表达这种人类的灾难,这在西方很普遍,但在中国比较少。我们举办这样的展览、音乐会,就是想把历史的声音慢慢往外传,用艺术的方式,让人们记住。反正在日本没有忏悔之前,我们要做的事情是没有完的。

导演:看了原片,悲愤不能自持

王正方简历:

1938年出生于北京,父亲是语言学家王寿康,任北京师范大学国文系教授,兼任国民政府教育部创刊的《国语小报》

副社长。1948年，国民政府决定在台北创立《国语日报》，聘请王寿康担任副社长。1948年秋，王正方随母亲与全家人赴台湾，插班进入小学五年级，中学就读台北市建国中学。从台湾大学电机系毕业后，在美国宾夕法尼亚大学取得电机博士学位，先后担任过工程师、研究员、大学教授等。20世纪80年代，特立独行的王正方辞去大学教职，进入电影圈，成为著名演员、导演。随后，他撰写、出版多部散文集。

2020年5月31日至2021年7月31日，我先后数次采访王正方。以下是对王正方先生的采访整理：

陈宪中，一脸大胡子，人称Sam哥，坐在我纽约市苏豪区的办公室不走，对我进行说服工作，他说："拍一部有关日军南京大屠杀的纪录片怎么样？"

1991年，我身在纽约市干电影这一行，有如"老鼠赛跑"（rat race），每天忙着拍大小影片混饭吃，都快喘不过气了。陈宪中的提案当然非常值得采纳，但兹事体大，预算有多少，时间是否紧迫，我还不清楚。

老陈拈着胡子做茫然状，他说："当然希望愈快愈好。"

聊了大半个下午，就想问出个预算的范围，否则其他真的不好拿捏。陈宪中沉吟了半晌，捋捋胡子说："我们就来个zero budget（零预算）怎么样？"

哎哟！"零预算计划"又来了：它是个没有钱却想干出点事儿来的计划，我做过几次。这个活儿特别辛苦，必须处处节省,有了开销就赶紧去张罗,每分钱都要花在刀刃上。

陈宪中和我是70年代“保钓运动”的老哥们儿了,他为人仗义,乐善好施。有一次我的某部电影后期工作吃紧,急着向他调头寸。这一天,陈宪中挺着肚子,戴着一副大黑眼镜,神神秘秘地进了我的办公室,从背包里拿出来几沓钞票,说:“你们点一点吧!”这些都是二十元以下的小额票子,办公室的年轻员工们忙着数钱,解救了燃眉之急;以后大伙儿就叫他“唐人街‘黑手党头子’Sam哥”。其实陈宪中在纽约经营一家大印刷厂,那些小票子都是他当天向顾客收来的账。

如何进行这项“零预算计划”?陈宪中说最近认识了一位大卫·马吉先生,他拥有好几卷有关南京大屠杀的实况纪录影片,四十多年前的老影像,还都很清楚,已转成视频,问我是否有兴趣看看。

大卫的父亲约翰·马吉,是一位基督教传教士,1912年起就居住在中国,1937年末,约翰·马吉全家亲身经历了这场惨绝人寰的南京大屠杀。马吉先生是大屠杀时期南京国际安全区国际委员会的委员,曾协助拯救了成千上万的中国平民。约翰·马吉热爱电影拍摄,在大屠杀时期,他冒险拍下了许多日军残杀南京受难者的实况,之后将影片偷运到安全地带。马吉牧师回到美国之后,在他有生之年,始终没有机会处理这些南京拍摄的珍贵电影纪录。

数十年过去了,邵子平在约翰·马吉儿子大卫·马吉家地下室里发现了这几卷老影片。纪念南京大屠杀受难同胞联合会与大卫·马吉取得联系,陈宪中马上就跑到我的办公室来了。

我默默地看完了老马吉拍摄的这几卷老影片，俱是日军暴行的真实犯罪记录。灭绝人性的帝国主义侵略者，其残暴甚于猛兽，视中国老百姓如草芥：影片中有个妇女，颈后被日本军刀严重砍伤，有四指宽，数寸深，垂着头在鼓楼医院接受治疗；另一个年轻的妇女，被多名日军性侵后又被砍伤，在病床上哀泣。一段接着一段，不堪入目的镜头令人愤怒、悲戚，怒火在五内翻滚，这是真实的历史记录，先人遭受的如此苦难由马吉牧师拍摄了下来，后世的子孙们应该做点什么呢？

我沉重到站不起来，对陈宪中说："好的，我们这个'零预算计划'的头一项开销是组个三人摄制组，访问老马吉的儿子大卫。"

大卫·马吉是位退休的财经专家，身材高大，他在家门口迎接我们。简单调好了灯光、摄影角度，我的第一个问题是：

"令尊拍摄的珍贵影像，可以提供给我们使用吗？"

"我非常乐意这么做。"

访问进行了一整天：大卫回忆了他童年和哥哥在南京的许多趣事，父母在世时经常谈起中国，谈起南京大屠杀时期他父亲与日本占领军的斗争、对峙、折冲。大卫说了许多，我能想到的问题都问了。大卫挺上相的，在镜头前不温不火，侃侃而谈，访问的过程十分顺畅。

我们拍摄了许多图片资料，剪出了第一辑，由大卫·马吉谈他的家族开始，穿插历史图片，当然采用了大量约翰·马吉1937年拍下的珍贵影像，力求简洁明快、重点突出地陈述这段惨绝人寰的历史事实。几经修改和重新编组，我们仍觉得不满意，它好像缺了点什么，问题出在哪里呢？

约翰·马吉拍下的纪录片，是最具体的日本军国主义者屠杀南京市民的铁证，我们不仅仅要整理、保存这个珍贵的记录，更必须向西方观众说明这个快被遗忘，或是他们根本不知道的日本军国主义者的滔天罪行！影片旁白以英文撰写，经过了仔细斟酌，以西方观众熟悉的步调和方式来呈现马吉先生的见证，这样就舒畅多了；然而它还缺少一个能够“画龙点睛”的结论。

烦恼了好几天，我突然想起：大卫·马吉在访谈中曾经多次提到他的哥哥小约翰·马吉。小约翰比大卫年长三岁，做弟弟的自然仰慕兄长，而且小约翰·马吉在美国航空界是一位响当当的知名人物。1940年，马吉全家回到美国，第二次世界大战刚刚全面爆发，在中国南京目睹过日军暴行的小约翰·马吉，痛恨法西斯军国主义，自幼向往飞行，他一心要当战斗机飞行员，在空中痛击人性尽失的敌人。碍于规定，十八岁的小约翰无法成为美国空军的一员，加拿大空军接受了他，十九岁时，他正式成为战斗机飞行员。1941年12月，小约翰在一场意外中坠机殉职。

小约翰的去世，对马吉全家人来说是个永远不能平复的伤痛。马吉牧师的长子为了抵抗法西斯暴行而牺牲了性命，无怨无悔，因为马吉牧师全家笃信：人人生来平等，应当坚决反对残杀无辜的无耻暴行。

小约翰更是位才华横溢的诗人，1941年8月18日，他写下脍炙人口的诗篇《高飞》(*High Flight*)。这首诗激情澎湃，朝气蓬勃，读者随着优雅字句直上万里云霄，盘桓不止，荡气回肠，难以平复。1942年，美国国会图书馆推出这首诗，立即受到广大读者的喜爱，小约翰·马吉的手稿也永远存放在国会图书馆内。

多少年来，《高飞》都是美国和加拿大飞行员们最爱也是最熟悉的一首诗，美、加两国的空军军校，要求学生必须将《高飞》整篇背诵下来。有好几位美国的著名太空宇航员，出发前写下《高飞》诗篇中的名句，带着它登上太空舱。1986年1月28日，挑战者号航天飞机(Challenger)在空中意外爆炸，里根总统在电视追悼演说中引用了《高飞》的后半段做结语。

每次大卫·马吉谈到哥哥，总会流露出对兄长的深切怀念与仰慕。我问他会背《高飞》这首诗吗？大卫不假思索，立刻充满情感地诵念起来。这部影片的结尾不就在这里吗？！

重新仔细地写了一次旁白，最后引用日本右翼分子对南京大屠杀的质疑：他们认为南京大屠杀有三十多万人殉难的说法过于夸大，最多不过三万。然而马吉一家人却有不同的看法：他们认为每一个生命都是无比珍贵的，每个人都像小约翰·马吉一样，能够为人类做出有价值的贡献，无论是谁都没有权力去残杀任何一个无辜的生命。此时的画面是大卫·马吉望着远方，他抑扬顿挫、铿锵有力地诵念着那首知名的诗篇《高飞》。然后剧终。

很感谢陈宪中找我完成这项“零预算计划”，让我透彻地了解了中华民族的苦难，人类不可以再愚蠢地重复悲剧了。马吉一家人给了我启发：不分种族、文化、传承，善良人的仁者之心比比皆是，我们不容忍灭绝人性的残杀、迫害、歧视；而付诸行动需要勇气、睿智和牺牲。

大卫·马吉于2013年离开人间。

钱要花在有意义的事情上

林立简历：

1958年6月出生于台北。1989年6月取得美国加利福尼亚大学圣地亚哥分校物理系博士学位，1994年1月完成德国明斯特大学第一理论物理所博士后研究员的学业。现为中兴大学物理系专任教师。（至2000年7月，研究领域为格点规范场论；自2000年8月起，研究领域转为凝态物理与统计型。）1991年8月，林立先生捐款25 000美元，资助纽约纪念南京大屠杀受难同胞联合会拍摄《马吉的证言》纪录片。

采访林立

采访时间：2020年5月28日至2022年4月22日
采访方式：邮件往来
2020年10月19日，我在朋友圈发出一条动态：

【记取历史伤痕，守护两岸和平】昨天的一场“纪念台湾光复75周年——南京-台北视讯交流”，带来很多感动。

在此次的视讯交流中，我见到了林立，今年5月，因为采访需要，我与中兴大学物理系教授林立建立了联系。

1990年9月，在美国留学的林立被一篇标题为《向日索赔：民间的声响》报道打动，报道中邵子平先生和吴天威教授为南京大屠杀幸存者向日本索赔所付出的行动，让林立认为自己应该出来贡献一点力量了，便在1991年捐款25 000美元，资助纽约纪念南京大屠杀受难同胞联合会拍摄《马吉的证言》纪录片。

林立迄今不用手机，只以电邮对外联系。我发邮件邀请他参加我们的活动，他立即回复：“我很乐意去参加视讯交流。”

在台湾的朋友反馈给我的台湾学者对此活动的感受中，林立说道：“我期待两岸交流继续维持，且扩大学术的交流，尤其是因为我是物理系的老师，更希望有更多物理学方面的学术交流。今天非常高兴能遇到对岸的朋友，尤其是能遇到陈旻女士，前阵子她与我通信，我觉得她是一个非常热心的人。”

昨天会场的主持者是中国文化大学大众传播学系教授杨祖珺。祖珺老师是名人，我们年少时爱听的很多台湾民谣和校园歌曲都是由她传播的，她是台湾民歌运动的重要推手。

这几天，我与祖珺老师联系密切，给她看了准备现场放映的记录南京大屠杀的马吉影片片段，她看哭了。为增强放映效果，她让儿子填字幕、加音效，竟通宵未眠。她对细节的极度较真令人惊讶与钦佩。

昨晚，她微信中向我道晚安时写道：“道声晚安，我们这两天在工作中交朋友，真是美好的经历！”

尽管有社会压力，台北仍有数十位学者、民众赶到会场。南京审判战犯军事法庭庭长之子石南阳，正在生病住院，仍执意从医院来到台北的会场参加活动，还有排湾族诗人莫那能，眼睛看不见，也来到会场并发言。

感谢所有为我们视讯交流付出努力的老师与朋友。

2020年5月28日，我第一次给林立发邮件沟通采访事宜，我写道:“林立老师，非常敬佩您，您三十年前捐出的那笔钱在现在看来依然是很大的一笔数字，《马吉的证言》这部纪录片如今在侵华日军南京大屠杀遇难同胞纪念馆内不间断地循环放映，有力地实证了南京大屠杀的历史。可见您的奉献意义重大！”当日我就收到了回复。我请林立教授“尽量回忆与邵子平先生打交道的感受，对他们‘联合会’所做事情的看法，以及自己参与的经过”。

2020年5月，邵子平先生在台中遇见林立，并发邮件告诉我，林立曾经捐款25 000美元资助“联合会”拍摄《马吉的证言》。我就将此事放在了心上。

林立回信说：

捐款是觉得自己活到33岁，总不能老是坐着批评，应该出来贡献自己的一点力量了。所以我就毫不犹豫地主动联络并且表达参与的意愿。在南京会面期间，我从邵先生和姜医师口中得知他们想要制作影片，当时我就在心中盘算，我觉得自己有一笔闲钱，大家可以通力合作：有才华的出才华，有力的出力，有钱的出钱，团结起来把想做的事情做好。所以后来我就毫不犹豫地捐了款。大家不都在说钱要用在刀刃上吗？

2020年10月11日，我去信邀请林立先生参加海峡两岸纪念台湾光复75周年的视讯交流活动。他爽快应邀，去了台北会场，还发了言。

我们就这样隔着屏幕相识了。

2020年5月28日，我用邮件给林立先生发去采访提纲。6月2日，根据林立先生的文字回复，我又发去采访提纲。经过多次采访交流，林立先生以书面形式回复了我的采访。以下是对林立先生的采访整理：

1990年，我在德国汉堡的德意志电子同步辐射中心的理论组担任博士后研究员。当年的9月或10月，我读到香港90年代月刊9月号第50页到第51页上一篇标题为《向日索赔：民间的声响》的报道，文章一开始说：8月10日至12日在香港中文大学召开了一个“近百年中日关系国际研讨会”，会中提出第二次世界大战之后日本应该对中国做出赔偿的问题，其中邵子平先生和吴天威教授的意见较为突出。所以该篇报道接下来就是对邵先生和吴教授的采访。这篇报道完全打动了我。那可能是我初次知道邵先生与吴教授。不过，我在读完之后，并没有做出任何举动。

到了次年的4月初，我看到报纸（应该是《联合报》的航空版）报道邵先生领导美国纽约的华人团体要在当年8月去南京办纪念会，接着举办学术研讨会，我很想去参加。我是在这个时候才动了起来。但因为不知道邵先生和吴教授的联络地址，于是先写信给加利福尼亚大学圣地亚哥分校物理系（我原先是在那里攻读博士学位）的程贞一教授询问。程教授很快回信说："吴天威地址不详，邵子平的地址是……"于是我立即写信给邵先生表达参与的意愿，邵先生也很快回信，时间大约是1991年4月中旬。邵先生回信的内容十分明确且简单，他寄来一份纪念会和研讨会的议程影印，在上面写了一两句文字："林立先生：想你是热心人……"这充分显示出邵先生直来直往的爽朗性格。接着，邵先生又打来电话。我们通了若干次电话，我记得都是邵先生打来找我的。

大约到了1991年7月，纪念会确认取消。我仍然很想去南京，邵先生显然也很想去。于是我们就直接在电话中商量，决定仍然去。我当时是怎么想的？我感觉到，活动虽然暂停了，但是如果能够和邵先生见面，至少可以当面交换意见，并且商讨往后该如何进行。更何况南京是当年重大事件的发生地，我觉得应该去现场走一遭。那时并未考虑到其他问题，在电话中约好日期以及在南京下榻的饭店之后，我立刻拟定行程，订妥机票，并依约于8月12日下午抵达南京。在当时的金桥饭店（位于玄武湖旁边）的柜台办理住房登记时，得知邵先生已经到了。晚餐后先打个电话到邵先生的房间，邵先生接到电话，颇为兴奋。他在电话中说："林立，你来啦，要不要过来？我们正在讨论。"

我们？所以还有其他人在那里，我下意识地问了一句：

“都是中国人吗?”邵先生显然知道我的意思,回答:“是,你放心。”于是我就过去了。走到邵先生房间门口时,邵先生正站着和一位年轻人交谈。他见到我(那是我和他第一次见面),就向我介绍说那位年轻人是李固平。我心想:哦,是他。我在《中华杂志》上读到过相关的报道,他是较早提出并呼吁民间对日索赔的人士之一。介绍完毕,大家走进房间坐下来谈话。我看到在房间中还有侯老伯(当年的一名幸存者)和关天智(跟着李固平一起呼吁索赔的年轻人),以及邵先生的两个小女儿。原来邵先生那次是全家四口一起到内地,邵夫人当时回河南老家探亲,所以不在场。记得那天晚上,在邵先生的房间,主要是李固平对邵先生叙述侯老伯当年的亲身经历。听得出来,李固平对侯老伯的经历是熟烂于心的。

第二天,邵先生没有安排会议,应该是各方人员尚未到齐的缘故(日本方面预计会来若干人),所以那天上午我去饭店附近的鸡鸣寺游览,好像是跟邵先生一起去的。下午,我一个人走路到江东门去参观侵华日军南京大屠杀遇难同胞纪念馆。参观完毕后,我走路到邻近的一些当年发生大屠杀的地点去看竖立在那里的纪念碑,然后走路回饭店。

应该是在1991年8月15日的上午,各方人员都到齐了,邵先生向饭店借用会议室开了一个讨论会。参加的人有:纽约方面的邵先生和姜国镇医师;日本方面的大约四个人;中国内地方面的侯老伯、李固平、关天智和另外几位一起呼吁对日索赔的年轻人,还有一位年纪大约三十来岁的英国记者,再加上我。日本人士不会中文,但是姜医师通日文,所以他做现场翻译。那位英国记者也通日文。

会议进行的过程是：先由李固平代侯老伯叙述当年的幸存经历，接下来，大家就往后如何举办纪念会发表看法，交换意见。会议在接近中午时结束。当天晚上，在我的房间又开了一次会。这次只有那几位日本人、姜医师、邵先生与我参加。李固平等人以及侯老伯则没有来。会议仍旧讨论往后如何举办纪念活动。姜医师和邵先生提到了保存幸存者的证言和制作纪录片的事情。感觉邵先生他们想要做很多事情，所以不断地提出不同的想法。

1991年8月16日是否又开了会，我不记得了。我的记事本中没有记载，所以可能没有开会。我和邵先生都是在8月17日离开南京飞到上海的。我们搭乘不同的航班，我是在傍晚时分抵达的。

三十一年前的往事，很多细节我现在都不记得了。首先，当年在南京的聚会，有来自香港的人士吗？2020年的5月，邵先生来台中看我，向我问起这件事，他觉得有。可我的印象是没有香港方面的朋友（例如杜学魁先生）参加，至少我的小记事本中没有提到。除此之外，纽约方面除了邵先生和姜医师，还有来人吗？好像有第三位朋友。因为我记得，在某次不是开会的场合（好像邵先生也在场），有一位来自美国的中国人说，当年他们住在南京，城破之后整个家庭就被打散了……那位朋友是谁，是陈宪中先生吗？前几天陈旻小姐转来当年我写给姜医师和邵先生的信。看着自己当年写的信，才发现有许多事情我早已淡忘。而即便重新看着当年自己写的信，我还是想不起来。所以,那些细节就无法在这里交代了。

由于邵先生跟我提起一位来自纽约名为佩特·扬(Pat Young)的美国记者也来了,而且已经住进金桥饭店,所以8月15日下午我就去找这位美国记者。他看起来大约60岁,交谈之后,我一方面觉得他确实经验丰富,另一方面又感到他好像比较圆滑。他一开始和我交谈时,是在抱怨饭店的服务,说他在外面买了食物要进饭店时,被服务人员拦了下来,说不能带外食。我心里想:我又不是饭店的人,你跟我扯这些干什么。8月16日下午第二次和他交谈时,他倒是提了一个重要的意见。他认为邵先生当初为了办纪念会和研讨会,在和有关方面联络时,未能搞清楚对口单位和工作流程。我认为这个说法有一定的道理。另外,他跟我说如何念CAMAJ(将CAMAJ当成一个英文单词来念,这是对日索赔中华同胞会的英文名称,即Chinese Alliance of Memorial and Justice的缩写)。我在跟他交谈时,并没有看到他对我拍照,我甚至不记得看到过他的相机。但是,1993年上半年,我去柏林参加一个关于"慰安妇"的研讨会,"同胞会"的谭女士也来参加。谭女士一见到我就认出我来,主动向我打招呼。我觉得奇怪,她怎么认得我?她说她有看到现场拍的照片。(至于是什么人告知我当时有这么一个关于"慰安妇"的研讨会,我完全想不起来了。)

结束了在南京的讨论,我按照原定计划,先到上海拜访朋友,然后飞去加拿大温哥华参加美国物理学会粒子与场论组的年会。1991年8月17日抵达上海的那一天晚上,朋友带我去黄浦江边散步。我当时向浦东地区眺望，只见一片漆黑，跟今天的景象完全不可比。

经过在南京接连两三天的讨论，我得知各方面都想要做一大堆事情，而又都需要经费，我当时正好有一笔闲钱。所以从南京到上海再到温哥华的路上，我心里就在盘算，应该如何出手相助。我觉得钱要花在有意义的事情上，而且要用在刀刃上，于是我决定捐款给邵先生。

8月23日在温哥华的会议结束后，当天晚上我抵达美国加州圣地亚哥，次日上午就去拉荷亚的富国银行将我的账户关闭，将里面的钱换成一张银行现金支票，记得抬头写着CAMAJ。我将支票寄出，并附上一封信，说明这是资助邵先生制作影片的钱。邵先生后来对我说，他们收到支票时，一开始没有注意文字的部分，只看数字，但是少看了一个零，以为我捐了两千五百美元，很高兴。后来才发现漏看了一个零。

办完最重要的一件事情，我松了口气。

由于收到一笔金额较大的捐款，纽约方面立刻行动了起来。邵先生以他超强的行动力开始做他很想做的事情。大约花了一年多一点的时间，影片就制作好了。在这期间，邵先生写了好几封信给我，语气都很兴奋，除了谢谢我的捐款，还告知工作进度。在某一封信中还说，我捐的钱仍然在开花结果。我看了之后感到很欣慰。当初捐款的目的就是希望大家能通力合作，如今真的将想要办的事情办成了，真的是太好了。谁说中国人不能团结？我手边保留了邵先生于1992年12月14日写给我的信（应该是跟纪录片的录像带一起附上的），另外还附了一张12月6日《美洲世界日报》的一篇报道的影印本，其中提到王正方导演制作好的纪录片《马吉的证言》已在全世界各地的纪念会中放映。所以估计影片大约是在11月的时候完成的。邵先生在前面几封信中并没有提到找谁制作纪录片，等到我看到那份报道之后，吓了一跳。我没想到邵先生能找到那么有名的人（王正方导演），可见邵先生确实很有办法。在邵先生忙碌的同时，我在1991年的9月底从汉堡转到明斯特的明斯特大学第一理论物理所，开始了第二任博士后研究的工作。

应该是在1993年的12月13日左右，我在德国明斯特的中国人的圈子中办了一个小型的纪念会。一开始，我讲了一段话作为引言，然后就播放了《马吉的证言》。我和在场的其他人一样，第一次看到那部影片，那天大约有十人在场。明斯特是一个大学城，人口大约二十多万，中国人本来就不多，多半是访问学者和短期研究员。我事前也只是在我认识的圈子里发了通知。我当时看到影片之后，立刻感觉到王导演确实有功力，影片制作得很好，能感动人心，当场就有人忍不住哭了出来。为什么我会认为那次在明斯特的纪念会是在1993年（而不是1992年）的12月？因为我在一开始的引言中有提到：当年3月，贵州省的人大代表在全国人大会议中提出民间对日索赔的提案。那次的人大会议应该是在1993年的3月召开的。

2014年，十二届全国人大常委会第七次会议通过决定，以立法形式将12月13日设立为南京大屠杀死难者国家公祭日。我得知此事之后，感到十分欣慰，觉得过往的努力终于有了结果。2020年5月，邵先生来台中找我，我问他是否觉得过去的努力有了成果，他说：是。

我为什么会如此支持并资助邵先生推动的事情？这当然是出自我一贯的想法和主张。而我为什么会有那样的想法和主张？这是与我的成长经历分不开的。所以我接着简述一下自己的成长经历。

我是1958年在台北出生并长大的。我在小学时代就从老师的口中得知了南京大屠杀。当时，每年过年期间，电视台都会播放纪录片《中国之怒吼》，其中就提到过南京大屠杀、重庆大轰炸和长沙大捷。我也因此得知在胜利后，我们以德报怨，没有向日本要求赔偿。（不过，很多年后我才知道所谓“以德报怨”是误传。）我记得很清楚，当时作为小学生的我对于放弃要求赔偿就“大大地不以为然”。这个“大大地不以为然”，从小学时代，到大学时代、研究生时代，一直到今天，都始终保存在我的心中。在大学时代，我又知道了日本在侵略期间掠夺了许多文物。所以我也认为必须索回那些文物。（至于甲午战争期间的旅顺大屠杀，我是在大学期间收看电视台播放的纪录片《大时代的故事》之后才知道的。）

话说回来，我从小受到的教育其实并不很纯粹，因为其中夹杂着台湾当局的意识形态。只是，我很幸运地在高中阶段遇到了一位非常好的国文老师：辛意云老师，他帮助我打开了通向文史哲领域的大门，使得我在专精数、理之余，又看到了文史哲的世界。我因此看到了人类学问的全体，眼界变宽广了，所以考虑问题时会比较全面。辛老师对我有许多启发。在他的帮助下，我在文史哲方面的认识越来越丰富，思辨、判断能力越来越好。

辛老师对我讲述了许多事情。其他的就不说了，这里只单讲影响到我支持并赞助邵先生的部分，那就是他对我讲的三件事情（其中以第一件事最为关键）。第一件事情是：在我大一或大二的时候，他告诉我，《中华杂志》社在每年的7月7日晚上会主办“七七”抗战纪念会。所以从那时起，只要情况允许，每年的7月7日晚上我都会去参加“七七”抗战纪念会。我因此认识了胡秋原先生（《中华杂志》社的创办人）、曾祥铎先生、陈映真先生、王晓波教授。第二件事情是：1982年，日本政府的文部省篡改历史教科书，将“侵略”改成“进出”，引起轩然大波。当时，台湾大学一位专精逻辑学的教授撰文附和日本的说法，认为将“侵略”改为“进出”是“合乎逻辑”的，这引来李敖撰文驳斥。辛老师对我说，那位逻辑学教授已经做了汉奸了都还不自知。第三件事情是：他说从前有一次他去参加一个聚会，刚好胡兰成也在场。他走进去时，胡兰成正在发表议论（是关于台湾对日本贸易逆差的问题）。当时胡用平淡的语气说：“台湾怎么可以和日本对抗？”胡认为台湾就应该接受对日贸易逆差。辛老师对我说，听了那段话之后，他才发现胡兰成简直是个大汉奸。

在如上所述的背景下成长的我，对于在纽约成立的对日索赔同胞会，以及邵先生从其中独立出来成立的纪念南京大屠杀受难同胞联合会，当然都是毫无保留地支持。邵先生的父亲曾经担任国民政府驻韩国大使，推测可能是国民党党员。但是邵先生本人并没有受到政党意识的束缚，谈论起事情来和我一样。因为民族情感相同、理念相同，所以我和邵先生见面之后，有一见如故的感觉，很自然地就走到一起。其实，邵先生第一次打电话给我时，我就感到和他是“一谈如故”了。所以，我在得知邵先生他们要举办纪念会时，就毫不犹豫地主动联络并表达了参与的意愿。

日军出镜忏悔

1995年4月30日，历史纪录片《奉天皇之命》，在美国举行了首映式。

这部长达53分钟的纪录片是纪念南京大屠杀受难同胞联合会继拍摄纪录片《马吉的证言》之后，又一部精心拍摄、制作的精品力作。

与影片风格平实的《马吉的证言》相比，《奉天皇之命》以对亲历南京大屠杀的《纽约时报》前记者德丁、大卫·马吉、日本学者与亲身参加南京大屠杀的侵华日军老兵、“慰安妇”受害者等的采访，对日本发动的侵华战争做了深刻的思考。

1995年是第二次世界大战结束50周年，也是南京大屠杀惨案发生58周年。《奉天皇之命》不仅记录了这场战争的凶残暴行，还提出了关于战争的哲学、心理和伦理问题——人类为何对邻国犯下如此可怕的罪行？一个普通人为什么会变成一只无情的野兽？为什么平日里可能是循规蹈矩的好儿子、好丈夫、好爸爸，却会在战争中对妇女犯下残酷的罪行？其背后的文化原因是什么？而且肇事者迄今仍在顽固地否认这些罪行。

正是这些原因，促使“联合会”下决心拍摄一部能更进一步揭露侵华日军南京大屠杀暴行的纪录片。

据姜国镇介绍，著名电影导演王正方拍摄的彩色纪录片《马吉的证言》，由马吉影片中不那么残忍的镜头组成。影片内容有马吉家族及其背景介绍、1937年的南京，以及对南京大屠杀幸存者和战争双方人民的采访。“这种影视产品更适合年轻一代。”

1991年7月，“联合会”重新发现由美国传教士约翰·马吉于1937年在南京拍摄的“37分钟”电影，包含了令人震惊的南京大屠杀场景。“这可能是唯一一部拍摄南京大屠杀的真实影像。”

姜国镇说：“我们在1992年初决定要拍《奉天皇之命》这部纪录片，不是一个仓促的决定，也不是什么周密实行的计划，只是觉得想留下什么东西，这是为了历史，为了国家，为了我们自己的价值观和信念，也为了我们自己的子孙而做出的决定。”“联合会”选择曾获奥斯卡最佳纪录片（长片）提名的导演崔明慧和副导演汤美如担纲拍摄。

半个多世纪以来，约翰·马吉拍摄的电影胶片一直在马吉家族的地下室里积满灰尘。这段罕见的镜头记录了南京大屠杀中的受害者与被轮奸后幸存的妇女和儿童，他们被侵华日军当作“练习刺刀的目标”。“联合会”在对南京大屠杀历史的进一步研究中，发现了几本目睹了南京大屠杀的美国教育工作者和医生所写的日记。“这些是拍摄新的纪录片的重要素材。”姜国镇陪崔明慧与汤美如两次前往日本采访，熟悉日本的姜国镇联系受访学者等，担任翻译，他们成功地采访到3名参加南京大屠杀的侵华日军老兵，详细回忆了他们是如何野蛮地强奸和杀害中国平民的。

《奉天皇之命》是一部53分钟的纪录片，记录了1937年日军如何入侵当时中国的首都南京。在日本占领南京的6周内，有30万人被杀，2万名妇女被强奸，然后又被杀害。马吉的镜头、魏特琳的日记和采访成了《奉天皇之命》的关键内容。

“1937年，随着日军逼近南京，空袭不断。没有任何警告，飞机只用来投下炸弹。我在金陵大学的房间里，经常能听到城墙上猛烈的撞击声。”金陵女子大学教育系主任魏特琳女士的日记，将发生在1937年的侵华战争展现在人们的视线中。

影片中，著名的日本现代史学家藤原彰说：“第二次世界大战后，日本学校的教科书没有披露我们的战争责任，特别是关于南京大屠杀的内容，而强奸是日军在南京最大的暴行之一。”

1937年12月18日的《纽约时报》以《所有的俘虏均遭屠杀》为题刊登了记者德丁的报道，在《奉天皇之命》中，时年85岁的德丁认为：“在日本，有人试图将暴行最小化，这段历史应该更多地为世界所知。”

“我父亲拍下了一个个活生生的证据，证明南京大屠杀这些可怕的事情确实发生过。”而大卫·马吉对着镜头表示：“有一个很有权势的日本政客试图改写历史，试图否认曾经发生过的南京大屠杀这件事。”

日本一桥大学教授吉田裕则说：“老实说，我甚至不相信有这样一场有组织的大屠杀。我清楚地看到，在南京，大屠杀是由军方系统地执行的。我作为一个日本公民，对这个系统所显示的残暴感到非常震惊。”

吉田裕说:“根据最近发现的文件,日本士兵被命令杀害战俘,这是事实。”

对于南京大屠杀发生的原因,藤原彰教授认为,日本并不准备在中国打一场全面战争。当他们进攻上海时,他们没有预料到会遭到如此强大的抵抗。因此,当战斗升级时,日军对中国人民的敌意在他们向南京进军时加剧,加之前线的补给不足,此外,“日本士兵没有经过适当的训练。战争的突然升级让他们绝望而疯狂。所以才会发生南京大屠杀”。

美国罗彻斯特理工学院教授朱永德在影片中态度鲜明地表示,南京大屠杀的真正意义不在于侵略中国的日本兵杀了多少中国人,而在于日本士兵以最残忍的方式杀害平民的事实。朱永德无法克制愤怒,他说:“在南京,他们把人活活烧死,不分青红皂白地折磨人,大量强奸妇女。这些在20世纪是前所未有的!从那时起,日本士兵在侵略中国这场战争的后续时间里,将此作为他们军事战术的典范。”

《奉天皇之命》从采访日本街头的年轻人切入,通过对历史目击证人、战争亲历者、历史学家等的采访,多视角考证日本侵华战争中发生南京大屠杀惨案背后的根本原因。

日本天皇对日本人,特别是对当时的军人来说是绝对的神,是不允许有丝毫怀疑的像神一样的圣上。从大将到士兵,都是侍奉天皇的仆从。日本军队是天皇的私兵,不是国民的军队,因此被称为“皇军”。

针对此,朱永德教授认为,天皇实际上是日本人崇拜的活神,因为他们认为天皇是创世神的直系后裔，而天皇本身就拥有改造日本的神权。因此，侵略中国被认为是给这个神增添荣耀的一种方法。参加这场战争的日本士兵也认为，这是一种让自己获得荣耀的方法，这是他们一生中的最高荣誉。

日本“慰安妇”研究专家、历史学者吉见义明表示，日本至今没有向中国道歉，“也许有些人担心，如果我们承认这一责任，就会有成千上万的补偿和赔偿等要求，那将很难处理”。

《奉天皇之命》的副导演汤美如在根据拍摄采访资料主编的《南京：一九三七年十一月至一九三八年五月》的“一九九二年夏天访问记”中记录道：如果没有前日本兵的作证，人们对整个大屠杀的认识是不可能全面的。

1992年夏天，纪录片《奉天皇之命》摄制组去了一次日本，并采访了三名前日本兵。第一个是前情报员永富博道，在南京沦陷期间，他以极右翼学生身份到达南京，并参与屠杀。其后，他成了训练中国人侦察共产党员的教官。当我们握手时，才惊觉他的手是如此温暖与柔软，而这明明是一双当年曾沾满血渍的手。

第二及第三名被访者都住在以温泉闻名的丹后町，他们本身是老朋友。东史郎战前是丹后町唯一一所电影院的主人，他在1937年9月到达中国天津，之后，他杀了许多人，并且对杀人已无动于衷。访问中，当他在示范怎样捅死一个老人和他的孙子时，他表现得栩栩如生，他的动作是如此准确并令人战栗。

东史郎的朋友上羽武一郎，个性则完全相反，他在接受访问时，偶然会表现得犹豫不决。年轻时曾梦想成为艺术家的他，向我们展示了作战期间在中国买来的中国画，并坚持要我们拍下昭和十三年（1938年）一份日本政府的入口许可证。[1]

影片中受访的三名侵华日军老兵均以亲身经历作证：之所以发生震惊世界的南京大屠杀惨案，天皇与皇族是日本战争犯罪的源头，而他们肆无忌惮的侵华杀戮正是“奉天皇之命”。

前情报员永富博道：必须向中国人民真诚地谢罪

永富博道在中学时代是一名基督徒。永富入东京国士馆大学后，成为一个右翼学生，未及毕业，即于1936年受雇于日本特务机关。南京沦陷后两周，他抵达南京，正值日军强迫“良民登记”，成千上万人受骗承认曾加入国军或为国军服务，于是被拉往下关进行屠杀。永富同往并在下关亲手杀人。他说：“日本士兵在南京杀死的中国人有数万乃至数十万。”[2]

对永富的采访如下[3]：

> 我77岁了（1992年时）。在户籍上的姓名是永富博道。我在中国则叫广行（译名）。我有许多名字，由于我从事秘密工作，故必须改变姓氏以掩盖身份。
>
> 我现在从事一种特殊的医疗工作。与气功略有不同，是一种太极疗法，把宇宙能量汇聚在手掌，再传给我的病人。我就是用这种方式为别人治病的。
>
> 我是一个基督徒。由于小时候体弱多病，我经常啼哭。

1　汤美如：《南京：一九三七年十一月至一九三八年五月》，章开沅编译。

2　吴天威：《让全世界都知道南京大屠杀》，《抗日战争研究》，第5页。

3　汤美如：《南京：一九三七年十一月至一九三八年五月》，章开沅编译。

因为常常生病，我信仰基督教，并且上主日学。在初中时代，我参加联合基督教会并且受洗成为一个基督徒。但在那个时候，天皇制与军国主义教育正在流行，所有日本人都奉天皇之命为侵华效劳，侵略战争被称为“圣战”。我们所受的教育是把昭和天皇看作不仅是日本的，而且是全世界的活神。

当牧师问我：“谁更应当受到尊崇，耶稣基督还是昭和天皇？”我认为更应当尊崇天皇，但牧师说基督更应当受到尊崇。我无法使自己相信这一点，便跑到东京进入国士馆大学，成为一个右翼学生。

那时候我不能留在家里，由于受到天皇的军国主义的毒害，我认为每个日本人都应当到中国作战，于是我没有毕业便离开学校。右翼领袖光江（译名）要求我到中国去。我是与同学岩田同行的，他是反共青年协会的成员。我们在1936年到达中国。当时对华战争已以上海作战为发端。我是作为右翼学生代表前往中国的，并看到日军一个月以来在中国是如何作战的。

到达上海以后，岩田与我为御香（译名）宣传部工作，这是一家民营机构。我们1937年5月或6月在那里。后来由于成立了一间民间调查服务公司，我便奉命调往。我们为这个新机构工作，一直到1940年12月。我们以民间雇员身份为一个特务机构工作了三年。

至于南京，我们从1937年12月至1938年1月在那里。我们乘军用火车从上海到南京，坐的是货运车厢。我们准时到达南京下关，看见铁路两侧的尸体一具压着一具，堆积起来。

第二天，我们从中山路前往南京特别情报部门，在那里商讨我们的任务。与特务机构其他官员一道，我们在以后几天去了金陵大学和金陵女子大学。这些大学收容中国难民。

在那儿的每间教室里，中国难民只有身上穿衣服，且睡在水泥地板上。那里没有床垫，人们紧挨着睡。我们看了几间房以后便出去了。许多老百姓在金陵女子大学前门排队。

当我们走近队伍，看见日本官员和士兵正在发良民证，它们由白布制作，以显示佩戴者是守法公民。由特务官员向他们发证。许多中国人在12月或1月的寒冬等候发证。

与此同时，日本士兵正靠拢火堆取暖。附近则有日本官员集合一两百人向他们发表演讲。我专心听他们在讲些什么。他们说，现在皇军已进驻南京，中国公民无须再担惊受怕。他们试图使中国人相信，日本军队将让他们安全地生活与工作。有个官员告诉中国人要信任皇军。他说："国民党士兵请站出来。蒋介石没有为你们的服役付钱，但皇军将给你们应得的工资。我们将为你们找工作。不要害怕，国民党士兵站出来，老百姓请留在队伍里。"

于是，中国士兵站出来了。他们被装上卡车，我们也奉命登上卡车。当我们驶往下关时，日本士兵用铁条和铁棒袭击大约二十个中国人的脑袋。中国士兵终于悟到他们中了圈套，但为时已晚。

我们到达下关的南京火车站，这里有一个铺着草席的帐篷，我们看不见里面。在进口处有个士兵在站岗。卡车上的中国人下车并被带进帐篷，我们跟在后面。

当我们走到靠近铁路桥梁的路上时，看见这条狭窄的道路两侧有数百乃至数千具尸体。一个日本军官命令所有中国人坐在这里。将军对我们说："你们这些来自日本的学生，可以用你们喜欢的任何方式杀死这些中国人。"由于我们只是右翼学生，我们所能想到的做过的事，(只有)譬如空手道之类。但杀人不是很容易的事情。于是这个军官抽出他的刀，说道："大家都来看我怎么做。我要试试我的刀，也就是怎样杀人。"他随即强迫一个中国人坐在他面前，迅速挥刀劈过去，血从颈部的动脉血管喷出。坐着的其他中国人，看到这种情景便跑出去并跳进长江里。有个日本士兵给我一支步枪，我向着一个中国人射击，他沉下去又浮上水面。这是我第一次亲手杀人，也是我在中国犯罪的开始。

所有中国人都在这种状况下被日本士兵处决。另外一个军官说过(虽然我没有亲眼看见)："起初这里的中国人太多，日军便用汽油烧，接着以机枪扫射。"因此，日本士兵在南京杀死的中国人有数万乃至数十万。

这就是日本人在南京对中国人施加暴行的方式。从上海到南京的京沪铁路沿线的村庄都受到日军破坏。这些村庄被抢劫，妇女被许多日本人强奸。他们的兽性将妇女摧残到这样的程度，以致到处皆无童贞可言。这就是乡下人要跑到上海和南京的原因。

让我告诉您，我在上海到南京的火车上看到了什么，我看到靠近南京的轨道两侧遍布中国士兵的尸体。南京地区有很多小溪，好些就在轨道两侧，而许多尸体就弃置在溪流中。到处躺着死了的军马，野狗和乌鸦正在吃它们。我们从上海到南京全程都看到战场的可怕景象。

我曾作为双重间谍在中国被监禁13年。我犯过那么多残暴的罪行，理应被处决多次。但中国人民把我从一个魔鬼重新变成有良知的人。13年来我反省自己的罪行，并强烈感到我们不应再发动侵略战争以欺骗日本人。我强烈感到，必须向中国人民真诚地谢罪。

我开始向公众坦白我的罪行，好让我们从此再不要发动这样的侵略战争。我愿向公众暴露我的可耻行径，并宣布我们再不会把枪指向中国人和朝鲜人。我没有其他任何意图。这就是我唯一能为自己赎罪的方法。

侵华日本老兵东史郎："皇军决不关心人道"

东史郎是日军第十六师团第十联队第一大队第三中队第三分队的士兵。他在1937年9月来到华北，曾参加子牙河之役。该师团南调淞沪战场，于11月16日在扬子江浒浦镇登陆，一路杀向南京。该师团于1937年12月22日接防第六师团，杀人之多仅次于第六师团。东史郎老年忏悔，发表其阵中日记，以《我们的南京小队：一名被征士兵对南京大屠杀的体验》为书名（1987年东京青木书店出版）。[1]

对东史郎的采访如下[2]：

1　吴天威：《让全世界都知道南京大屠杀》，《抗日战争研究》，第5页。

2　汤美如：《一九九二年夏天访问记》，章开沅编译，载《南京：一九三七年十一月至一九三八年五月》。

我在昭和十二年(1937年)9月到天津。到达天津以后的两个星期,我残忍地杀了37个人,我在日记中写下这件事。这是很不正常的。此后便是进攻南京。我在12月12日进入南京。在12日那一天的晚上,我们发动攻击,随即占领南京。

当我在家时,我是一个好父亲、好哥哥和好丈夫;但上战场一个月后,我对杀人已经无动于衷。我常常感到困惑,为什么会这样?

我认为这是由于日本军队是属于天皇的军队而不是日本人民的军队。战争期间,我们常常看见天皇穿着军服,骑在一匹叫“白雪”的马上。我们从没看过他穿便服。所有剖腹或上吊自杀以向天皇谢罪的人,最后的一句话都是:“天皇陛下万岁!”他们决不会说任何关于人民的事情。

战争结束的时候,他们(日本政府)举行了一次御前会议,讨论应否接受《波茨坦协定》。他们提出的唯一条件便是保存天皇制。

靠近天津有一条河叫子牙河。当我们沿着子牙河前进时,发现有一群老人和妇孺,总共有37人。我们抓住他们,命令他们坐在广场上。有个妇女左右两臂各抱一个孩子。我们刺死了她,接着又杀了另外两个人,他们好像是一串土豆。

接着轮到一个老人,我想他已经当爷爷了,手正拉着他的孙子。当他们牵着手的时候,我们杀了他大概7岁大的孙子。鲜血不断地涌出来,祖父开始吮吸孙子的血。当我看见时,觉得他们真可怜。祖父想通过吮血把死去的孙儿救回来。但我们把祖父也刺死了。两个人都死了。

我想我离家仅仅一个月后居然能无动于衷地杀人了。即使我看到悲惨的情景,我仍能冷酷无情地刺死那个爷爷,以及杀死左右臂各抱一个孩子的母亲。

通常一个有良心的人决不会做这样的事情。我们能够不动感情地做而不感觉有罪,这就是问题所在,这就是为什么应重新审视日本军队。它是这样的残酷。而我真的感到很对不起他们。

我得告诉您,我们是怎样杀害农民的。每当我们占领了一个村庄,有时候农民还没有离去,所以那里通常有一些稻草留在粮囤里。我们就纵火让它通宵燃烧。由于卫生条件很差,我们全都开始腹泻,便用这火去烧我们水壶中的水,然后又用水壶去暖和身体。

我们还必须寻找食物,因为日本军队决不允许我们携带粮食。我们在占领区抢劫粮食,称此举为“征发”,于是常常捅刺和杀死农民。我们为什么要杀他们?他们无非是农民,与我们毫不相干。我们杀死他们仅仅是由于想平平安安地睡觉。我们杀他们,因为我们需要放心地睡四五个小时直到天亮。

我们更要确保他们不会向中国军队报告我们睡在这里。为了我们的安全,我们常常在睡前杀死当地的居民。

随后我们占领了南京,在12月12日晚上,我们发动突袭,开始了一场白刃战。我们在第2天,即13日进城。

3天以后,即12月16日,来了命令说有2万俘虏,要我们加以警戒。所以我们到马准市(音)去接收他们。我们到达后站在一个高地上,看到俘虏列队站在我们下面。在晚上,俘虏们在抽烟，就好像萤火虫在黑暗中闪亮。稍后我们把俘虏带到一个叫作下吴村(音)的地方，他们总共有7 300人。这是数量很大的一群人。我们连队原有200名士兵，但在作战时已损失了一半多，所以现在只剩90人。在整个夜晚，我们90人押送了7 000多个俘虏。

因为路途很远，所以我们曾中途休息。有些俘虏问我们："你们要杀死我们吗?"我们说不会，让他们轻松一点。到达下吴村时，我们把他们留在U形的屋子里。早晨，我回到马准市。后来我听说这7 300名俘虏被分配给许多部队杀害。有好几天，我们部队都在议论这件事，不知究竟是谣言还是事实。我甚至在日记中写道，杀死7 000多人是极度不近人情的，为什么要把他们全部残酷地杀了?

1975年举办的一次战争展览中，我听说有一本中岛中将写的日记。我读过他的日记，里面提到了这次事件。他写道："今天高山芥子到达，幸好我们有2万个俘虏，可以用他们试试我们的新刀。"他还说事先没有处理这批俘虏的计划，唯一的处理方法就是分配给各个部队"管理"。"管理"就意味着杀死他们。我读后才明白，我在50年以前听说的竟是事实。

还发生过一件事，一个战友干了一件极为残忍的事。他把一个人捆起来放入邮袋，然后浇上汽油并点火。邮袋立刻跳动起来。那个人被捆在袋中，我不知道他是怎么移动的。于是桥本(译名)说："很热吗? 让我给你降温。"然后他在邮袋上系了一颗手榴弹并把他丢进小溪里。手榴弹爆炸，溅得遍地是水，这个人死了。我亲眼看见了这一幕。

40天以后，朝鲜“慰安妇”到达。起初我还以为40天以后就可以回日本，因为我们已经占领敌人的首都，就如同攻克日本的东京一样。

我们帝国的几千吨级轮船停泊在扬子江中间，我们必须首先上一艘驳船，然后才能登上大轮船。我们上驳船的港口叫作下关。大批尸体在江面上漂浮，它们全都肿胀起来。驳船不能靠近码头，因为浮尸堵塞了水道。我记得尸体是如此之多，以至于我们必须从上面跳下去才能上到驳船。那些死尸太可怕了。我不知道他们是被日军杀死的，还是本来就死了，从而被用来封江的。有个士兵正好站在这里，我问他：“你是做什么的？”他说：“皇军把俘虏用卡车拖来，然后推入长江。我的责任就是射击并杀死他们。”我清清楚楚地看见，长江上的浮尸不是一般的多，而是数量极其巨大。

我们没有获得任何食物，他们（日军当局）从来不为我们提供食物。因为我们是前线部队，必须自己寻找食物。每当我们进入村庄，总是要搜索粮食的。而当我们寻找粮食时又往往会发现妇女。我们发现躲起来的妇女，这是另一种美味。虽然不是食物，但也是一大享受。

首先我们会说一些怪话，之后，我们就会说“今天让我淋个浴”，便轮流强奸她们。如果我们只是强奸就好了（我不应这样说），事实是我们常常用刺刀把她们捅死。因为宪兵稍后会来，而死尸不会说话，所以我们必须消灭罪证。

我看见这类事情发生过好多次。我每次只是看而不干（苦笑）。其他士兵都干这种事，而且干了好多次。因此，我想那时中国好多妇女怀的可能都是日本人的孩子。恐怕所有部队都这样干，特别是卫戍部队。

但是日本军队怎么能这样冷静地干这种事？服从纪律的日本军队怎么会这样堕落？

日本军队不是人民的军队。首先这是天皇的军队。其次，这个军队由服从的士兵组成，他们只效忠于天皇。士兵没有自己的见解，服从得像机器人一样，即绝对服从。无论发生什么情况，他们只知道绝对服从。

在皇军中，上级对待下级非常严厉，就像军官对待军校学生一样。下级无论受到怎样的苛待与责打，必须盲目服从。日本军队就是由这种人组成的。士兵不知道人情与道德，因为没有受过这方面的教育。

由于已被训练成麻木不仁的战争机器，士兵变成了为天皇而战的牺牲品，这些没有个性的牺牲品，也是地地道道的炮灰。

皇军有很多偏见。上级与下级之间界限分明。地位高的人打击、虐待地位低的人，这种歧视与种族歧视相关联。在国内（日本），我们歧视乡巴佬，我想这种种族歧视与侮辱和冷酷地屠杀中国人是有关的。

可以说，士兵已被训练成完全没有灵魂的工具。

上下级之间的关系充满着侮慢与歧视。若士兵不懂这一点，便会逐渐失去人性。我想这使得他们像野兽一样地对待其他种族。只要士兵忠诚地遵从天皇，皇军就毫不在意什么是人道。军队造就了这一种人。

在冲绳，一个叫作长勇的中将说，中国人像猪，你们对他们可以为所欲为，上前去做吧。这个长勇说得很坦率。第十六师团司令官中岛也说过类似的话。

我认为，事实上士兵已被训练成这种人：他们可以冷漠地施行残忍的行为。这与大屠杀有关，如果他们有任何一点人类的感情，大屠杀决不会出现。

我并不觉得自己像是自愿作证的。在京都举办的那一次战争展览中，有名工作人员请求我作证。我对他们说："如果我是唯一将要作证的人，我会感到很受孤立。请找几个其他证人吧。"于是上羽和松田先生也来了，我们一起作证。

但我在第二天就受到了猛烈的攻击。我接到了许多电话。当我受攻击的时候，我变得热衷于反击，我想这就是我的脾气。我想："我说的是事实，你们在说些什么？"第一个批评我的人是一个住在东京的太太。她说这会伤害为战而死的人的灵魂。她连续三四天给我打电话，提醒我不要忘记死者的灵魂。来信越来越多，而本地警察必须在我家周围巡逻以保护我。

起初，大多数的来信都骂我是国家的叛徒。有的信里说："人要知羞耻。你讲朋友的坏话不觉得有愧吗？"飞驮区有个叫高山的人，在《诸君》月刊撰文谈到南京大屠杀时提到我。他写文章攻击我，虽然他是全国对华战争退伍军人协会的主席。也有些来信对我勇敢的讲话表示敬意，并鼓励我继续努力。

侵华日军老兵上羽武一郎："现在我们懂得这些是暴行"

上羽武一郎于1937年9月应征入第十六师团卫生队当卫生

兵，参与南京战役。他的阵中日记和备忘录已编入下里正树所著之《被隐藏的联队史：二十联队下级士兵所见之南京事件之真理》(1988年东京青木书店出版)。上羽揭露日军进攻南京的路上强抓中国壮丁搬运日军伤兵及器材，后将其杀害。他对慰安所的情形有较详尽的报道，证实1938年1月慰安所已在南京设立。日本人自小学时代便养成崇拜天皇、瞧不起中国人之优越感，此种优越感于二十联队官兵在占领南京后达到最高潮。[1]

对上羽的采访如下[2]：

我叫上羽武一郎，大正四年7月18日生。现在78岁(1992年)。

我是在昭和十二年(1937年)入伍的，之后被派往京都第十六近卫师团长岛联队松田中队。9月1日我离开大阪港口，9月16日到达一个叫作塘沽的地方，这是天津的海岸。第二天，我们在月光倒映江面时登陆，并在陆地上过了一夜。天冷得让人难以入睡，我们眺望着月亮，和在日本时一样的月亮，不知正在降临的战争将给我们带来什么样的遭遇。我们希望战争很快结束，而我们能够回家。

我在战场上看到的首先是敌人的尸体，还有马的尸体，都在华北一带。

谈到南京，我们在登陆的时候，看到了残忍的行为，并且

1　吴天威：《让全世界都知道南京大屠杀》，《抗日战争研究》，第6页。

2　汤美如：《一九九二年夏天访问记》，章开沅编译，载《南京：一九三七年十一月至一九三八年五月》。

接到命令去抢劫、去强奸、去放火,如此等等,我们懂得从现在起必须像这样行动。我们是在经历过一连串困难才进入南京的,战斗非常激烈。我们进了城,并且看到了破坏。我们看到在紫金山和靠近敌人阵地的地方,埋着许多烧焦的骨头,不知是士兵还是老百姓的尸体。1月20日前后,我看到敌人尸体在靠近下关的江面上漂浮着,那时我真诚地感到被称为战争的事情是悲惨的。

我们登陆的地方叫塘沽。我们进入这一带的民房,停留了两天。正如我以前所说的,民众哀求饶命……我们来到周围的村庄,看到一个裸体妇女的尸体。这个妇女的衣服被脱光,有个日本人对此曾有记载,他说:"日本士兵确实曾用竹棍插入这个妇女的阴户。"

……

明确地说,并非人头遍地乱滚,(可怕的)是那种声音,好像尖叫的声音,死亡的声音。当我们目睹这些,都受到了极大震撼。

对砍去已被解除武装的俘虏的头,我感到那是战争,我们无能为力。

南京战役以前,当我们夜间行军时,把中国老百姓抓去当苦力。先头部队必须用手电筒带路,他们(苦力)则抬伤员。如果他们当中有人试图把队伍弄乱或跑掉,我们就枪决他们。白天也是一样,如果有的老百姓表现出不顺从或不肯老老实实抬担架,我们就命令他们走到小溪或水库附近(当时壕沟中有很多积水),要他们站在那里,然后从背后枪杀他们。苦力总共约100人,其中或许有10人被杀。如果把他们全杀掉,谁来抬担架呢?

当我们登陆的时候,由于残酷的战争,许多人,特别是年轻人和儿童都逃走了。于是我们进入一家民居,一个大约70岁的白发老妇人从里面出来。她紧紧地拉着我的手说:"先生,先生,先生,先生,别,别,请别杀我。"她合拢双手哀求着。当她抓住我的手时,我内心很害怕,因此我所能想到的,可以对老太太说的,就是"我不会杀你,不要担心",然后便走开了。第二天上午我到那儿,老太太没有被杀。但在此之后,当我经过那儿时,老太太已经死了,可能是被刺刀捅死的吧!我不知道。她不是仰卧在地上,她身旁还有个妇女被强奸了。当时发生过不少类似的事情。

日本小学生都说天皇是伟大的,法律规定学校必须悬挂天皇御照,在教科书以及各种报纸书刊中都称赞天皇。我认为由于这些原因,我们都瞧不起中国人。

这些事件好多年以前在中国发生,现在我们懂得这些是暴行,而且成了一个问题。在我去电视台作证以前,我从来没有考虑太多。作证以后,一些近似恐怖主义分子的人恐吓我。我想:"当我说出事实的时候,为什么他们感觉那样坏?"今天不同过去,我认为说出真相,可以使今天的日本更好。我们必须使日本变成一个能够与世界(和平)相处的国家。这就是我为什么要公开讲自己年轻时在军队中,以及我从战场回来以后的感受,就好像我人生那一个阶段已经结束。

我有4个孙子,他们很快就会长大成人。长孙是高中的新生，另一个读初中二年级。当这些孩子长大的时候，如果又有什么征募把他们送上战场，对于像我这样一些经历过战争的人来说，我会说我已经受够了（战争之苦）。

东京之旅

姜国镇简历：

1950年12月出生于中国台湾新竹，1985年毕业于加利福尼亚大学洛杉矶分校，现为纽约大学附属诊所医师。1991年3月15日加入纽约纪念南京大屠杀受难同胞联合会，现任纪念南京大屠杀受难同胞联合会会长。

采访姜国镇

采访时间：2020年5月29日至2022年6月20日

采访方式：微信对话

采访提纲

1. 您是在哪一年，因为什么原因参加纪念南京大屠杀受难同胞联合会，并成为其中重要成员的？

2. 参加纪念南京大屠杀受难同胞联合会至今，有哪些事情令您印象深刻？

3. 在与摄制组一同赴日本拍摄纪录片《奉天皇之命》的过程中，有哪些令您难忘的事情，以及印象深刻的细节？

1992年5月14日，著名历史学家唐德刚先生专门为姜国镇发表在《传记文学》杂志上的《南京大屠杀与日本从军“慰安妇”》纪实作品作序。唐德刚在序中这样描述姜国镇：

> 我们旅美华人首先发起组织纪念南京大屠杀受难同胞联合会，姜国镇医师是发起人之一，也是最热心工作的负责人之一。姜国镇医师祖籍台湾，今年才四十，所以我民族对日抗战，特别是南京大屠杀等悲惨事迹，对他们这一辈在宝岛出生、成长，且有成就而忙碌的科学家们，简直像是遥远的古代史。但是姜医师精通中、英、日三种语言，并能讲闽南语、客家语等多种方言。除他专精的医学之外，他平时阅读的中、英、日文的人文学科书报，也十分广泛。这样促使他拓宽科学专业和人文领域比较偏狭的边界，而注意到较为广泛的政治、社会、历史等各种问题；尤其是近百年来，日本军国主义之再起，姜医师会经常牺牲他的行医时间——在美国收入最丰的专业时间，和我们携手来推动“联合会”的会务活动，并担任会中最繁剧的经济事务。

以下是对姜国镇先生的采访整理：

我的前半生

我出生在台湾的新竹乡下，出生于一个客家村，听说是专门种植柑橘的小村，是我父亲的老家。我父亲在附近的县城当医生，他年轻时本来是一位小学校长，后来有一天，一名小学生在学校里的池塘里淹死了，他不能原谅自己眼看着学生死去而无法救助他，就毅然决然地辞去了校长的职位，带着我母亲和孩子去了日本学医（当时日本对台湾实行殖民统治）。

他们在日本满是冰天雪地的城市里住了十几年，我父亲拿到了医师执照也行医了几年，于日本投降之后回到了台湾。几年之后我就出生了。

我虽然出生于乡下，可当我有记忆的时候，我已经在台北了。小时候没什么记忆，只记得吃饭时我刚拿起筷子想吃饭时，菜都已经没了！只因为我是全家八个兄弟姐妹里最小的，他们都比我年长得多而且吃得快。因为这样，所以我小时候营养不太好，容易生病。后来我母亲就想出来一个办法：端菜出来之前先给我留一点，这样就解决了一些营养的问题了。

我小学时，父亲离开大医院，自行开业做外科医生，兼看内科，家境就好多了，可因为要养八个孩子和交学费，他还是工作得很辛苦。

因为父亲工作的关系家里迁徙了四次，所以我小学也转了四次学，从城市到乡下，又从乡下到台北更繁华的地方，最后又搬回原来的地方住，可学校再也不能换了，只好从大安区每天来回两个小时坐公车到中山区的中山“国小”读书。

我念书不怎么用功，但好在还跟得上，高中考上了建国中学。可高一的时候，有一天被教务主任叫了过去，他跟我说日本大使馆那边来的指示说我父亲替我办的签证下来了，要我下个月就到日本去报到。当时我父亲受日本医院的邀请到日本短期工作，所以他就顺便替我申请了签证，而没想到签证一下子就下来了。

我是1月到的日本，到东京已经觉得有些冷了，第二天坐火车到了父亲工作的城市鹤岗，一下车已经是冰天雪地，没有换鞋的话连车站都走不出去。父亲替我买了双胶鞋，换了鞋子才走出了车站。

可以后等着我的并不只是这些，而是语言的障碍和思乡之情。我那时从来没学过日语，一句话都不会说，每天看到的只是雪，吃的又是一些有腥味的鱼类，所以整天想的就是回台湾吃东西、见朋友。以前不知道什么是“以泪洗面”，现在终于明白了它的内涵了。

经过了三个月的不懈努力，我很幸运地经过很多人的介绍和帮忙进入了当地一个最好的高中，当时我是“听讲生”的身份，因为我是没经过入学考试而被编入的。校长跟我父亲说的就是要先做个“听讲生”，而因为我日语水平几乎是零，所以大概至少需要两年时间才能赶上他们的进度，才会被允许当“正式生”。

结果他们4月开学以后，我被编入了高一四班，开始了我在日本的高中生活。4月也是日本的樱花季，校门口对面的公园里满开的樱花衬托着蔚蓝的天空，从未见过的美丽景色让我心旷神怡，却也隐藏不了我心里的惶恐和对未来的担心。

结果出人意料的是4月过后的第一次月考的成绩公布之后，校方再次联系了我父亲，告诉他我正式地变成“正式生”了，因为月考是三门科目取平均分，国语（日语）、英语和数学，我的数学是99分，英语92分，国语27分，而三科平均是全年级356人当中的第11名。校长更说道：如果不让我当“正式生”的话，如何向其他345名学生交代呢？就这样我变成了这所名校的高中生，开始了我在日本的“正式”高中生活。其实这只是煎熬的开始，因为我最需要克服的是日语的学习。经过了六个月的苦难学习，每天写日记，反复地听日本广播协会的15分钟的电视剧不下20次（当时还用磁带），看书，翻字典，背诵，等等，终于在日文方面可以相当自如地在学校学习，跟老师交谈、请教，更可以交些朋友，过正常的生活了。

看似一帆风顺的生活里，也到处有心理上的暗礁。我翻开了当时的日记，几乎每天记录的都是自己在日本的感受、精神上的矛盾和对日本人与日本这个国家的分析和批判。比方说日本人一般都非常注重形式和成规，可总是有表面的和不表现出来的内里，对于历史的诠释也是如此，比如对纳粹的侵略，陈述得就非常详细，而日本自己对中国和亚洲的侵略却支支吾吾地说不清楚。尤其在高中历史教科书上对南京大屠杀的描述更是粗略到两行就带过了，说是日军在南京时，在混乱之中杀了一些平民。我因为在台湾受过的教育已经成形，这种歪曲历史的写法，在我当时即使还未成熟的心灵里已经留下了深刻的印象。

三年一晃而过，虽然坎坷，可还是有很多欢乐，很多收获，也有了很多朋友，在我的人生当中这是一个重要的里程碑。这些日本的高中朋友一直到现在还时常联络我问长问短。

我考大学选了最靠近台湾的九州大学，因为三年的冰天雪地让我总想奔向南方，寻求太阳。我选择医学当然有我父亲的影响，可更多的影响来自我尊敬的孙中山先生也是一位医生，而且有一句话点燃了我的良知：不为宰相，当为良医。

可没想到进了九州大学医学院我才发现还有一位校友是我的前辈，学校里还有他写的匾额，他就是郭沫若先生。我就觉得一下拉近了和他之间的好大一段距离，也感到人的命运和缘分的不可思议。因为从小到大，别人问我要上哪个大学，我都毫不犹豫地说“九州大学”，其实我当时根本不知道九州在那里，九州大学为何物，只是随口说出而已，没想到十几年之后就真的进入了九州大学。

我结束了漫长的医学院生涯，学到的不仅是医学和技术，更是最基本的做人的道理和原则，还有就是如何做一个好医生而不受其他价值观的摆布，走出自己的路。

毕业以后，我先在自己的母校进修和实习一年，然后去了大阪大学进修了两年，最后来到了美国纽约爱因斯坦大学及其附属医院以及加利福尼亚大学洛杉矶分校获得了我的麻醉科专科医师的资格，并完成了专科考试。

在去加利福尼亚大学之前，那个受我尊敬也深爱我的父亲很不幸地因肝病而去世，几乎让我放弃了去加利福尼亚大学深造的机会，可让我挺住的还是父亲那句“绝不放弃”的教诲。

实习研究完成之后，为了陪伴母亲，我和妻子、女儿回到了纽约的美国东岸，开始了我麻醉科专科医师的工作。

而就在那个时候，我在报纸上看到了日本东京都知事石原慎太郎关于“南京大屠杀是中国人制造的谎言”的文章，很是愤慨。又看到了在纽约中国城要举行抗议活动，我就马上去参加了。如此这般，我就走上“不归之路”了。

当时在纽约组织这场活动的是对日索赔同胞会，他们主张日本应该为侵华战争负责，并对所有受害者进行赔偿，也时常向一般人传播日本侵华历史的史实，增强大家的认识，以及强调对日索赔的必要性。这次石原慎太郎的言语激怒了所有中国人，也包括心系祖国的海外华人。他们写了公开信，状告石原和日本政府，在美国用中文和英文发表。他们这些人当中有中文的大师如唐德刚先生，有英文专家如丛苏先生，更有德语博士邵子平先生等，就是缺了日语这个通道。我看了之后就毛遂自荐地说替他们翻译成日文，并从纽约《朝日新闻》特派员处询问到了石原的居住地址。我就把它翻译成日文的公开信直接寄到了石原的家里，也把它寄给了《朝日新闻》驻纽约的记者，然后《朝日新闻》记者给了我各大媒体在日本的地址，我都寄给了他们，比如《读卖新闻》《每日新闻》等。而最让我吃惊的就是他们都用很大的篇幅刊登了出来，让我深深地了解到从纽约发出的稿件真的不一样。更让我惊奇的是，他们去采访石原慎太郎的时候，石原还说他接到了这封信，很希望在日本或纽约能跟我们对谈，来讨论这个题目。结果，讨论一直都没有开始，他食言了。

这些事情会发生主要还是因为在当时的日本社会，虽然有一些右翼的势力，可还隐藏在其背后，只是蠢蠢欲动而已。在社会层面上，尤其是一些新闻记者还很有见识，可以发出正义之声，所以有很多记者，尤其是《朝日新闻》和《每日新闻》

的记者们都比较敢说话，而且也愿意帮助我们。这跟以后的右翼崛起的时代比起来真有天壤之别的感觉。

后来，有了这次的经验，我们认为可以把南京大屠杀的问题和研究从“索赔”中独立出来，如此可以做出更专业的、更有特定性和历史性的贡献。就这样，我们在1991年3月15日成立了纽约纪念南京大屠杀受难同胞联合会。

赴日本拍摄《奉天皇之命》

1992年初，我们决定要拍《奉天皇之命》这部纪录片，这不是一个仓促的决定，我们也没有什么周密的计划，只是想留下什么东西，为了历史，为了国家，为了我们自己的价值观和信念，也为了我们自己的子孙而做出的决定。

这是我们经过多次的会议的讨论之后做出的决定，当然做出决定倒不是什么难事，最难的就是随之而来的经费问题了。

纽约纪念南京大屠杀受难同胞联合会当然不是一个坚固的组织，当然就更谈不上背后有什么经济支援了。所有的活动和项目都是靠我们自己的力量来完成的，所谓“有钱出钱，有力出力”而已。而这部《奉天皇之命》就是在陈宪中的全力主持之下完成的杰作。

我们当时开会决定要拍一部比较客观的纪录片来描述这段历史，希望它能永远留在抗日的史实当中，更能教育我们的下一代。可我们的经费预算只有25万美元，这是我们的上限，而且很大一部分还要靠社区的捐赠。当时要拍一部纪录片，一般至少需要花这笔数额的两三倍以上，我们的这个预算等于是极端克制的预算了，后来陆续又有一些费用，总共花费了30万美元。

为了这个预算，我们一定要找非常适当的导演人选。第一，他当然是热爱中华民族的人。第二，这个人还要有理性和智慧，也要知道如何用客观的手法，用正反两面的证人和证言来展现我们的观点。第三，也是非常重要的一点，就是他为了民族大义可以几乎无偿地奉献出自己的时间和精力。

我们挑了几位有名和无名的导演，看了他们的经历和他们的作品，最后我们决定选择当时在纽约大学执教的崔明慧来担当这个重任，因为她符合了几乎所有的条件。

我们看重她是因为看了她的纪录片《谁杀了陈果仁》，那种思维构造，正反两面的采证，整个影片的节奏、紧迫感和它所产生的效果都令人称赞。而崔明慧本身因为身世比较坎坷且在韩国长大，对自己民族的热爱是不言而喻的。而她为人更是非常豪爽，俨然是一位女中豪杰，与此相比她拍摄影片的手法却十分细腻且严谨。最让人欣慰的是她愿意以这种一般的美国导演看来不可能的制作费用来替我们，也替近代中国多难的历史留下珍贵的一页，让人感动。我举个例子，当时（1992年）的拍摄是没有数码相机的，她用惯了的摄影机长1米多，宽15厘米，重量大概有10千克。一般的导演一定是让助手扛的，可她从头到尾都是自己一个人扛，机器从乘火车到拍摄从未离开过她瘦小的肩膀。当然或许可以解释为她对自己的摄影机的爱惜，但其实很大一部分原因是为了节省助理的费用。当时我们去日本拍摄这部《奉天皇之命》时只有崔明慧、她的摄影副导汤美如和我三个人而已。崔明慧扛着她的行李和她的摄影机。还有一些其他的摄影工具以及两个箱子,这就是我们的工作了。

就这样我们相约1992年9月2日在东京会合,我从美国到东京,她们从中国到东京。因为她们会先在南京采访一些幸存者,在南京七天的计划都订好了,人也到南京了。结果没想到的是,不知怎的,她们的计划也受到了阻碍。结果出发时壮志满满,本以为可以从南京到东京,拍一部完整的纪录片,结果没想到在中国浪费了七天而一事无成,只能在日本拍大量镜头汇集到一起,这实属又一段沉淀在历史的令人伤心的往事,为什么想拍一段中华民族最悲惨的历史都要受到这样的阻碍呢?

终于,我们于1992年9月2日在东京会合。当天我们就马不停蹄地去访问了一桥大学历史学教授——日本现代史,特别是军事史的专家吉田裕先生。他也是我的旧知了,他是一位学问渊博、温文尔雅、人品一流的学者。他时常谈到他为什么会开始研究日本战争史、军事史等:他恨透了战争,对于侵略战争的不合理和残忍更是恨之入骨。他研究日本战争史是因为在一桥大学念书时受到他的恩师藤原彰的教诲和影响。

藤原彰是吉田的老师,他本人和洞富雄两人是在日本专门研究南京大屠杀的开山鼻祖。

藤原彰是战前在陆军军官学校毕业后被派到中国战区作战的,后来做到大队长的时候被派回日本,日本战败时他的所属部队本来是要保卫日本本土的敢死队的,幸运的是他幸存

约翰·马吉的后人捐赠的13卷电影胶片原片

2019年12月13日，侵华日军南京大屠杀遇难同胞纪念馆举行“37分钟”版马吉影片捐赠仪式。

2019年12月13日，邵子平（右二）、陈宪中（右四）和姜国镇（右三）向侵华日军南京大屠杀遇难同胞纪念馆捐赠“37分钟”版马吉影片“一寸盘”，左一、左二分别为约翰·马吉之孙

1996年1月3日，“联合会”募集捐款，推动“南京大屠杀录影带计划”，向世界各国驻联合国代表团、美国政要及名流、新闻媒体赠送三种有关南京大屠杀影片的录影带，以阻止日本成为联合国安全理事会常任理事国。图为“联合会”成员在工厂里分装录像带

1991年,日本《每日放送》记者加登英成耗时一年采访、拍摄了日本第一部揭露侵华日军南京大屠杀历史真相的纪录片《验证南京大屠杀》

1998年6月28日，在纽约法拉盛金唐宫酒楼举办“日本见证团侵华罪行报告会”

On WWII Atrocities
罪行報告會
會

陈宪中在纽约经营一家印刷厂，自“联合会”成立至今，他为各种活动个人出资累计超过百万美元

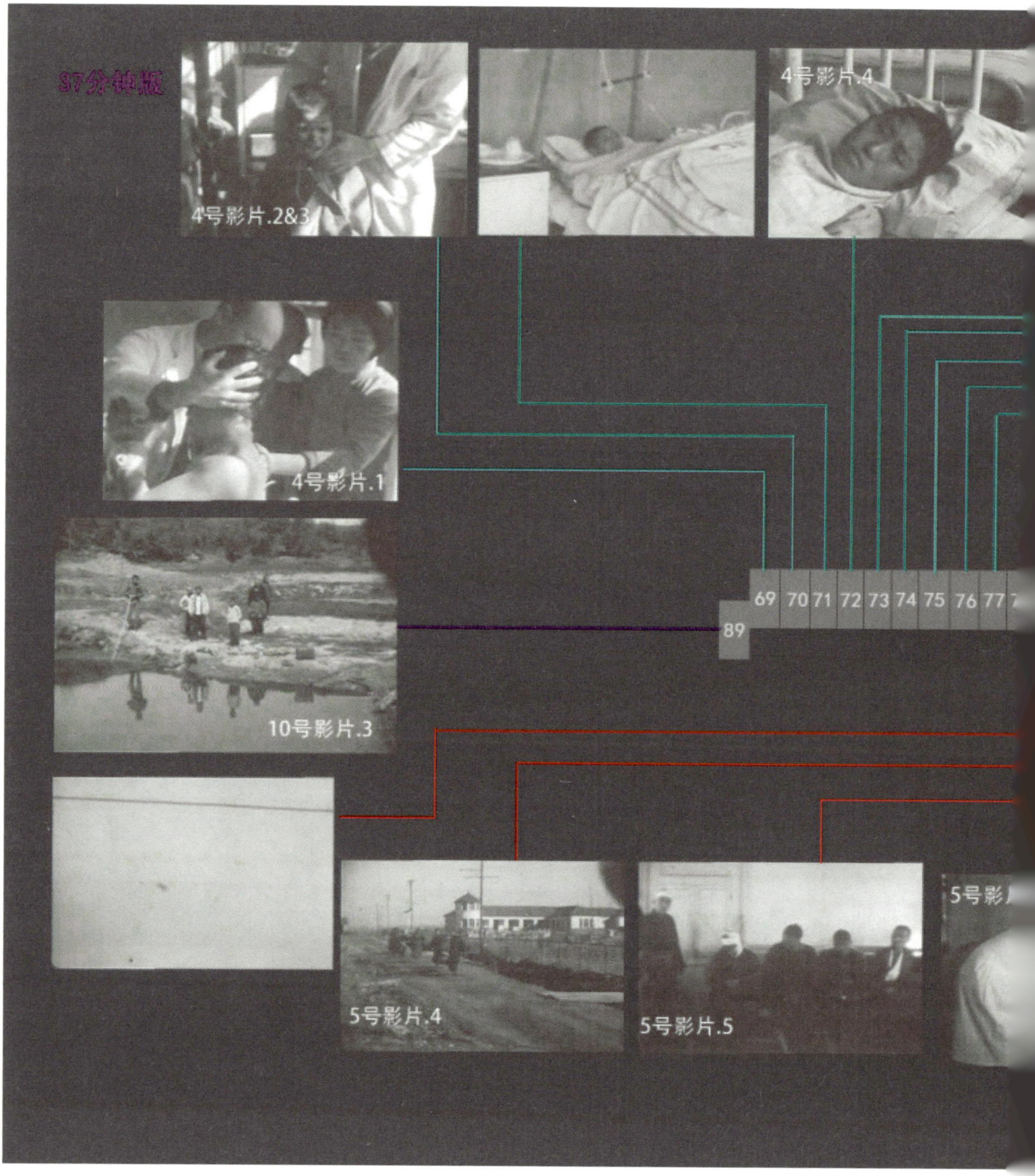

“37分钟”版马吉影片新增画面

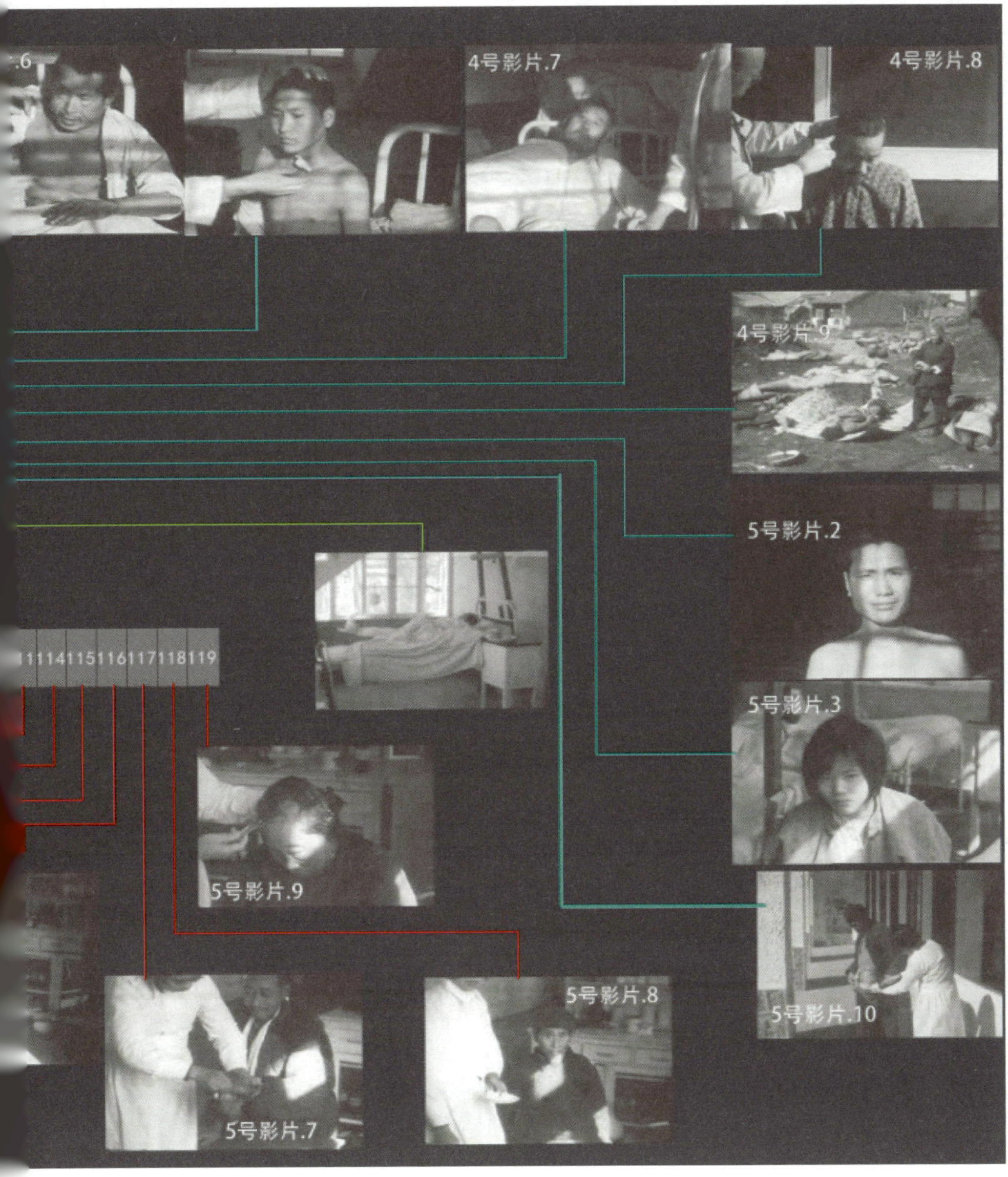

.6
4号影片.7
4号影片.8
4号影片.9
5号影片.2
114
115
116
117
118
119
5号影片.3
5号影片.9
5号影片.10
5号影片.8
5号影片.7

2020年10月18日，两岸举办主题为“铭记民族抗战史，共护和平谋未来”的“纪念台湾光复75周年南京-台北视讯交流”。本次活动由国家记忆与国际和平研究院、南京抗日航空烈士纪念馆、台湾财团法人民主文化基金会主办，香港大公文汇传媒集团江苏记者站与台湾新国际理论与实践中心协办。图为学者林立在交流发言

邵子平
黃光國
灣光復75

1991年，32岁的加登英成专赴美国寻找马吉影片。图为加登（右）在美国洛杉矶历史影片协会看到了费奇外孙女捐赠的“11分钟”版马吉影片胶卷

邵子平展示录像带

2002年10月2日，在纪念南京大屠杀受难同胞联合会邵子平等人的联系帮助下，大卫·马吉携夫人弗兰西斯·马吉，不顾年迈体弱，专程前来南京，将珍藏了半个多世纪的其父亲拍摄南京大屠杀影像时使用的摄影机和4卷铜盒装的原片胶片，捐赠给侵华日军南京大屠杀遇难同胞纪念馆

下来了。战后他再考进东京大学，选择了研究日本近代史，而正是因为他在日本侵略战争中有当过日本军干部的经验，让他更了解侵略战争的祸害而义无反顾地开始研究日本的侵略战争和南京大屠杀的那段历史。他在日本教科书篡改历史的那段时间里，立场鲜明地出版了《战后史与日本军国主义》(1982)和《南京大屠杀》(1985)，是一位非常值得尊敬的学者和斗士。

我们的采访都是我用日文问问题，然后他们再重复我的问题，接着再说出他们的回答。很多时候崔明慧她们因为不懂日文，也会闹出一些笑话，有时崔明慧也会忘了拍摄，那些因未进入摄影时而被错过的镜头，变成了遗憾。比如我和上智大学教授在与否定南京大屠杀的极右派学者渡部昇一在采访前交谈时，他问我来自哪里，我说是台湾，他听了马上就说那应该是亲日的，你怎么在搞"查明南京大屠杀真相"这种反日的活动呢？我当时想故意惹怒他，我就说历史的真相只有一个，就是因为日本政府和右翼一直否定南京大屠杀，我才会挺身出来维护历史，我虽然在日本留过学，那不意味着我一定要亲日，我做人有原则，我是"知日派"，可不是"亲日派"。接着我们就大吵了起来，很可惜的是崔明慧不懂日文，以为采访还没有开始，就没有把我们放进镜头。她知道以后也追悔莫及。

9月4日和5日我们访问了先前提及的渡部昇一和南京大屠杀的研究和报道上最有名的《朝日新闻》记者本多胜一。本多胜一以新闻记者的身份独自做了很多研究，并亲自从上海到南京，几乎走遍了所有的日军犯下罪行的村庄和城市，写下了开创先河的《到南京之路》。他的结论是日军的屠杀是从上海到南京的路上一直都在发生的事实，所以广义上的南京大屠杀是从1937年11月日军登陆上海开始，一直到攻占南京之后的6个月为止。

在我访问本多胜一时，我问了他在他的所有采访中，哪一个片段留给他最深刻的印象，他当时突然被问了这个问题，反而无法回答。后来我回到美国之后，他写了一封信给我（1992年9月22日）向我道歉。他在给我的信上写道，经过再次回忆，他觉得自己采访过印象最深的就是幸存者罗大兴的悲惨故事。

罗大兴是南京大屠杀的幸存者之一，当时六七岁，他和两个小妹妹和妈妈一起，在路上被日军发现，他妈妈被日军杀死，倒在路边，而他最小的妹妹一直以为她妈妈还活着，还一直吸着妈妈的奶。他拉不开小妹，又怕再给日军看到，所以就只好带着比较大的妹妹去茅屋里躲避，可第二天早上，他们走到妈妈的尸体处才发现最小的妹妹已经死了，嘴里还含着妈妈的奶头。说到这里罗大兴已经泣不成声了。后来他们兄妹两人各被不同的人家收养，以后就再也没见过面了。

之后，我们到了京都的郊外去访问了几名以前的日本兵，一名是东史郎，他因为言辞直率，反省了以前日军在南京的兽行而受到日本右派和流氓的大规模攻击，车里常备一把日本刀来自卫。第二名是当时在南京的日本卫生兵，负责卫生和保健，他也说了他自己的故事。最后一名是以前在日军里当特务的永富博道，当时的照片中，他留着黑胡子，骑在马上，一看就是恶行昭彰的混混，可被采访的时候已经变成了老泪纵横的老人了，他说这是他唯一赎罪的方法，再也不想让侵略战争再次发生。这三名都说得很好，也很诚恳，只是他们的说法都是坏事是别人干的，自己只杀了一个人；自己没有强奸，只看过别人强奸、杀人；等等。这些其实是常人为了保护自己可能会有的反应，只是通过他们的自白，我们可以一窥整个南京大屠杀的全貌。

这个纪录片的结尾以"慰安妇"收场，是因为我给崔明慧看了我以前在《传记文学》里写的一篇关于"慰安妇"的起源的文章。其实"慰安妇"是因为南京大屠杀时日军奸杀了太多的妇女，所以为了预防此事重演，也为了满足军人的性欲，日本军部才会组织"慰安妇"。这些促成了崔明慧在这部纪录片里放进了"慰安妇"的历史部分，并痛批了日本政府的作为。

9月8日，我们访问了政治家和日本教育部的人，并于1992年9月9日离开东京，飞回纽约，完成了很短暂却很充实的采访和纪录片之旅，心里只希望能够剪辑成一段可以在历史上流传的纪录片《奉天皇之命》。

"日本男孩3岁就被洗脑"

崔明慧简历：

美籍亚裔导演，纽约大学电影系主任。14岁移民美国，父亲是朝鲜人，母亲是上海人，1989年凭借策划、执导的《谁杀了陈果仁》获得第61届奥斯卡最佳纪录片（长片）提名。崔明慧认为自己拍摄纪录片的目的是：为没有机会讲话的人说话。

“联合会”寄来的资料里，有一份英文资料，封面是铅笔写的中文：“崔明慧拍摄《奉天皇之命》的大意与大纲，只是很可惜，在南京不能拍到一丁点，全无任何采访。”

我用翻译软件将拍摄大意与大纲翻成中文。

2020年5月，我发邮件约崔明慧采访，给她发去采访提纲，我们约定在2020年5月28日以微信电话形式访谈。崔明慧热情、豪爽，有问必答，我们一口气谈了三个多小时。

采访崔明慧

采访时间：2020年5月28日

采访方式：微信电话

问：崔明慧老师，您好！请回忆当年在纽约的陈宪中先生联系您用马吉影片为素材拍摄《奉天皇之命》的经过。

答：可以开始了吗？好。

我记得是在1992年，大概是6月份的时候，我在公司的办公室里，那时我自己有一个工作间。有个女孩子给我打电话，姓余，她说她是和陈宪中一起工作的，问我：“你愿不愿意拍一个关于南京大屠杀的片子？”我说：“什么是南京大屠杀？我从来没有听说过。”

我在上海出生，小时候，我听我外婆说日本人从上海撤退时她到黄浦江那边去骂撤退的日本人。上海那时候有日租界、英租界、法租界，很多中国人到黄浦江边看日本人坐船离开。我外婆特别不喜欢日本人，觉得他们太可恶了。那时，中国人都叫他们“小日本鬼子”。

我好像在学校里就没有读到过关于南京大屠杀的故事，也没有人提过。

这个姓余的女孩子跟我讲南京大屠杀，我说：“什么？那是我外婆那时候的故事？”她说，是啊，不过他们现在发现有一个影片，是以前的那种电影胶卷，是没有声音的。她问用我现在的设备可不可以放一下？我说可以。我把那个胶片拿来在纽约大学放了，看了之后觉得不错，很多东西拍得非常好！那是约翰·马吉拍的影片。

我说：“好！你的资金从哪来呢？”她说他们有一个组织（纪念南京大屠杀受难同胞联合会），有一点钱，不过那时候到中国拍片，一定要经过中国电影合作制片公司允许。

我那时候是摄影师，至少要找一个人来录音，他们给的那些钱不够找很多人，所以就只能找两个人：一个人拍摄，一个人录音。我负责摄影，给我录音的人还得帮忙打灯布光。Nancy Tong（汤美如）就加入了，她还兼做监制，和我一起做准备工作。她是从香港来美国的，普通话不太好，但我们的拍摄申请还是得到了中国电影合作制片公司的批准。

我记得我在1992年8月18日从美国动身前往北京，计划中除了拍摄《奉天皇之命》，还有到河南省嵩山少林寺拍摄《禅学与少林》。计划中的拍摄地点包括嵩山少林寺、上海、南京，此外，我们还要去日本。

到了北京，在沟通南京采访事宜时就遇到了困难，我们很希望能去南京拍摄，因为一些南京大屠杀幸存者还活着。我们先去了少林寺。8月20日，我们离开少林寺后去了苏州。8月28日我们从苏州坐火车到上海。去上海的原因有两个，一个是我老家在上海，这次想拍《回乡之旅》，要拍我老家的弄堂，在上海富民路上，弄堂里的人都认得我。另一个原因是，上海有复旦大学，我们听说复旦大学知识分子多，复旦的学生见识比较广且很活跃，我们就把一群年轻的大学生叫过来，在旅店里采访他们关于南京的故事。回答当然就是七七八八的，一点都不令人满意。好多学生都不太了解南京大屠杀，采访的效果一点都不好。

结果关于南京我们什么都没拍到，只拍了几个学生而已。但神奇的是，后来我们遇见一个日本女孩子，她在日本广播协会做记者。我们问她，我们现在不能拍南京，她有没有什么可以联络的人在日本？这个女孩子本人是非常反对日本军国主义的，非常反对日本把南京的真相遮遮掩掩，日本学校在课堂里也不教这段历史，而且教科书也写得乱七八糟，写的不是日本占领中国，而是进入中国。一说起这些，这个女孩子就非常生气，不过她在日本广播协会工作，比较小心。她说："我在其他不工作的时间里，多半是在找资料。我认得很多人，尤其是有教授写过这类书，反对日本政府，反对坚持日本军阀制度的教授。""在东京，我还访问了几个以前到南京当过兵的人，他们现在愿意出来讲话。"

我说这太巧了,那就去东京吧!

我们到东京的时间是在1992年9月2日。与姜国镇会合后,我们在东京马不停蹄地访问了两名学者,还采访了一名记者。记者在他办公室里还戴着黑眼镜,戴着假发,他很谨慎,他说日本现在找他麻烦的人很多。

我们租了个私人的车子,开到一个乡下的地方,周围什么都没有,晚上去很小的旅店里睡了一觉。一路上,我们生怕有人在后面跟着,这些采访都是秘密进行的,好像我们在做侦探一样。

第二天,我们采访了日本老兵,我们是这样分工的:姜国镇会中文、英文和日文,在访问时我摄影,汤美如录音。先采访一段,由姜国镇翻译完之后,再继续采访。

在日本老兵东史郎家里,他是坐在地板上接受采访的。我这次出来,只带了普通的三脚架,没有带矮的三脚架,我那个机器是个很老的机器,是德国的,很重。天气热得要死,没有空调,我开始拍的时候就拿不动了,机器太重了!我坐在地板上,一手撑着地板,将机器扛在肩膀上,旁边录音的人倒不受影响。

那时候的录音设备不是很大的机器,是瑞典的录音机,用磁带录音,配有麦克风。老头子讲话"啪啪啪啪"如连珠炮,翻译的人译了一半就跟不上了,再加上我实在是太累了,而且我们时间有限。我脾气也蛮大的,我跟翻译说:"你就直接问他吧,我不行,中间不能停了,太累了,太累了!"我坐在地板上扛着机器连续拍摄,全身都是汗!

后来我们又到了一间旅店，在这间奇怪的旅店里过了一夜。第二天采访了另一个当过兵的，接着又采访了三四个当过兵的日本人。我听他们讲了一个非常恐怖的故事，不过不是发生在南京，是在东北的。他们说用枪把中国人打死了以后，他们把死者的心脏挖出来，当时人已经死了，但心脏还在跳。你觉得可不可怕？他们真的把心脏挖了出来，日本兵还用枪再射一次心脏。

还有一个老头子，有着“眯眯眼”，他说日本宗教里有一种教派，与其他宗教唯一的不同，就是信徒在死之前要把以前犯过的所有罪行都说出来，这样死的时候灵魂才能干净。所以这个老头子就开始讲了，一开口就刹不住，也是嘀嘀咕咕讲了半天，讲他怎样强奸妇女，他的表情没有悲伤，说了好些都是同一类故事，都是怎样强奸的——他们排着队一个一个地去强奸。

在日本的拍摄结束了。1992年9月9日，我们回到纽约，9月8日是纽约大学开学的日子。我那时候的课在星期三，糊里糊涂地就回来了。回来后就立刻冲洗胶卷，一段一段地看。糟糕的是，在上海采访的那些复旦学生，他们讲的中文我都听得懂，但内容不太好，不是我需要的。而在日本东京拍的东西一点都看不懂，全是日语。

我们就找了一个日语翻译，翻译完之后我们再一看，我说：“我们真的坐在一座金山上。”那个内容太丰富了！我找了一个纽约大学的学生帮我整理，这个学生现在蛮出名的，他后来得到了奥斯卡提名。他第二天就开始整理，把声音和画面连接起来，那时候不像现在用电脑制作，他都要一段一段手动拼到一起。

糟了！看了资料以后，我们发现没有一个受害人是从南京来的，我们采访到的被日本军人强奸的这些女人当时被称作“慰安妇”，有韩国人被送进慰安所去做“慰安妇”，但没有从南京来的，这就成了一个很大的漏洞！我们就开始到处找，结果找到了一个在夏威夷的女人，她是在南京长大的，亲眼看到了南京大屠杀，而且她家里人都被杀了。我和汤美如就背着机器赶去夏威夷。我们飞到夏威夷去采访这个老太太，她也不让我们到她家里，好像很害怕。那时候中国人好像很害怕讲南京的故事，所以要在公园里讲，在外面拍，拍完了以后，效果还可以。她有一点紧张，她讲的故事我们用了一段，她以前的照片都没有了，全被烧光了。

我们在日本的时候，当时还有一个反对日本政府的政治家，瘦瘦小小的，他到处演讲，我们还跟拍了他一天。他以前参加过很多次运动，在东京与很多人一道反对日本的军国主义。

至此，资料差不多完整了。我们就去访问大卫·马吉，即马吉牧师的儿子。我们到他家里，他以前是做银行融资的，很有钱，家里干干净净的。

到了后期制作时，我们发现钱不够了，于是就去筹钱。汤美如有资格申请加拿大电影委员会的基金资助，这个机构常常用基金帮助很多亚裔的人完成影片制作。我们申请了，获得资助的一个条件是我们一定要在加拿大境内剪片，一定要用加拿大的剪辑师，也就是一定要到加拿大去做后期。我们把很重的一大堆东西都放在车子上，我和汤美如一起，从纽约开车到加拿大。

到了加拿大，我们见了一个剪辑师，是个男人。他看了影片以后，一句话都不讲。然后，他突然爆发了，他是非常敏感的人，他说他不能剪："这个故事太惨了，我心理上、感情上都没有准备，不能剪！"他是他们电视台里面最好的剪辑师，片子内容已经翻译成英文了。他说："吓死我了。"

于是我们又找了个女孩子。这个女孩子每隔五分钟要到外面抽根烟、喝杯咖啡，她是法国人，什么都不懂。过了两天，她只剪了两分钟，把我气死了。我说："这不行！"怎么办呢？我们一定要在加拿大剪片，不然的话就没有资金了。

后来我们是怎么办的呢？我让汤美如留在加拿大，我回纽约。我到纽约再找一个剪辑的人。只能这样骗他们了。

我们两边同时在剪。汤美如就一直留在加拿大，大概有一段时间了。那个女孩子效率太低了，但她就这个习惯，不像我们干活利索的人。

我把剪片的机器放在办公室里。那时候我已经在纽约大学当系主任了，我的办公室比较大，比一般的办公室大，有一个房间是专门给我办公的，我的秘书有另一个房间，还有个小房间是招待客人的。我就把机器搬到了招待客人的那个房间，让我们研究院的一个学生在那里剪片。

等到最终剪完，加拿大的钱正好够。之后还需要把片子再整理一下，美国人不喜欢看字幕。片子里的很多日本教授的采访要加英文配音，可我又没有钱了。我找了一个同事，是纽约大学的教授，现在还在学校，我请他来配音，尽管他也不是配音演员。配音以后还要作曲，可是配曲从哪来呢？在美国找人作曲也是要付钱的。

我在哥伦比亚大学建筑规划及保护专业读硕士的时候就认得谭盾。你知道谭盾吗？

2001年，谭盾凭李安的影片《卧虎藏龙》获得第73届奥斯卡金像奖最佳原创音乐奖，他一炮而红。

1992年的时候，他还没出名，很是穷顿。我那时候刚开始和他的好朋友谈恋爱，我的男朋友在哥伦比亚大学读物理博士，人聪明得不得了，比较有钱。谭盾那时候在哥伦比亚大学读音乐博士，我是在哥伦比亚大学读建筑系的，读研究生的时候，我们三个人经常一起吃饭、喝酒。

我就跟谭盾说："我没钱，你可不可以帮我作个曲？"他说"好呀"。我就租了一个录音棚。他来了，没有乐器，只有一个人。我说"你的乐器呢？"他说："我唱。"我说："什么？""我唱。"

接着他就开始唱了，我们就把这段音乐弄进去了。我记得我给他300美元，他高兴坏了！我觉得这部片子的音乐特别适合，因为谭盾是从湖南来的，湖南有一群少数民族，他们都是会唱歌的。

片子做完了以后，我们就开始申请参加各种影展，开始卖片子。台湾和香港地区来买，泰国来买，韩国来买，后来一些东南亚国家都来买了。那时候片子很便宜的，具体价格我不知道，一共好像卖了几千块钱。

美国电视台也买了一次放映。但日本就是不买。不过，日本驻美大使的女儿看过这部片子，她觉得特别好，她就跟她爸爸说，我们能不能在大使馆放一次。她爸爸当时就考虑了。当然，他要听政府的命令，于是直接跟日本的电视台联络，询问应不应该放这部电影，以及日本的电视台将来有没有兴趣引进。

于是他们就帮我联络了日本的电视台，日本电视台说他们特别喜欢这部电影，不过我们一定要改个名字，因为电影的名字叫《奉天皇之命》，在日本不能这样说。

我说："那你帮我改。"他们大概讨论了不知道多少次，想不出一个适当的名字。最终，日本就没买这个片子。

那时候美国有一个电影发行公司，他们看了以后马上就答应替我们发行。那部片子的效果很好，在很多大学的各个系里放映。有一个影院只开在纽约，比较小型，是一位女士开的。他们放的电影多半是欧洲的老电影，和好莱坞的电影不一样，注重新潮故事。小小的一个电影院，现在还开着，他们放映的多半是在大众影院里看不到的片子。这家影院就选中了我们的片子，在电影院里放映。放映时《纽约时报》会写影评的记者也来了。影评写得很好，令我印象最深的是最后一句话："可惜这个片子太短了！这个故事可以讲得很长。"

纽约大学的校长看了影片也看过影评，他对我特别好，请我去纽约大学的法律学院放映这部电影。

法律学院有一名教授叫布莱卡维，她对这个片子特别喜欢。放映结束后教授们举办了一个座谈会，4个白人男性在台上侃侃而谈，会议室全都坐满了。

纽约大学法律学院每年都会放这部电影。南京大屠杀以后不是有一个东京审判吗？东京审判中有些国际法律问题没有解决，日本只有7名甲级战犯被执行死刑，而其中没有一个人承认自己的罪行。很多日本人认为他们就是“爱国”，“爱”到这种程度很可怕！

为什么侵华日军会那么凶残？因为他们从小时候开始已经被洗脑过了，他们没有其他的信仰，只崇拜天皇。天皇是天照大神的后裔，任何人都不能直接看他，他讲话是百分之百正确的。所有人都一定要听他的，重复他的话。这种态度很难改变，所以在东京审判中，竟然没有一个人承认自己犯错。所以，纽约大学法律学院的教授都说：“这部影片拍得很好。”

香港有一个影展，也是国际影展，也放了这部片子，那时候很多大陆过来的电影界人士也参加了影展。

虽然没有参与台湾的金马奖，但有这么多观众就够了！拍这部片子把我累死了。我同时还要教课，还有一个孩子要照顾，还做电影系系主任，把我忙得要死。

问：您说自己本来对南京大屠杀不了解，但是为什么会同意来拍这个片子呢？

答：好奇心。你知道吧，我去朝鲜拍了一个片子，关于韩国的家庭，1950年朝鲜战争爆发，战争结束之后，一些家庭被迫南北分离。我跑到朝鲜去拍了个片子，我在非洲也拍过几个片子。有什么我不知道的东西，我就要去看一下。

当时我一个人做研究，拍摄《奉天皇之命》对我来讲是一个挑战，我从来没见过战争。只在小时候听我外婆讲过一些。对于从来没见过战争的人来说，拍这样的片子是蛮有意思的一个经历。

再加上我是从大陆过来的人，我觉得我应该做这件事。我对国民党的感觉一直非常不好，我是受共产党教育的。我是经过韩国来美国的，我读本科的时候，是唯一从大陆来的学生。

问：另外我想问一下您在日本的那些采访对象是怎么找到的呢？

答：是在上海为日本广播协会工作的日本记者提供的。

在美国，陈宪中他们只是跟我讲，他们有马吉影片这个素材给我用。因为当时陈宪中讲，他们刚开始把马吉影片直接拿到社区去放，很多人看不下去，因为太恐怖。然后他们就觉得光放素材不行，得拍成纪录片，因为素材没有音乐，没有情节。

问：陈宪中先生跟您讲，他们现在有马吉影片素材，希望您拍一部关于南京大屠杀的纪录片，您在构思的时候是怎么想的？您想把它拍成一部什么样的纪录片？您是怎么思考这个过程的？

答：最重要的过程是到南京去采访那些还活着的受害者，这是第一步。我就先写了个大纲，但后来没能在南京拍成，就跑去少林寺了，拍完跑到上海，柳暗花明，遇见了日本广播协会的记者，就去了日本东京。

我拍片子不是为了赚钱，我觉得可以到全世界到处看看，可以学到很多东西，这对我来讲是一个很有意思的事。拍一部纪录片，就是一个很有意思的学习过程。当然我也不需要很多的收入，因为我已经在纽约大学工作了，那时候我薪水很少，不过够吃够住就可以了。我住在学校的教授宿舍，很便宜，所以经济方面百分之百没有问题。我不太喜欢很虚荣的东西，我住得非常简单，也不喜欢名牌。

问：您在《奉天皇之命》里面选用了一部分马吉影片的素材，您在选的时候是怎样考虑的？选什么样的镜头呢？

答：有的镜头和南京没有关系，那么首先要把这些镜头去掉。我要看马吉在南京拍的那些镜头。

问：您给《奉天皇之命》起了这样的片名，主要想说明什么问题？您想表达什么？

答：拍摄最初当然没有想到这些。是因为后来我们还从美国国家档案馆找了很多美国人拍摄的历史资料。美国有很多资料，他们拍了日本怎样训练、洗脑，日本的男孩子从3岁开始就被洗脑，这些内容都是在美国的资料馆拿到的。

我想表达的，就是在拍摄大纲中写的：在当今的全球经济融合和不断变化的时代背景中，爱好和平的国家必须牢记我们从历史中吸取的教训，缅怀在南京大屠杀中死去的30多万人，尊重人类尊严，维护历史真相，这将是我们正义行为的回报。

问：您那时候是怎么想到去美国资料馆找这些历史资料的？

答：因为20世纪30年代除了德国和美国，其他国家的摄影技术都很落后。德国的资料很多，因为希特勒身边有一名摄影师，把他的好的、坏的历史全部都拍了下来。

美国从很久之前就开始在军队里设置摄影社，不过这种摄影不支持同时录音。美国很早就开始在电影院放电影，在这之前，就有世界新闻纪录片，是英文片子，这些新闻片子都是没有声音的，放有旁白。1895年电影发明出来了，美国就开始用电影记录很多东西。大概1930年起，开始有美国军队专门拍摄不同的活动，摄影机是德国生产的。美国的电影资料里有这样的内容：日本从孩子很小开始被洗脑、训练，他们只听天皇的话，这些都发展成为侵华战争爆发的根源。

《验证南京大屠杀》，日媒戳破右翼谎言

1991年10月6日，日本《每日放送》播出记者加登英成采访、制作出日本国内第一部追寻南京大屠杀的纪录片《验证南京大屠杀》，这在当时的日本掀起滔天巨浪。

1991年7月，32岁的日本《每日放送》时政记者加登英成只身启程赴美，经纪念南京大屠杀受难同胞联合会牵线搭桥，在洛杉矶采访了参与南京安全区组建，并担任安全区国际委员会总干事乔治·费奇的外孙女汤娅·昆顿，并在洛杉矶历史影片协会看到了乔治·费奇的外孙女捐赠的“11分钟”马吉影片，便耗时数月拍摄了一部以大量史证、人证复原南京大屠杀真相的纪录片《验证南京大屠杀》。

加登英成是全日本第一个以新闻为基础，赴海外（美国、中

国、德国）采访与收集资料制作南京大屠杀历史节目的媒体记者。

2021年，时年62岁的日本记者加登英成，从供职20年之久的日本《每日放送》退休后已经平静地度过了两年。然而，从这一年的1月起，一封又一封来自中国南京的邮件令他陷入回忆，其中一幅随邮件发来的南京大屠杀幸存者夏淑琴的黑白肖像照片，将他在30年前采访、制作纪录片《验证南京大屠杀》的特殊经历拉近至眼前。

没错，加登英成的平静是被我打破的。我将寻找日本记者加登英成的经历制作成整版篇幅的新闻专题，刊发于2021年4月2日《文汇报》A10版上。

南京大屠杀幸存者夏淑琴的照片也是我随邮件发送给加登英成的，30年前他曾专程来中国南京采访过她。“夏淑琴的表情刻着历史的长度，她在8岁时的悲惨经历还留在心里。”加登英成在回信里写了自己看到南京摄影师速迦拍摄的夏淑琴黑白照片的感受。

2020年12月，我收到姜国镇从美国寄来的4盒关于南京大屠杀历史的录像带，均拍摄于30年前。

我把这4盒录像带全部数字化，一部部打开播放。其中，一部由日本《每日放送》记者加登英成拍摄、制作的纪录片《验证南京大屠杀》引起了我的关注，这部时长50分钟的影片里有10分01秒的马吉影片，很多是现存马吉影片中的标志性画面。

加登英成完成这部纪录片的时间早于《马吉的证言》和《奉天皇之命》，其影片中马吉影片的来源引起我的好奇。

2021年1月，我开始寻找加登英成。

我请求纪念南京大屠杀受难同胞联合会的几位老先生提供线

索。一天，邵子平先生告诉我，旅日华侨林伯耀先生跟他提起近期见到过加登英成。我要来林伯耀的日本手机号，打电话给他。林先生经常在开会中，说开完会联系我，但是，我始终没有等来他的电话。

于是我通过微信联系新华社驻日本记者邓敏，向他求助。邓敏热心地帮我找林伯耀先生，要到了加登英成的邮箱地址。

2021年1月16日，我给加登英成发了第一封邮件：

尊敬的加登英成先生：

您好！

费了很多周折，终于联系上您。

我是香港大公文汇传媒集团记者陈旻。一个月前，美国的姜国镇先生寄给我4盒录像带，其中有一盒是您赠送给他的，记录了您在20世纪90年代去美国寻找马吉牧师拍摄的记录南京大屠杀的影片的采访。

我在2017年底采访了邵子平先生，了解到他于1991年在美国寻找马吉影片的经历。邵子平先生告诉我，当年您也在美国寻找此片，您已经找到了马吉牧师的孙子马吉三世，但是，记录南京大屠杀的影片被邵子平获得。

我目前在写《寻找马吉影片》这本书，特别想知道您在1991年前后去美国寻找马吉影片的经历，期盼您能告诉我。我希望能写进这本书中。

我是用翻译软件与您通信的，您可以用日文回复，我再使用翻译软件阅读。

给您添麻烦了，非常感谢您。

给加登英成去信，我使用了翻译软件，先把中文翻译成日文，然后把翻译过的日文再翻译成中文，修改词不达意之处，如此反复数次，直到确认翻译出的日文能更为准确地接近我的表达。

2021年1月18日，我收到加登英成的回信：

陈旻：

初次见面。我是加登英成。

关于当时采访的细节，我可以通过邮件回复。但是，我不会中文，所以请小陈在身边找一个会日语或英语的人，如果能找到的话，我想效率会更高。

当年是费奇把马吉牧师拍摄的电影胶卷从上海带回美国的，我找到了费奇牧师的外孙女，进行了采访。我拿到了胶卷的复印件，播放权是由当时供职的《每日放送》公司付费获得的。

如果有什么其他具体的问题，请再回复我。

那么，希望2021年对小陈和家人来说，是美好的一年。

成功与加登英成通上邮件，令我十分兴奋，当日便回信道：

尊敬的加登英成先生：

您好！

非常感谢您回复我。给您的邮件发出后，我一直在期待着您的回信。

我想把需要知道的内容用提纲列出来，请您仔细回忆并写下来，发邮件给我。您直接用日文写就可以了，我有办法翻译成中文。

我正在把1991年和2017年分别寻找到马吉影片的故事写成一本书，记录下历史中值得记住的经历。我想知道：

1. 您为什么想到要去美国寻找马吉影片？这是哪一年发生的事？您那里去了几个同事？具体的时间是什么？当时您的年龄有多大？是什么样的原因促使您去美国寻找马吉影片的？

2. 您是如何找到费奇的外孙女的？您寻找马吉影片是为了什么？

3. 我随这封邮件发去两张电视上的截图，那个与马吉三世在一起的记者是您吗？

4. 您在美国采访了多长时间？采访过程中有没有印象深刻的事情？

5. 采访前，您是如何看待南京大屠杀历史的？采访后，您的看法有改变吗？

如果您能详细回忆去美国寻找马吉影片的经历，那真是太感谢您了！

祝您与您的家人健康平安每一天！

从2021年1月16日至2022年11月2日，我与加登英成的往来邮件达117封。加登英成认真地回答了我不断提出的多个问题。

2021年3月23日，在完成全部采访后，我给加登英成写信：

您在30年前拍摄的记录南京大屠杀的纪录片具有非常重要的历史资料价值，只是在中国还没有人看到和认识到。

我希望我的报道能让更多的中国人了解30年前的这段历史。

我认为，中国人，尤其是南京人应该记住您，您是一位专业的日本记者，您的职业精神值得我学习。

加登英成给我的印象是专业、严谨、谦和。

对一名记者专业水准的评价方法是看其新闻作品。我反复看了很多遍日文版《验证南京大屠杀》，即便是用翻译软件翻译的，加登英成撰写的纪录片解说词仍令我感动，他对马吉影片中拍摄的南京大屠杀幸存者夏淑琴与李秀英的采访也令我印象深刻。

影片中加登英成是这样采访夏淑琴的：

加登英成："你恨不恨日本人？"

夏淑琴："要不是日本军国主义，我一家人现在都还活着。不过，我还是愿意尽量同现在的日本人做朋友。因为人民之间该友好，是不是？"

加登英成是这样采访李秀英的：

李秀英："有时候我同日本年轻人讲话，就会想起从前的事，就很伤心。这都是因为军国主义。"

加登英成："你那些伤口现在还痛吗？"

李秀英："阴雨天时候会痛，现在就全身都痛。"

加登英成："心里还痛吧？"

李秀英："已经五十多年了，我也老了。时间一久，痛苦也就减轻了。”

旁白:“李秀英告诉我们,现在她最喜欢的事是替孙子织毛衣。”

1991年10月6日,日本《每日放送》记者加登英成采访、制作的日本国内第一部追寻南京大屠杀真相的纪录片,一经播出,立即成为日本各大媒体关注的焦点。张连红认为,在当时日本右翼否定南京大屠杀言论甚嚣尘上的背景下,加登英成纪录片的播放具有特别重要的意义。

“鬼片”胶卷仍静静地转动着

中国有句老话,“真金不怕火炼”。30年的漫长时光并没有湮没加登英成的新闻作品《验证南京大屠杀》。2015年3月,这部纪录片在日本以《南京大屠杀的证据:当时的记录影像和生存者的确凿证词》为题,被匿名传到网上,截至2022年4月,有接近6.4万日本网民从互联网上观看了这部敏感的纪录片。由日本记者拍摄的历史真相触动着日本的年轻人:

在充斥着大屠杀否定论的当今社会,这个视频是相当珍贵的。作为日本人,感到羞耻是不被允许的行为。

日本人不太明白的事情之一是南京大屠杀。在中学里,在战争结束前的历史中,我们很少学习到这段历史。

实际体验过战争的人们正在逐渐消失,所以我认为历史以这样的形式留下是很重要的。很多年轻人不知道和平这个词的重量。

目睹着自己30年前的新闻作品在当下被播放超6万次，加登英成说："现在是可以在网络上简单写下感想的时代，有各种各样的意见。"读着那些跟帖，加登英成非常吃惊。

美国牧师约翰·马吉在1937年拍摄的记录侵华日军南京暴行的影片，胶卷在战争结束后杳无踪迹，因此被日本历史学界称为"鬼片"。

"过了半个世纪，我们找到并重新审视了马吉影片，'鬼片'的胶卷静静地继续转动，从胶卷里听不到叫喊声和枪声，但我们感受到了一直守护着真相的拍摄者深深的悲伤。"加登英成在1991年拍摄的纪录片解说词中如此叙述，这样的感觉如今在网络上延续着。

只身赴美寻找"马吉影片"

1991年，32岁的《每日放送》记者加登英成一直关注战争历史。当年3月，他从日本历史学家、早稻田大学教授洞富雄的家里借到了一本美国传教士乔治·费奇的回忆录《我在中国八十年》。

"费奇在书中详细地叙述了自己把有南京大屠杀影像的胶卷缝在驼毛大衣里，从上海带回了美国。"为了寻找费奇的后代，加登英成多方委托美国的朋友，"那时只能通过电话和传真联络，我每天晚上都从日本打电话和发传真到美国"。

在朋友的帮助下，加登英成通过纪念南京大屠杀受难同胞联合会成员姜国镇，联系上了乔治·费奇的女儿及外孙女。

1991年7月，能说一口流利英语的加登英成只身启程赴美，在洛杉矶采访了费奇外孙女汤娅·昆顿，并在洛杉矶历史影片协会看到了费奇外孙女捐赠的“11分钟”版马吉影片，“终于遇到了半个多世纪前穿越太平洋的胶卷”。

在美国，加登英成不放过任何一条接近马吉影片的新闻线索。他采访了费奇女儿及其丈夫，他们对着加登英成的摄像机镜头说：“在日本，政治家和学者都说南京大屠杀并没有发生。这完全是胡说八道！父亲的这些影片无疑是残酷的，这些可怕的事情确实发生了。”

马吉影片拍摄者约翰·马吉的儿子大卫·马吉在接受采访时说：“第一次看这部影片时，我像大多数人一样被吓到了，大多数镜头是在医院拍摄的，那些受害者经历了可怕的遭遇，他们被烧死，被枪杀。”

1991年，赴美国采访的加登英成抢在邵子平之前找到马吉影片。加登英成在美国找到大卫·马吉的儿子约翰·马吉三世，从他那里获得祖父在南京拍摄的电影胶片。

邵子平在1991年的工作记录上记下了加登英成当时花了2 000美元在摄影公司查看与转录这些胶片，遗憾的是加登英成获得的那些胶片内容全部是教会的活动，与南京大屠杀无关。邵子平说，“约翰·马吉三世拿错了胶片”，这才使得邵子平在第二次前往大卫·马吉家地下室寻找时得以幸运地“捡漏”。

加登英成在给我的来信中说：“关于南京大屠杀的历史，我在书上读过很多。实际采访之后，我觉得这并不是捏造，而是千真万确的事实。”

1991年夏，加登英成专门赴南京采访了马吉影片中记录的受害者李秀英和夏淑琴。这段采访的影像被王正方用在纪录片《马吉的证言》里。

马吉影片中有长达35秒的影像，清晰地再现了夏淑琴一家祖孙9口人中7人惨遭日军杀戮，陈尸遍地的惨景。

加登英成在南京特别用心地实地采访马吉影片中的南京大屠杀幸存者，李秀英和夏淑琴都领着加登英成去当年的受害现场实地拍摄。回忆30年前的采访经历，加登英成告诉我："李秀英与夏淑琴两个人平时说话的表情都很温柔，但在采访中谈到1937年的经历时，她们的表情真的会变得很悲伤。"加登英成感叹道："即使岁月流逝，人们内心深处的痛苦和悲伤也绝不会消失。"

"我跑遍了整个日本，南京大屠杀完全没有被报道"

加登英成拍摄的纪录片《验证南京大屠杀》，我看了不下十遍，用翻译器逐字逐句了解影片解说词。加登英成说，解说词是他自己撰写的。

"当年，南京沦陷的消息传遍了全日本，但南京大屠杀完全没有被报道。"纪录片中，加登英成用旁白叙述道："我跑遍了全日本，没有找到关于南京大屠杀的报道，在美国和欧洲备受谴责的南京事件的实际情况不被日本国民知道，只有称赞战果的新闻装饰了现实版面。"

"与日本国内的狂热反应形成鲜明对比的是，在欧美各国，日军在南京的残暴行为同时被新闻报道。"加登英成找到了《纽约时报》、美国《生活》杂志等西方媒体对南京大屠杀的多篇报道，并用特写镜头一一呈现:“我从一本1938年5月发行的美国《生活》杂志的中日战争特辑中,看到了很多从马吉胶卷上翻拍的照片。这篇报道在当时引起了很大反响。”

加登英成调查发现,由于惧怕“南京事件的真相会令日本皇军威信丧失”,“有关日军残暴行为的报道全部被封锁”。

“在日本,当时从外国引进的出版物全部接受了内务省的审查。南京大屠杀以后,日本特别关注有关南京的出版物。”

加登英成在纪录片中平铺直叙,大量使用马吉牧师拍摄的受害者历史镜头、美国知情者回忆、南京大屠杀幸存者证言、德国外交官罗森的报告、罗伯特·威尔逊大夫的日记等,多角度向日本观众揭开南京大屠杀的历史真相。

“在日本,我是极少数敢说这件事的人之一,我所知道的只不过是整体的一小部分而已。但是我已把曾在南京发生的地狱般的遭遇充分传达了。”“我想我得把这事说出来,否则,我的心情就无法平静。我相信这件事的惨烈程度在现代史上是无与伦比的。”

姜国镇寄给我一张加登英成在1991年10月节目播出后寄给他的明信片,上面写着:

姜国镇先生:

您还好吗?

非常感谢您协助采访等事宜。在您的帮助下,节目制作得挺好的,周边的反响也不错。在节目的最后部分提及了不被重视的补偿问题,原本想使用您的采访内容,不过因为没有其他的镜头画面,所以就放弃了,请您理解。

不过，这是一个持续的课题，如果有机会的话，希望能与您相会。请向您的家人问好。

加登英成

据张连红介绍，早在1938年4月前后，英国基督教和平主义活动家莫瑞尔·莱斯特（Muriel Lester）从美国传教士费奇手中获得一份马吉影片的拷贝，曾托在上海的4名日本基督徒将马吉影片带到日本进行秘密播放，但少数人观看后就被迫中止播放了。

多角度采访、考证，交叉印证历史

1991年7月2日，加登英成在洛杉矶电影中心最先发现乔治·费奇的外孙女汤娅·昆顿捐赠的“11分钟”版马吉影片。“在同一时期，日本共同通讯社也对马吉影片非常感兴趣，我们就德国的罗森资料进行过交流。最先拿到胶片的是我，之后，共同社、京都通讯社等都与洛杉矶电影中心进行了确认。”

“在美国实际发现胶片时，我还记得自己当时既兴奋又高兴的心情，”加登英成对我说，“发现胶片就结束采访是不行的。为了提高胶片的可信度，我得想办法找出胶片中的被害者。”“胶片上的文字信息成了关键，我想这应该是根据两位牧师所掌握的信息拟的。”

循着影片中马吉牧师在拍摄的每一处场景做的简要的文字说明线索，加登英成联系南京，找到了被害者——时年74岁的李秀英与62岁的夏淑琴。“影片上的信息成了寻找受害者的关键。”加登英成说。

为避免信息源单一，加登英成多角度采访，以多方证据交叉印证影片的真实性。半年的时间内，他采访了约翰·马吉的儿子大卫·马吉、费奇的女儿和女婿；循着不断发现的新线索，查找东京审判的证人、证词等详细资料；他还从耶鲁大学图书馆找到了南京大屠杀期间留在南京的唯一外科大夫罗伯特·威尔逊的日记；在柏林波茨坦档案馆找出了《罗森报告》的附件——马吉牧师写的详细英文影片的镜头目录；并专赴南京实地采访。

加登英成说："南京大屠杀的纪录片在日本反响很大，给我的职业生涯留下了深刻记忆。"

南京实地考证

在34秒的画面中，罗伯特·威尔逊正在为面部及身体肿胀、遍体鳞伤的李秀英检查伤口。

《每日放送》记者加登英成的考证：

《罗森报告》附件中马吉影片说明词：

这个19岁的女子在难民区的美国学校里避难。她怀第一胎已经6个半月。一个日本兵要强奸她，她进行反抗，因此被他用刺刀狠狠刺了一通。她的胸部和脸部被刺伤19处，腿上挨了8刀，下身挨的一刀有5厘米深，因此她在被送进鼓楼医院一天后就流产了。这期间她的伤口已经愈合。

罗伯特·威尔逊医生的日记这样记录道：

12月21日

前天在五台山，一个怀孕6个半月的19岁姑娘因抗拒两名日本兵的强奸，脸上被砍了18刀，腿部有几处伤口，下腹部也有一个很深的刀口。今天上午我听不见胎儿的心跳，她可能会流产。

侵华日军南京大屠杀遇难同胞纪念馆内展示了关于南京大屠杀的各种资料，其中有一张女性照片，这张照片中的女性也出现于加登英成在美国发现的马吉胶片中，照片下面写着李秀英这个名字。

受害者李秀英带加登英成到当年被害现场的地下室及救治她的南京鼓楼医院讲述事实，并露出累累伤疤，“即使过了54年，被日军刺伤的伤疤也没有消失”。

李秀英口述：

1937年12月19日上午9点，来了6个日本兵，跑到地下室，准备拉走我和另外十多个年轻妇女。我宁死也不能受辱，就一头撞在墙上，昏倒在地。中午，又来了3个日本兵，其中一人上来解我的纽扣，我去夺下他腰间的刀，日本兵大惊，同我争夺刀柄。我夺不了刀，就用牙咬。另两个日本兵听到喊叫声跑过来，用刺刀向我身上乱戳。一个日本兵用刺刀向我肚子刺来，我失去了知觉，被父亲送进鼓楼医院抢救。经美国医生威尔逊的检查，我身上被刺了37刀，嘴唇、鼻子、眼皮都被刺破了。经过7个月的医治，我才恢复了健康。

夏淑琴说：“如果不是日本军国主义，我不会失去宝贵的家人。”在马吉影片中，南京大屠杀幸存者夏淑琴一家的画面是东京审判中的出庭证人许传音和马吉牧师赴现场拍摄的。

《每日放送》记者加登英成的考证：

东京审判中许传音的证词如下：

1946年7月26日，侵华日军南京大屠杀期间，担任安全区住房委员的中国证人许传音在东京审判中作为起诉方证人出庭作证："在南门的新路口5号，有这样一家，我曾和马吉先生到过那里。就在那里，11个人被害，3个人被强奸，其中2个少女，一个14岁，一个16岁。强奸后，日本兵甚至把异物塞到她们的阴道里。后来，她们的祖母把异物拿给我看。""年轻姑娘都是在桌子上被强奸的，我到那儿去的时候，血迹还未干。然后我发现了尸体，所有的尸体都在那里。我和马吉先生把尸体的惨状拍了下来，作为控诉日军罪行的证据。"

东京审判中约翰·马吉的证词如下：

1946年8月15日，约翰·马吉在远东国际军事法庭出庭作证。许传音领他去拍摄的夏淑琴家惨状，被马吉视作最可怕的场景。马吉在法庭的证言中对目睹的现场做了极为详细的叙述后，强调道，"如果我的摄像机装有彩色胶卷的话，就可以看出女孩被强奸的桌子上和另外一个人被杀的地上都有鲜血"。

《罗森报告》附件，即马吉牧师写的详细英文影片镜头词中以整整一页纸详细说明了日本兵是如何杀害这一家人的。其中记录了8岁和4岁的姐妹躲在旧床单下幸存下来的事情。

夏淑琴领着加登英成来到一家人被惨杀的现场。"夏淑琴的心中充满了当时的记忆。”

夏淑琴口述：

这是当年的新路口5号，南京大屠杀发生时，我才8岁。1937年12月13日上午，一队约有30人的日本兵到我家门前敲门，父亲跪在日本兵前，恳求他们不要杀人，却被日本兵用枪打死。然后他们把住在隔壁的父子4人全部杀了，再往里走。

日本兵从母亲手中强行夺过1岁的小妹妹，直接摔死在地上，后又扒光母亲的衣服，轮奸后，用刺刀杀死，并在她下身里塞进一只瓶子。我在另一个房间的窗户中看到这一切，就是这扇窗户。

走进我们房间的日本兵首先冲向外祖父、外祖母，枪杀了他们。然后把16岁的大姐推倒在桌上，把裤子脱下来。14岁的二姐也被拖倒在地板上，衣服被扒光。我吓得大哭，于是日本兵用刺刀在背后刺了我3刀，我昏了过去。醒来的时候，第一眼看到的是两个姐姐那光着身子死去的样子。外祖母也倒下了，脑浆都出来了。

张连红认为，事隔54年后，作为日本人的加登英成先生不畏压力，独自前往美国寻找马吉影片，采访相关知情人，到中国南京采访了马吉影片中南京大屠杀幸存者李秀英和夏淑琴，制成南京大屠杀的专题纪录片，在《每日放送》电视台的黄金时段，第一次向日本民众公开播放了马吉影片的主要内容，通过南京暴行的原始活动画面和对当事人的访谈，揭露了日军在南京暴行的真相，有力打击了日本右翼否定南京大屠杀的嚣张气焰。

“加登英成先生制作的南京大屠杀纪录片再次发掘了马吉影片的历史价值，引起了国际社会的广泛关注。”张连红表示，其后以马吉影片为题材，《马吉的证言》《奉天皇之命》等许多南京大屠杀专题纪录片不断涌现，在世界各地极大地传播了南京大屠杀的真相。

据南京媒体报道，1992年，在南京鼓楼医院建院100周年的时候，一位名叫加登英成的日本人向医院赠送了南京大屠杀期间在鼓楼医院救治受害者的罗伯特·威尔逊大夫的日记的复印件和录像带。

据核实，鼓楼医院将加登英成赠送的日记复印件与录像带立即转赠给侵华日军南京大屠杀遇难同胞纪念馆。那盘录像带即为加登英成拍摄的纪录片《验证南京大屠杀》。

加登英成有着丰富的媒体经验，主要负责日本的政治和社会报道。1996年至1999年，被《每日放送》派驻德国，成为驻海外记者。

“南京大屠杀的节目反响很大，在我的职业生涯中，给我留下了深刻的记忆。”加登英成在给我的信中写道。

加登英成喜欢南京，他说：“30年前，整个中国还在发展中。长江和古老的城墙给我留下了深刻的印象，但是人们的生活仍然很简朴。自行车很多，路上也很拥挤，这给我留下了深刻的印象。”

我给加登英成寄去了南京云锦鼠标垫、侵华日军南京大屠杀遇难同胞纪念馆赠予他的马吉牧师拍摄南京大屠杀使用的摄影机模型钥匙扣、马克杯和图书等礼物，真诚地邀请他再来南京。

2022年2月14日，我收到加登英成从日本京都寄来的礼物：手袋、皮手套、桌布、文创产品“360度地球与月亮”，还有一件文化衫。

加登英成在信中说：

礼物能平安送到真是太好了。通关好像花了很长时间，寄到日本邮局之后等了3周以上。

为了表达“地球上的人们都要和睦相处”的想法，我还放入了纸制地球仪的摆件。

我想去南京看看。能和陈旻见面的话，那就更好了。

当然，我期待着陪加登英成去看历经600年风雨沧桑的南京明城墙。

第五章　“新的老南京人”

他的烦恼

2018年春节，我在北京家中过年。此时，邵子平已经从美国回到北京。我们约好2月19日去他家里拜年。

那天上午，我与儿子田之禾来到位于北京东城区东厂胡同东厂北巷一栋居民楼的邵子平家。

邵子平家在一楼。虽然与邵子平是第一次见面，但我们已经有过多次电话、微信与邮件往来，所以彼此没有陌生感，直接进入“熟人模式”。

时年82岁的邵子平除了听力下降、要用助听器，总体来说身体硬朗，腰板笔直，嗓音洪亮。他衣着俭朴，身穿一件灰色西服，下巴上蓄了一圈胡子。

他夫人罗其云特意为我们现榨了两杯沙棘汁，不住地问：“酸不酸？”她说没放糖，因为要保证“原汁原味”。

夫妻俩拿出一摞在美国的旧照片，一张张解释着。“这是唐德刚，大历史学家，他是我们‘联合会’的精神导师。”“这张有张纯如，那个时候，张纯如多漂亮啊，意气风发！”

那天上午，邵子平用3个小时为我们详细叙述了30年前他与在美国的伙伴们寻找马吉影片的往事。

1988年5月，唐德刚、杨觉勇、吴天威、邵子平、陈宪中、姜国镇等一批华裔热心人士在纽约筹备并创立了对日索赔同胞会，立志要为被侵华日军杀害与伤害的无辜同胞向日本政府讨回公道。

“这是我们的第一个会（对日索赔同胞会）。在我们开会的时候，有位老华侨问我们：‘你们是谁啊？你们怎么可以索赔？’然后说：‘你们要问日本要多少钱呢？那钱拿到的时候怎么分呢？’”邵子平一边说，一边无奈地摇摇头。“我们被他问得不耐烦了，就想算了，别叫‘索赔会’了，而且‘索赔会’名字太大了，应该具体一点，后来就改成纪念南京大屠杀受难同胞联合会。”

我特意带去了2017年12月11日刊发寻找《拉贝日记》新闻专题的《大公报》送给邵子平。邵子平展开报纸，一边看一边说：“公开《拉贝日记》，可以说是戴克跟我两个人共同努力的结果，我从美国给他打了多少个长途电话啊！”邵子平感慨道，“戴克是牧师，他与拉贝的外孙女更好对话”，“戴克在给我的邮件中用德文写过一句话，就是邵子平想了一招，送机票给莱茵哈特夫妇，将他俩从德国请到纽约来，向全世界的媒体公开这个事情”。邵子平显然很满意自己当年的出色安排，“莱茵哈特夫妇从来没有来过纽约，这对他们也是很新奇的事情”。

1996年12月，应“联合会”的邀请，莱茵哈特夫妇抵达纽约，住在邵子平家里。

“德国人非常重感情。一年后我们去柏林，莱茵哈特夫人就安排我们住她家，给我们订好柏林交响乐团的票。吃饭、住宿全都安排好，晚上送我们去听音乐会。”“他们把我们当成朋友了。欣赏柏林交响乐团演出，真不错！我们的座位那么靠前，可他就坐在那打呼噜，真不好意思！他太累了。”罗其云回忆着，数落邵子平在剧院里睡觉。

“那些日子我实在太累，”邵子平哈哈笑着解释说，“莱茵哈特夫妇去美国参加了记者会，他们认为这是一件很有意义的事情，那段时间他们跟我们这边非常配合。”罗其云评论说：“有人说西方人很寡情，其实不是。他们按照认定的原则在做事情，一旦把道德上的相互认同建立好之后，就能一起走下去。他们离开纽约后，我们一直有联系。”

我向他们说起20世纪八九十年代出版的一些提及《拉贝日记》的杂志和报纸，邵子平明确表示他完全不知道这些，也没有看到过这些文章。

我将其中一些片段念给邵子平听：“拉贝每天奔走，向日本领事馆抗议，提交日军暴行的详细报告，呼吁制止暴行。他还秘密将日军种种暴行摄入影片，将所见所闻详细记载于日记中。”

“这几篇文章主要是讲民国政府对拉贝一家的赞助，并没有重点突出日记，”邵子平仔细读完全文后认为，“《拉贝日记》以及马吉牧师的影片，我们都只能说是‘重新发现’。为什么？因为曾经有关于拉贝的事情，包括民国政府后来送奶油面包给拉贝，那个报道早就有了。”邵子平认真地分析：“对拉贝在南京所做的事情，那个时候是不是知道他有日记？即使知道他有日记，也以为只是很简单地用几句话记录一天？而不是现在我们看到的，他在日记里一天就记了三五页，还那么详细地画了图。”

“大部头的日记是我们在纽约第一个看到的。当然了，莱茵哈特夫人是知道的，但他们在德国没有传播过。莱茵哈特夫人说了，她外祖父特别交代过，这些日记只能给家里人看，不要给外人看。”

3个小时的时间里，我重点采访了关于马吉影片寻找过程的细节。

接近中午，邵子平用手机接听了一个电话，是银行打来的，通知他在办理银行卡上有些问题。

邵子平很愤怒，他“呼”地站起身，音量突然高了起来，将手机贴在耳畔，在屋里来回走着，与对方激烈辩论。挂掉电话后，原本温和的气氛骤然转寒。

邵子平气呼呼地对我解释，他母亲有一笔遗产，想捐赠给家乡浙江的教育事业，可他没有身份证，无法办理银行卡，已经先后跑过多家银行，都没有办法，致使他迄今无法完成母亲的遗愿。

“昨天还在银行跟人吵架。”没有身份证，交通出行、就医看病困难重重，连“支付宝也用不了”。坐在沙发上的罗其云满面愁云。

1973年，在联合国总部工作的邵子平从中国驻纽约总领馆申领了中华人民共和国护照。1996年，邵子平从联合国退休，2003年定居北京。

邵子平说，他非常喜欢在中国大陆生活，办理一张中华人民共和国居民身份证成了他最迫切的向往，为此他多次跑派出所、侨务办公室，“前后试了四五年”都没办成，失望令耄耋之年的邵子平重重地叹息："我的胡子已经全都白了！"

因为没有身份证，外出旅游住酒店"只能住贵的"，"买火车票得去车站排长队"，邵子平一一细数没有身份证带来的磕磕绊绊。商场、菜场、饭馆等日常生活消费，电子支付已经无处不在，邵子平却只能望洋兴叹，钱包里得随时带着现金。

这个场景触动了我。我想，这样一位可敬的老人，南京大屠杀最关键的证据——马吉影片与《拉贝日记》——都是他找到的，他有这么大的贡献，生活上却遇到了这般不便利。

就在那一瞬间，我决定竭尽全力帮助邵子平办理身份证。

《文汇报》的信任

2016年12月31日中午，我手机屏幕亮了一下，是时任《文汇报》中国新闻编辑部主任王国辰申请加我为微信好友。

2016年1月，我供职了12年的《大公报》与《文汇报》合并为香港大公文汇传媒集团，当年5月，内地机构完成合并，作为集团驻地记者站，我们同时承担向《大公报》和《文汇报》供稿的工作任务。这两种报纸的受众、定位各异，对稿件的要求与文字风格亦不尽相同。同时为这两家具国际影响力的综合性大报供稿，于我是全新的挑战。而《文汇报》编辑部的同事，全都是陌生人，我平素与值班编辑线上沟通，而对这位王主任，仅限于"只知其名"，未曾有过直接联系。

我以为编辑部要给我布置新任务，但手机屏幕上出现："衷心感谢陈站长过去一年里给予我们中国新闻部的大力支持，特别感激您亲自为我们贡献了数量可观的优秀稿件。对您的敬业精神，我和我的团队深表敬意！”这份鼓励与认可令我心头发烫。

迄今，集团成立已经整整7年，王国辰已升任《文汇报》副总编辑，他对我的信任在为南京追回“37分钟”版马吉影片的过程中也起到了关键作用。

怎么样才有可能为邵子平办理身份证？我想，已经有了《大公报》报道邵子平找到《拉贝日记》的贡献，我再写他寻找马吉影片的新闻专题，拿着这两张报纸去找相关部门，岂不更有说服力？

我将自己的设想与王国辰主任沟通，希望这篇有关马吉影片的新闻专题能在清明节前刊发。

2018年3月12日，我给《文汇报》总编室发去新闻专题申报：

《美国传教士马吉影片湮没43年被爱国人士追寻重现，37分钟影像重现南京大屠杀》(一个全版，标题暂定)

执行、策划：陈旻

联系人：陈旻

交稿时间：3月下旬(计划在今年清明前夕配合南京大屠杀幸存者家祭报道时刊出)

拟申请：中国新闻专题

拟采访对象：邵子平、陈宪中、《世界日报》魏碧洲，侵华日军南京大屠杀遇难同胞纪念馆、《南京日报》记者等

简要说明：

1937年12月，美国牧师约翰·马吉在南京拍摄了侵华日军南京大屠杀受害者们的近景影片，这些胶片成为留存至

今的唯一记录南京大屠杀的动态画面。1948年，由于冷战期间美国需要帮助日本重建，南京大屠杀真相在西方被完全封冻。

1988年，一批爱国人士先后成立对日索赔同胞会和纪念南京大屠杀受难同胞联合会，在全球征集南京大屠杀有关资料。

在纪念南京大屠杀受难同胞联合会创会会长邵子平先生的执着追寻下，1991年7月，他在马吉牧师的次子大卫·马吉家中地下室存放的父亲遗物中，找到了其父当年拍摄的胶片和那台16毫米摄影机，使得记录日军南京大屠杀暴行的唯一动态影像的原始胶片及其拍摄工具被发现，这成为南京大屠杀证据搜集历史上的一个里程碑。

目前所有的新闻报道未曾涉及1991年邵子平等人追踪并发现马吉电影原片的历史过程，而“马吉电影中有关南京大屠杀的内容放映长度达105分钟”的报道与真实情况也并不相符。

目前，侵华日军南京大屠杀遇难同胞纪念馆保存的马吉影片放映时长为17分钟。

记者在采访中，发现不仅当年找到马吉电影的历史过程值得独家报道；同时，积极鼓励与协助当事人找出当年筛选后制作成的37分钟内容保存盘或录音带，捐赠给侵华日军南京大屠杀遇难同胞纪念馆也同样意义重大。

迄今的一个月内，我已采访了邵子平先生、《南京日报》记者、侵华日军南京大屠杀遇难同胞纪念馆等，正在设法联系采访在美国的“联合会”第二任会长陈宪中先生等知情者；并联系美国《世界日报》找到了当年的报道。

拟通过扎实的采访，尽可能详尽还原27年前南京大屠杀关键性铁证被重新发现的历史，以及马吉影片被重新发现的曲折过程。

主稿：(标题未定)内容1 000字

配稿1:《与日本记者赛跑》(标题暂定)，700字

配稿2:《据马吉胶片拍摄三部电影送联合国外交代表团每人一份，震撼欧美》(标题暂定)，700字

配稿3:《日媒〈每日放送〉重金购买遭拒》(标题暂定)，600字

配稿4:《马吉成为“联合会”铁杆盟友，揭大屠杀真相》，500字

图片：8至10张，有1938年5月美国《生活》杂志刊登的马吉影片中的南京大屠杀受害者画面、美国纪念南京大屠杀受难同胞联合会举办活动的资料照片、纪念馆展出的马吉当年使用的摄影机与胶片等。

注：尚未完成全部采访，会特别注重报道未曾披露的新闻事实。

2022年3月9日，我在北京的江苏大厦顺着回忆写到这部分时，找出当时发给《文汇报》的新闻专题申报，粗粗浏览了一遍，忍不住惊讶，我拨通邵子平的电话，共同回忆起那些日子。

我说，那个时候，我在专题申报中就写了“目前，侵华日军南京大屠杀遇难同胞纪念馆保存的马吉影片放映时长为17分钟”。

“我还真是高瞻远瞩啊！”我向邵子平自夸道。如今，“37分钟”版“一寸盘”真的被找到了，而且已被捐赠给南京。我对邵子平说：“其实，那时我对能否找到‘37分钟’胶片或录影带一点把握都没有，专题申报之所以这么写，是希望能得到编辑部的重视，同意刊发这个新闻专题。”因为事隔27年，已不能算是新闻。当时的目的就是单纯地想为邵子平办理身份证增加“筹码”。

王国辰却不假思索地完全信任了我。“寻找‘37分钟’马吉影片已不属于记者职业的工作范围，但是其价值和意义，要远远大于一个通常意义上的记者工作的价值。”王国辰热情地鼓励我：“历史就这样被你一点点打捞起来。”

2018年3月13日，我收到《文汇报》发回的专题批复：

> 同意此专题申报，做1个版“中国专题”。来稿字数请控制于3 500字内。此专题由中国新闻部跟进，请直接与中国新闻部对接。
>
> 来稿请注明“专供《文汇报》”。
>
> 总编室
>
> 2018年3月13日

怀柔夜访

2018年10月5日，姜国镇发邮件告诉邵子平找到了“37分钟”

版“一寸盘”，10月8日，对此浑然不知的我就登门怀柔，在邵子平家里翻找史料，却意外获悉“37分钟”版“一寸盘”现身纽约，这才产生了动员各方力量全力推动“37分钟”版“一寸盘”归属南京的一系列计划。

我真正意识到自己撞上了好运，已经是两天之后。

10月10日，我的邮箱里终于出现了邵子平转发来的邮件。这封向邵子平透露找到“37分钟”版马吉影片“一寸盘”的重要邮件，其发件人是纽约纪念南京大屠杀受难同胞联合会会长姜国镇，发件时间是10月5日，文字内容只有一句话：“这是你需要的吗？”

10月6日，邵子平回复姜国镇：

看起来很像我们以前拥有的东西。富士（胶片品牌）也是复制电影的合适品牌。我希望这不是王正方的电影。

非常感谢，凯文（姜国镇），但我看不到标签上的内容，当然不是（指）画掉的部分。你能给我一张清晰的标签照片吗？请回答以下所有问题。

1. 内容呢？它们是马吉的无声电影吗？总时长是多少？它们状况良好吗？我们可以复制同样质量的拷贝吗？准备好播出了吗？

2. 电影存放在哪里？是在专业存储公司吗？费用是多少？

3. 在做任何事情之前，请您与一家专业的电影公司一起检查电影的内容和质量。如果它太旧或条件很差，我们将无能为力。

你说呢，萨姆（陈宪中）？

等待你的电话或电子邮件。

10月10日早晨7时许，我终于在邮箱里看到了传说中的绿色“一寸盘”，我当即给邵子平回信：

邵老师，谢谢您，终于收到了！

我还是很激动的。自从今年上半年在采写您的稿件时发现侵华日军南京大屠杀遇难同胞纪念馆只有17分钟的马吉影片之后，我立即意识到您当年的“37分钟”版“一寸盘”很珍贵，就与您商量是否能找到。也请陈宪中先生找了，未果。此后便心心念念这个“一寸盘”。多次听您描述它的模样，今天真的见到照片，太喜出望外了！谢谢您！

特别钦佩您，因为您的纯粹、真诚、严谨，还有最重要的是对历史使命的主动担当，这些都是最珍贵的人格魅力。

祝好！

陈旻

10月10日

在我眼里，邵子平是一股寻求真理与伸张正义的力量。我把感慨发在微信的朋友圈里：

在时间的磨砺之下，一个人能够保持原本的优良品质，绝非易事。

82岁的邵子平先生，依然用双肩包背着电脑，四处奔波，执着于追讨100年前被卖到美国，成为宾夕法尼亚大学博物馆“镇馆之宝”的昭陵“二骏”——“拳毛䯄”与“飒露紫”。没有组织，没有人赋予他使命，他全部自费。从弱冠到耄耋，他的身上有一种跨越时间的从容和风华。

他还计划要追讨被侵华日军掠夺的中国文物，他说：“我是要一直做事的，一直做到死。”

经过时间的淘洗，老年才是人与人高下立见的时刻。

尽管邵子平再三叮嘱我“37分钟”版“一寸盘”的信息要保密，但我认为，从我发现“37分钟”版“一寸盘”的存在价值后，费尽心机苦苦寻找的最终目的就是为南京补充史料，原因只有一条——南京是南京大屠杀惨案的发生地，我们有责任为这座城市的历史留证。

我原计划是为推选邵子平为“感动南京”人物助力，帮助他在原籍所在地南京办理身份证。现在，计划中增加了新的内容：联系邵子平的母校南京市琅琊路小学授予他“杰出校友”称号，将他的事迹写入小学母校校史；分别赴南京侵华日军南京大屠杀遇难同胞纪念馆与拉贝纪念馆捐赠史料，同时联系南京媒体集中采访报道；为南京争取获得“37分钟”版马吉影片“一寸盘”。

在北京生活的近20年中，只要面对关于南京大屠杀历史方面的求助，邵子平总是不遗余力。

2015年，邵子平积极配合江苏卫视拍摄《外国人眼中的南京大屠杀》，陪同摄制组赴耶鲁图书馆查找资料，去纽约联系并采访大卫·马吉。

江苏省广播电视总台纪录片创作中心制作总监、编导王富俊2015年12月18日在记者手记中写道：

> 邵子平先生提供了他们在20世纪90年代初翻制的马吉影片的录像带，这盘录像带上面标注的影片长度是45分钟。遗憾的是，这盘距今二十多年的录像带已经无法播放出画面来了。据邵先生回忆，马吉影片中记录的部分日军暴行，他在90年代初发现的胶片中也没有看见过。所以，我们在美国又找到了马吉的部分原始胶片并借回国内检索，依然一无所获。此后，邵先生一直致力于寻找这些遗失的胶片。

王富俊在文末指出："多年来，这些影像犹如'一面镜子'，提醒着人们不要忘记历史的教训，然而它们的使命远未终结。"

按张连红的评价，邵子平"对南京大屠杀历史研究的贡献不可替代"。

2018年10月10日晚，邵子平向来访的纪念馆馆长张建军介绍"联合会"早年在美国为查找南京大屠杀历史证据以及在西方传播历史真相所开展的活动情况，"我一直想在南京江边寻找'万人坑'以取证"。根据历史记载，1937年12月，侵华日军在南京集中屠杀了大量中国军民，很多是在长江边实施的。邵子平迫不及待地说出自己的多年心愿，他表示自己可以联合国际最先进技术力量找到万人坑，为证实日军暴行增加更为有力的证据。

我们在邵子平家里谈了整整两个小时，纪念馆邀请邵子平去南京参观，同时邀请他参加2018年12月在南京举行的南京大屠杀死难者国家公祭仪式。

南京市琅琊路小学来了重量级校友

2018年4月13日，我给南京市琅琊路小学写过一份《情况说明》，介绍了《大公报》与《文汇报》刊发的两篇关于邵子平在海外追寻南京大屠杀关键史料——马吉影片与《拉贝日记》的情况，重点突出了邵子平作为该校校友对南京这段历史的重要贡献，向该校诚恳提出建议。我这么写道：

> 邵子平先生于1946年就读于南京市琅琊路小学，他迄今对母校念念不忘。
>
> 邵先生在海外找到的马吉影片和《拉贝日记》是南京大屠杀这一人类惨案最为关键的史料文献和证据，他对南京大屠杀史研究领域有重大贡献。
>
> 已至耄耋之年的邵子平先生，对母校南京市琅琊路小学怀有无可替代的真挚情感，鉴于此，江苏记者站特别建议南京市琅琊路小学将邵子平先生列为该校杰出校友，录入校史。适当时邀请邵子平先生到校，与学生们分享自己为国家和民族勇于担当的珍贵经历。
>
> 香港大公文汇传媒集团拟将刊发的两篇新闻专题的报纸原件赠予南京市琅琊路小学，留作史料。

每次对我说起家乡南京，邵子平总是两句话："我是在鼓楼医院出生的"以及"我的小学是琅琊路小学"。他还多次提到，小时候，琅琊路小学有位吴秀琼老师"给了我两巴掌"，他很想再见她。

创建于1934年的琅琊路小学，地处南京市区文化中心地带和民国公馆区，民国时期即为南京市知名学校，如今更是南京市一流名校。

邵父是民国高官邵毓麟。我调侃邵子平是民国"官二代"，问他："你父亲是否带你们享受过特殊待遇？"邵子平记得父亲没有带他们"下馆子腐败"，但是给他和哥哥、弟弟都安排上了好学校，兄弟三人全都就读于琅琊路小学。

其实邵子平最早进入的是重庆巴蜀小学，1945年抗战胜利后，他随父母回到南京，1946年和1947年就读于琅琊路小学。小学毕业后考入中央大学附属中学。

2018年4月，我计划邀请邵子平回母校南京市琅琊路小学演讲。我认为，南京这所名校的学生整体素质好，前程远大。可以预见大部分学生将来的发展足迹会遍及世界各地，如果杰出校友邵子平能现身说法，让他们知道他们的校友还能干出这样惊天动地的大事，他们必定印象深刻，感到自豪，这会产生强大的示范作用。往后，当他们长大成人，在世界各地大展宏图时，也许有可能发现对我们国家、对南京这个城市有用的资料和史料，也许会效仿校友邵子平，去尽自己的全部努力收集这些资料，然后完好地交给我们国家，交给我们这座城市。

我对邵子平说："日本的历史教育是从孩子抓起的，我们不能懈怠。”

为了实现这一目标，我特意求助曾共同在原南京军区南京总医院政治部工作过的战友陶涛。

1992年1月，我从南京军区南京疗养院调任南京军区南京总医院政治部宣传科担任新闻干事，担任过宣传科长、政治部正团职协理员，2002年3月转业。

南京总医院的前身是国民政府中央医院，建于1929年，这所有着94年历史的医院承载了我们的青春时光，在这里工作的经历成为政治部同事们共同的愉快记忆。

陶涛1996年从无锡调来南京，任医院政治部保卫科干事。他沉稳内敛，待人真诚，做事认真细致，又爱学习，最受部领导信任，我们都调侃他是部领导的“小棉袄”。

军队向来是“铁打的营盘流水的兵”。当年在南京总医院政治部共事的战友们，大多早已转业离开医院。但南京总医院宛如无形的纽带紧紧联结着我们，使得彼此间的情谊在岁月沧桑中自然延续。

2021年11月，邵子平曾来南京住了近一个月，我请他与我的战友们到龙蟠中路的一家餐馆聚了两次。第一次，当他弄清楚我们这群人是20多年前的同事时，非常意外。用餐结束，我开车送他回旅店。一路上，他连连摇头，觉得不可思议，感慨道：“真没有想到，你们都不在一起工作那么多年了，关系却还这么好！”

2018年4月初，我联系陶涛，请他帮助牵线协调，建议琅琊路小学将邵子平先生列为该校杰出校友，录入校史，作为培养小学生爱国主义精神的鲜活榜样。

“这是个好主意！”陶涛说，“爱国教育就要从小抓起。”他认为，在小学阶段培养学生的爱国意识，对孩子们整个人生的发展都会有积极的影响。陶涛联系鼓楼区委办公室，转去我写的《情况说明》。第二天，我接到了琅琊路小学校长戚韵东的电话。

我的计划得以顺利推进，但因为邵子平来南京的时间迟迟未能确定，我与学校商议待邵子平确定南京行程后，提前联系学校商量具体实施方案。

2018年10月12日，在北京回南京的高铁上，我短信联系琅琊路小学校长戚韵东：“邵先生决定在本月20日来南京，想与您商量邵先生回母校拜访一事。”

戚韵东回复：“我们一定热情而认真地接待！”

10月18日上午，我带上报道邵子平的《大公报》与《文汇报》，来到琅琊路小学。戚韵东专门请来负责校史室的老师。

负责校史室的是一位资深教师，清瘦的脸庞上戴着副眼镜，表情深藏不露。他拿过报纸，埋头阅读。我与校长及其他学校领导你一言我一语，斟酌接待细节，他坐在一旁一语不发。

负责校史室的老师快速读完关于邵子平的两篇新闻专题报道后，把眼镜往鼻梁上方一推，眼镜架到了额头上。随后，他将身体重重靠向身后的椅背，仰头深呼一口气。加重语气一字一顿地说：“我们学校终于迎来了重量级的校友！”

听他这么一说，大家全都乐了。

2018年10月20日对于邵子平来说是个特别的日子。这一天，82岁的邵子平终于伫立在阔别多年的母校南京市琅琊路小学的门前。

“热烈欢迎邵子平先生回到母校”，学校大门内迎面的巨大电子显示屏上的欢迎标语滚动播放，校长戚韵东、副校长胡志宏、已经退休的李校长以及学校的老师们早早打开校门，领着学生们热情迎候，还有其他已退休多年的学校领导与老校友们闻讯赶来。

邵子平在母校受到了极高的礼遇！少先队员们向邵子平夫妇敬礼，给他俩系上红领巾。

一步步穿过大操场，从老校区到新的教学大楼，邵子平仔细寻找少年时的旧日印记，寸寸缕缕，用目光抚过每一处角落。邵子平对校友们回忆当年自己的调皮，谈起当年打过自己手心两巴掌的吴秀琼老师。

在一栋白墙红瓦的高大建筑前，邵子平认出自己当年的教室就在这座建筑“小白楼”里。

当年，全校只有“小白楼”这一栋教学楼。它有两层，坐北朝南，有着大坡屋顶架。这栋教学楼为砖木结构的西式风格建筑，整体形状大致像前一半鱼尾括号。

“1945年，陈履安先生在这里求学。”老校长向邵子平介绍着。“哈哈，我与陈履安是同桌。”邵子平笑声爽朗，少时的记忆青涩温暖。

“邵爷爷好！”校史讲解团的学生用朗诵的方式，声情并茂地向邵子平夫妇讲解校史，满脸稚气的脸上渗出汗珠。

每一层楼有不同的小讲解员。拾级而上，邵子平夫妇步入该校校史馆三楼的“桃李芬芳”展厅，这里陈列着学校历届杰出校友的照片与成就。当一眼望见橱窗内展陈着《大公报》与《文汇报》

对他的报道及他的大幅照片时，学法律出身且一向冷静理性的邵子平，显然被这完全的意外冲击，那一瞬间，他的激动之情在脸上展露无遗。

展柜里展陈的照片，是邵子平2017年12月在美国宾夕法尼亚大学追讨昭陵“二骏”的留影，身上穿着的夹克衫恰好是他此刻的衣着。“我穿的就是这件衣服，验明正身啦！”邵子平指着照片对簇拥着的记者们说。

对邵子平此次回南京的行程设计，我颇费了一番心思，目的是能让他处处感受到家乡对他的热情与尊敬。

在第一站母校，我想要先给邵子平一个大惊喜，就特意与学校商量专门设置了这个环节，将放大的邵子平的照片，连同刊稿报纸一并提前交给学校，布置在杰出校友的橱窗里的单独展区。

南京市琅琊路小学特别授予邵子平“杰出校友”的称号，校长戚韵东为他颁发了证书，学校的小记者们围着他采访。

“现在的学生比我们那时候活泼多了！”邵子平对学校老师们感慨道，“我们那时候还有点老式教育，不听话就会挨打，我也被打过两下手心，我印象很深刻。”“我对在琅琊路小学的那段时间很怀念。”

邵子平为学校题字：

琅小母校同学们留念
努力学习，独立思考。

邵子平还多次对我抱怨，他寻找马吉影片与《拉贝日记》的事，南京人知道的不多。为此，我在2018年10月15日专门给有关部门写了《关于华侨邵子平来宁协调媒体报道事宜的报告》，请他们帮助协调。

我在报告中写道：

> 为使邵子平夫妇在南京期间能充分感受南京这座城市对他们的真诚、热情与敬重，邵子平夫妇访问南京期间的一些重点活动，请协调当地媒体予以采访报道，以情动人、以诚感人，以此为铺垫，争取说服邵子平先生最终将拟在今年12月回美国带回的马吉影片（时长37分05秒的珍贵影像资料）留给南京。

2018年10月20日、21日，《南京日报》《金陵晚报》《扬子晚报》《现代快报》，以及南京广播电台、南京电视台、上海东方卫视等媒体大篇幅报道了邵子平回母校的消息，《华侨邵子平时隔71年重返南京母校》《琅琊路小学迎杰出校友邵子平》《〈拉贝日记〉发现者邵子平重回母校说愿望：再访南京就是想追寻历史》《时隔71年，华侨邵子平重返母校》《20多年前，他发现了马吉影片和〈拉贝日记〉》等报道层出不穷。

2018年10月21日一早，我请在南京报业集团工作的同学沈怡帮忙，到报摊上买齐了这些报纸，特意送给邵子平带回北京。

"都是半个版、半个版的大篇幅报道！"我把这些报纸一张张摊开，指给邵子平夫妇看："这下，南京人民都知道马吉影片和《拉贝日记》是您找到的。"

记者的古道热肠

2018年10月22日上午，史料捐赠仪式结束后，邵子平被一群媒体记者围着采访马吉影片的发现细节，他应记者的要求举着《58页手记》变换着方向给他们拍照。时任《扬子晚报》记者的于英杰走过来跟我打招呼。

于英杰说，他跑纪念馆这条线已经很多年了，对南京大屠杀的历史研究一直十分关注。于英杰为人诚恳，乐于助人。我悄悄告诉他，《58页手记》不是核心，“37分钟”版马吉影片才是重点。

他一听，兴趣来了，压低嗓子不断追问。我把大概情况挑重点透露给他。

我告诉于英杰，我下功夫采访报道，是想推选邵子平为“感动南京”人物，目的是引起有关部门的关注，为邵子平办理居民身份证。

“争取能让这样一位老人晚年生活得舒心一些。邵先生跟我讲，‘我胡子都白了’，他非常希望能有身份证。”

“其实，采访他的时候，他根本没有跟我提办身份证的事，是我自己觉得有责任要为他解决一些实际问题，最好能为他务实地办个身份证，让他享受到生活的便利。同时也想抚平他心头的委屈，消除他的伤心。”

也许是我的坦诚感染了于英杰，但更多的应该是邵子平对于发现南京大屠杀历史最珍贵史料的贡献震撼了他。于英杰认为邵子平在南京大屠杀史料的重大贡献，完全够得上“感动中国”人物评选标准，说回去就向报社申报做整版连续报道。他说：“像邵先生这样对南京贡献这么大的人，办身份证是必须的！”

于英杰话语中的满满自信令我喜出望外。真的是“众里寻他千百度，蓦然回首，那人却在，灯火阑珊处”。

本来觉得距离为邵子平办理身份证还要走一长段布满荆棘的路程，现在因为于英杰的出现，猛然间峰回路转。我太高兴了，感觉突然进入了“快车道”。我向于英杰承诺，提供给他全部的采访资料，全力支持他的采访报道。

2018年的整个11月，我几乎每天都与于英杰热线联系，他动用自己十多年的人脉关系，积极为邵子平的身份证办理事宜奔走。

邵子平提供了他在1949年随父母离开南京前，家住南京中央门马家街2号的信息。南京市公安局鼓楼分局政务服务管理大队大队长王欣雁，帮着咨询落户政策，梳理办理程序。

“作为南京人，我会去做尽力能做的事情。”王欣雁是个热心肠，她安排民警查找邵子平家在民国时期的户籍信息，仔细核对、确认其户籍地址。

与此同时，在得知邵子平将于12月初回美国后，于英杰加紧采访，提出希望能跟随邵子平一同去美国跟踪报道，详细记录“37分钟”版“一寸盘”回归中国的全过程。

“身份证应在一个月内能办妥。”11月17日，我将身份证办理的最新进展告诉邵子平。

邵子平：“你用了什么办法？”

我：“不用绕弯子，仅仅凭您对南京这座城市最重要的一段历史所做的贡献就足够了。”

邵子平:“神了。我前后试了四五年。”

邵子平:“身份证的事真的难为你了。户口放在哪个区？放在你那儿行吗？”

我:“希望能在您去美国前让您拿到身份证。”

邵子平:“那就是最新的南京速度了！”

“那次在纪念馆捐赠影片时,《扬子晚报》记者于英杰说跑了很多年的南京大屠杀报道,第一次知道您,很吃惊。上周告诉我,他所在的新华报业集团已将对您的报道列入整个新华集团的重点选题,除了文字报道,还将做成视频新闻,将通过《新华日报》《扬子晚报》,以及‘交汇点’移动客户端等渠道全方位推送。”

我告诉邵子平:“身份证的顺利办理也归功于这位记者的积极联系。同时,我也坦率地告诉于英杰,我的目的不是发稿,而是记录与固定历史真相,更重要的是能为邵先生解决实际问题。”

此外,我对邵子平说:“身份证的事我已咨询过,应该可以办理。这位记者跑了十多年相关业务,比我更熟,就加速推进了。”“我很高兴,因为那天在纪念馆的一屋子记者中,总算有人懂得您的珍贵价值。”

2018年,邵子平已确定12月8日飞美国。我与于英杰商量,加快身份证办理的速度,争取让邵子平在回美国之前拿到身份证,真切感受到南京的真诚,能顺利带回“37分钟”版马吉影片“一寸盘”。

目标已明确,我们紧锣密鼓地推进身份证办理速度,很快便有了眉目,并迅速进入办证程序。

2018年11月19日，于英杰通知我将邵子平的《个人落户申请书》尽快递交给南京市公安局鼓楼分局。

日常生活在北京的邵子平，将在南京的落户事宜委托给我全权处理。

11月19日，忙完一天的工作，我下班后回到家，顾不上吃饭，先从网上下载了落户申请书的模板，起草《个人落户申请书》，在规范格式内容之外，我特别加上“因为我的出生地在江苏省南京市，最后户籍地在南京市鼓楼区马家街，希望叶落归根，能在南京市鼓楼区落户。请批准入户”。

我将《个人落户申请书》与《委托书》做成电子文档发给邵子平，请他直接下载、打印、签名后快递给我。

做完这一切，已经是晚上8点。

11月24日下午，我带着刚收到的邵子平寄来的快递，兴冲冲地驱车直奔位于南京定淮门大街1号的南京鼓楼公安分局行政服务中心。进了门，我直接找到6号柜台，将《个人落户申请书》与《委托书》，连同我自己的身份证一并交给曲警官。

此前，于英杰告诉我，“已全部安排好了”，我以为会很顺利。

“这不行啊，缺护照原件、美国绿卡的公证件。”我愣住了，强调是之前沟通过的。曲警官拿出手机，起身走到里间给王欣雁打电话。

稍许，曲警官出来说，这些材料必须齐全，且必须交原件，要当场复印盖章，一样也不能少。

“我刚才也跟于老师说了，我的计划是，8号之前让老先生拿到户籍是没问题的，但前提是得市公安局批过之后。”王欣雁对我解释道。

但邵子平不同意寄护照原件，他说："我8号飞美国，万一寄丢了，我就走不了了。再说，美国绿卡做公证也不会是短期内能完成的。"

于英杰不住地对我说抱歉，责怪自己"细节没有弄清楚"。

回到办公室，我内心焦灼，距离邵子平启程去美国仅仅剩下13天，我感到沉重而茫然。

我拨通陶涛的电话，竹筒倒豆子一般宣泄积压在心头的焦虑和无奈。

陶涛的叹气声从听筒里传来，也是那么沉重。他说："'37分钟'版马吉影片又不是要被你拿回家，为什么这些事情都要依靠你到处找人，还要动用私人关系来办？"

陶涛的同情和感叹倒是意外点醒了我：我还可以继续寻找能解决问题的途径。

责任与担当

2018年11月27日上午，南京洪公祠1号，南京市公安局会议室内，南京市公安局人口管理支队支队长殷志强召集市局机关负责户籍的警官、信息专家们，专题研讨邵子平落户南京。殷志强说："邵老先生为国家、为南京做出这么重大的贡献，我们要克服一切困难，解决他的实际难题。"

我受邀在现场参加了这个专题研讨。听着警官们逐一列出身份证办理流程中的困难，我这才明白办理身份证不是件简单的事。

身份证号码必须是全国唯一的，但是同一天出生的人很多，身份证18位数字的每一个数字都有对应的含义，而邵子平原籍南京市马家街属于中央门地区，该地区人口聚集度高，更增加了编号难度。

“要不，只要是南京的身份证就行，是不是不一定要在原籍原址？”我提出建议，不想让大家更为难。“那不行！今天开这个会，让大家讲出困难，目的是要各自想办法去解决这些问题，必须落户在原籍原址，叶落归根。”殷志强的话掷地有声。

我很感动，南京真的是好人多！那一瞬间，我发现，一个人被狠狠地感动时的心情，真的找不到贴切的语言来表达。

江苏省公安厅新闻宣传中心二级高级警长赵家新得知此事，他多次问我:“需要我做些什么？”

“今天上午我已将邵先生落户的资料送至南京市公安局鼓楼分局服务大厅。我是觉得，找到马吉影片与《拉贝日记》的邵子平先生对南京贡献巨大，而长期困扰他的因无法办理身份证所造成的太多生活不便，若能在南京解决，在感情上能大大增加他对家乡的归属感。”

“从今天起，我就是‘南京大萝卜’了！”

2018年11月28日，正在北京执行任务的南京警官张萍接到指示，清早开车到东厂胡同上门接上邵子平，全程陪同他去公证处办理国外居留证明公证。张萍代表南京警方送去的一大篮沉甸甸的水果，宽慰了邵子平，他对张萍说:“南京想到我了！”

“陈旻啊，你看看，南京警察送来这么一大篮水果，我们都吃不完啊！”12月5日，我在北京邵子平家里看到了那篮子水果，那是个超大的果篮，有香蕉、苹果、橙子、提子等，都是时令水果中的极品。我感叹：“南京可真够实在的！”

南京市公安局人口管理支队党支部书记、大队长王晶辉，具体负责为邵子平办理身份证的协调流程中的各个环节。

王晶辉是转业军人，曾在北京某部服役10年，热情干练。连续3年获评“南京市优秀公务员”，并被南京市公安局评为“市局优秀退役军人”。

邵子平身份证办理过程的每一步进展，背后都有王晶辉的大量沟通协调与跟进解决。

2018年12月4日，南京中央门派出所通知我下午去领取邵子平户籍卡。

按照导航设置的定位，在中午的休息时间，我迫不及待地驱车早早赶到南京中央门派出所，停好车，耐心等着警官们上班。

如愿以偿的感觉就是眼里看到的一切都是温暖亲切的，心头闪过的都是人间的美好。在派出所窗口，我郑重签名，代邵子平领取了户籍卡。

我当即把户籍卡拍照发给邵子平。“这完全是特事特办，我‘坐享其成’。感谢你了。”看来，邵先生对人情世故也并非一窍不通啊。

由于邵子平在南京没有住房，细心的警方特别将邵子平的户籍落在他离开南京时的居住地——鼓楼区马家街观音里9001号。

于英杰对于细节的策划绝对是个高手。他早早策划并联系好南京市鼓楼区公安分局派警官专程赴北京，登门为邵子平采集用于制作身份证的指纹和照片。这个安排太贴心了！

2018年12月5日，于英杰与同事曹阳摄像师、林惠虹摄影师，陪同南京市鼓楼分局户籍警官展文杰，携带设备专程来到北京。下午2点，我们在东厂胡同口会合，一同叩开了邵子平的家门。

“快让我看看我的身份证号码是不是18位！”北京东厂胡同内，邵子平打开门，特意穿着正式的灰色西装，里面是一件浅黄色细格子衬衣，精神矍铄。邵子平从我手中迫不及待地接过自己的户籍卡，仔仔细细地看。“哈哈，从今天起，我就是‘南京大萝卜’了！”

1948年，邵子平12岁时离开南京，70年后叶落归根，这一天，邵子平盼了15年。“为了办身份证，我专门跑南京三四趟。北京那边说我是1949年从南京走的，应该去南京办。我到南京试了几次，人家都说不行。”邵子平激动地历数着自己多年间为办理身份证而四处奔波的经历，满屋子都回响着他的大嗓门。

“邵老师，南京为您办理的是户籍恢复。”展文杰瘦瘦高高的，合身的警服衬出她的飒爽英姿，长发束成高高的马尾。她将户籍卡上的内容一项一项解释给邵子平：“您申请恢复户籍的类别是华侨回国定居。”

“从现在开始，我就是南京人了！啊是啊？”邵子平的南京话引来一片欢笑。

罗其云给我们每人泡了杯热气腾腾的“大红袍”。

展文杰拿出一台类似平板电脑的设备为邵子平采集指纹。“南京警方上北京专门为市民取指纹办身份证，您可是第一位。”于英杰打趣地对邵子平说。

于英杰属于“自来熟”，他很自然地收拾了凌乱的餐桌，观察狭小的客厅，寻找合适的摄像采访点，还为大家切了水果。

端坐在屋子正中凳子上的邵子平，难以克制激动的心情，按照展文杰的示范，将手指在指纹采集设备上按压采集，邵子平的手指控制不住地抖动，用力猛按。“采集失败”，设备一次次响起语音提示。我们哈哈地笑他，起初还围着看热闹，后来见总是不能成功，也失去了新鲜劲，坐在一旁喝水等待。

“您放松一点。”展文杰弯着腰，微笑着耐心地反复操作。整整费了半个小时，才终于采集成功。

成为南京新市民为邵子平打开了全新的生活空间，他很认真地对我们说，他要服兵役以尽公民义务，又想去竞选居委会主任，为基层社区服务。

2019年1月10日，邵子平拿到了期盼已久的中华人民共和国居民身份证。

邵子平锲而不舍寻获南京大屠杀关键性史实证据的重要贡献，已经被南京深刻地记住。

从2017年12月至2019年12月，整整两年，邵子平从无人知晓，到成为贵宾。他脸上的冰冻一点一点地融化。人的面孔是由长年累月塑造而成的，面孔会直接呈现出内心。

2021年11月，邵子平特地来南京，在户籍所在地观音里住了一个月。他每天在当年的住址马家街附近遛弯，与乡亲聊天，结识了一批南京老乡。

牛肉锅贴、鸭血粉丝汤，85岁的邵子平沉浸于“少小离家老大回”的乡情享受之中。每天在观音里小区内转悠，他以一口南京话与居民攀谈，逮谁都先告诉人家自己是在南京鼓楼医院出生的，小时候的家就住在前面马家街上，郎朗的笑声，已使他变得慈祥和蔼。“那个大胡子又来了！”小区里已有20多位大妈、大爷成为邵子平的粉丝，他们一道聚在院子里，凑在一块儿靠着墙根晒太阳，东拉西扯地话家常。那些日子，他的微信好友通讯录人数一个劲地往上涨。

2020年5月17日，江苏南京与台湾新北举行“南京·新北疫后教育视讯交流”。南京的屏幕上出现了在台湾新北交流现场的邵子平。邵子平对现场的台湾朋友们说：“南京可是个大城市啊，新北能跟南京对上话，那可不得了啊！”

坐在南京会场的我，看到此时屏幕上的邵子平再提南京时眼中充满盈盈暖意，表情温柔。那一刻，我觉得两年的辛苦没有白费。

那天在南京与新北的交流中，邵子平还特别强调，这场交流是民间交流，也是学术交流。期待这样的活动能够延续，尤其在当代科技发达的情况下，这样的交流能够促进两岸民间的互动与了解。

2020年4月至10月，在香港大公文汇传媒集团与台湾新国际理论与实践中心共同建立了大陆与台湾第一个视讯交流渠道后，江苏与台湾先后举办了“苏台防疫抗疫”“苏州·高雄疫后经济复苏”“南京·新北疫后教育文化”“苏台视讯交流：后疫情时代的两岸关系走势”“铭记民族抗战史，共护和平谋未来：南京-台北视讯纪念台湾光复75周年”等6场苏台民间视讯交流活动，率先打破两岸冰封的僵局，重启了因疫情而中断的两岸交流，在两岸引起强烈反响。

已被记录在海峡两岸交流历史上的这6场视讯交流，都离不开邵子平的贡献。

“基于对未来两岸和平的责任，建立一个友善的两岸沟通渠道非常必要。”台湾新国际经贸文化社社长林深靖在2020年8月赴南京中山陵谒陵时对我说。

2020年1月31日，林深靖组织台湾学界联盟在台北召开记者会，呼吁开通两岸交流渠道，让医疗专家和防疫学者得以交换经验，携手抗疫。

“难度很大。”林深靖说。为建立两岸视讯交流，他先后联系了北京、上海的很多朋友。

邵子平获知后，几乎每天发微信联系我，为我与林深靖牵线搭桥，这才有了2020年起的6场苏台视讯交流。

后来，林深靖告诉我，邵子平当时看到他为两岸视讯交流的事着急上火，就让他找我，说：“如果这个人办不了，那就真的办不了了。”我没有想到邵子平对我会如此信任。之所以在江苏能成功举办标志着两岸“破冰”的视讯交流，是因为江苏与台湾有着更为绵长深厚的同胞情谊。

邵子平在台湾有一群喜欢他的中青年朋友。林深靖告诉我，邵子平年轻时在台湾名气很大，当属青年才俊，才情出众，“有明星追着要嫁给他”。直到现在，邵子平在台湾依然拥有相当的知名度。

成为“南京好市民”

1992年1月，一纸调令使我从南京军区南京疗养院三科护士长转身成为南京军区南京总医院政治部宣传科新闻干事。

我去南京总医院报到，走进宣传办公室，第一眼看见的就是时任文化干事的徐慧红。

徐慧红很漂亮，她长相明艳动人，是让人眼前一亮的那种。我最喜欢的，是她的热情真诚与心地善良。

徐慧红转业到了南京市委宣传部。2018年，徐慧红任南京市委宣传部对外交流处处长，与我的工作有直接关联。但是我刻意避嫌，很少去麻烦她。正因为我们是曾经同在一间办公室共事过的同事，私下关系很好，所以不想给别人造成她有可能在工作上给予我所在的记者站额外关照的误解。

2018年11月22日，我打破“惯例”，专门驱车前往南京市委宣传部，登门拜访徐慧红所在的对外交流处。

我把邵子平的情况一五一十全部告诉徐慧红，直截了当地问：“我们能给邵子平提供什么样的帮助？”

当然，推动“37分钟”版马吉影片回归南京已成为我们的共同目标。

“我们还有‘南京好市民’的评选。”徐慧红思索了片刻说，“推荐邵先生评选‘南京好市民’，是希望邵先生能感觉到我们南京是有情有义的城市，他在近30年前为追寻南京大屠杀历史重要史证所付出的一切是值得的，家乡南京能让他感觉到特别的温暖。”

“南京好市民”评选起始于2002年，每年要从全体市民中遴选出100名左右的平民英雄、市民楷模、道德模范，目的是充分发挥道德典型的示范引领作用，在南京形成“争当身边好人、争做文明市民”的良好社会风尚。

我觉得邵子平完全配得上这份荣誉。如今的南京对他诚恳、敬重。

很快，邵子平的照片与事迹出现在南京文明网“拟获‘第十八届南京好市民’称号人员名单公示”栏内。

2020年3月，南京市公布了102位荣获2019年度“南京好市民”称号的人员名单，邵子平上榜。受疫情影响，居住在台湾的邵子平无法前往南京领奖。

2020年6月底刚从台湾回到大陆的邵子平夫妇，专门来南京领取“南京好市民”的荣誉证书与奖章。邵子平平时衣着随意，并不讲究，但7月来南京领奖时，一看就是精心打扮过的。他上身穿了件白色粗布中装，盘扣处绣有白色暗花，质朴中透着精致与灵秀；一条藏蓝色休闲牛仔裤，清逸洒脱。黑白相间的齐耳短发自然中分，书卷气十足；下巴上白色的、长长的胡须柔顺规整；脸上是那种不会左顾右盼的、安静的、笃定的神情。

邵子平很有风度地用南京话认真地对大家说：“作为中国人，我有义务、有责任为我们民族的历史担起责任。”

在南京市政府大院里，邵子平端详一棵棵高高的梧桐与松柏，在绿树掩映下的民国建筑群中漫步。

南京市委大院的核心建筑是1号楼，为仿明清宫殿式建筑，民国时期称“明志楼”，建于1933年，是考试院的主考场。邵子平兴致盎然地在1号楼前那些生长于民国时期郁郁葱葱的树木下转来转去，摆出多种姿势，让我帮他拍照留影。他在直冲云天的笔直树干下举目仰望，轻倚着粗壮的树干沉思怀想，还把手搭在树枝上会心一笑。

邵子平出生于南京，南京刻录着自己的童年与少年。他记得最清楚的是自己在琅琊路小学度过的快乐时光：一下课就拼命地往操场奔跑；同班有一位姓隋的女同学，豪爽得像男孩子，跟男生们玩得好；有一位姓万的男同学，外号“万事通”，很滑稽；还有，自己的同桌是陈履安。“那时天真无邪，只记得陈履安家就在学校转角处，常停有多辆汽车。有侍从吓唬我们小孩，说摸车皮会触电。”

“在夫子庙散步”是萦绕在邵子平心头多年的愿望。他说：“以前来南京，都是直奔侵华日军南京大屠杀遇难同胞纪念馆，为史料奔忙。”这次，南京特别安排他们夫妇下榻于夫子庙景区的状元楼酒店。

邵子平早出晚归地流连于秦淮河畔，到江南贡院门前踱步，在文德桥上望月。他尤其垂涎于天下文枢小广场附近那些鳞次栉比的餐馆。

暖心！《南京日报》记者助力办医保

倾力为邵子平办理南京医保卡，为老人建立一份医疗保障，这归功于《南京日报》的两位资深、热心的记者——许琴与于洁尘。

于洁尘应我的请求，写下了对此事的回忆：

2021年12月1日，南京选举新一届区、镇两级人大代表。知名法学专家邵子平专程赴南京，在鼓楼区观音里选区投票站郑重地投下自己的选票。

鼓楼区的居民选民们此前并不知道，这位大胡子老人曾发现并向世界公布美国马吉牧师1937年拍摄的日军在南京大屠杀暴行的默片和德国人记录南京大屠杀的《拉贝日记》，有力驳斥了日本右翼否认大屠杀的谎言。

2018年12月4日，获知长期在大陆生活的邵子平因无大陆身份证而生活不便，南京市为他恢复户籍，落户在南京市鼓楼区中央门街道。

再度成为“南京人”后，邵子平长期居住在北京等地。拿到身份证之后，我想，如果能在南京为邵子平办一张医保卡，有一份医疗保障，对于耄耋老人而言最为贴心。

2019年12月，正旅居台湾的邵子平联系我，他确定将启程参加这一年的南京大屠杀死难者国家公祭仪式。这次专程赴南京，邵子平特别希望能完成南京医保卡的办理。

我四处咨询，答复均为“无法办理”。我突然想到前期采访“37分钟”版马吉影片将回归南京这条新闻的《南京日报》记者许琴。

文静、娴雅的许琴待人真诚，做事认真，她当时是《南京日报》专职负责侵华日军南京大屠杀遇难同胞纪念馆新闻报道的记者，曾两次采访过邵子平，对他充满敬意。从我这里得知办理南京医保卡是邵子平最迫切的心愿后，许琴没有犹豫，一口答应下来。她先后询问了江苏省、南京市医保中心等部门，最后锁定了邵子平户籍所在地——鼓楼区中央门街道。

许琴向南京相关部门打听办理医保卡的流程，联系《南京日报》负责鼓楼区新闻报道的记者于洁尘。

于洁尘立即拨打了中央门街道宣传干事陈家光的电话，详细介绍了邵子平的情况。

得知邵子平希望在南京办理医保卡，陈家光非常重视此事，马上向中央门街道党工委进行了汇报。

短短一天时间，陈家光反馈了信息:“街道高度重视邵老的医保卡办理事宜，将派出工作人员专程陪同老人现场办理。”

2019年12月12日上午，许琴、于洁尘与我三个“中间人”，陪同邵子平来到了中央门街道政务服务中心大厅。而此时，时任中央门街道人大工委主任的程国庆、中央门街道党工委副书记张红，早已热情地等候在办事大厅门口。

接到邵子平后，程国庆、张红两人热情地上前表示了敬意和慰问，将他带到办事窗口。早已等待在此的工作人员，立即连接电脑医保卡办事系统，迅速为邵子平办结了领卡流程手续，微笑着向他解释道:“今后，您有医疗方面的需求，在南京各医疗机构均可凭卡就医，若需在北京、江苏等其他地区看病就诊的话，则需办理医保异地服务的手续。”

由于邵子平常年居住在北京，鼓楼区中央门街道劳动和社会保障所副所长张莹耐心地向邵子平详细介绍道，南京居民医保异地就医服务需要在领取医保卡后办理手续。

张莹还特别加了邵子平的微信。近几年中，张莹随时解答问题，并帮助邵子平完成居民医保每年的参保手续，联系鼓楼区社保中心副主任等专门为邵子平详细讲解居民医保异地使用程序，免去邵子平的南北奔波。

《大公报》连续三天整版报道

2018年12月5日傍晚，送走专程来北京登门为邵子平采集指纹制作身份证的展文杰和于英杰一行人之后——他们要当晚赶回南京；我特意留下来，因为还有重要的话想在邵子平夫妇赴美国之前挑明。

“陈旻把我从一个可有可无的人变成一个‘好人’。”邵子平扭头对妻子罗其云说着，然后满面真诚地看着我。他对如愿以偿地获得身份证感到非常高兴。

“您本来就是好人。”我顺手帮他们收拾了餐桌上的茶杯，随后坐了下来，与邵子平夫妇面对面，将话题引回“37分钟”版马吉影片回归南京事宜。

“用报纸版面呈现我们的作为。”2018年11月21日，时任《大公报》副总编辑的李庆义决定做三个整版新闻专题，报道邵子平与“37分钟”版马吉影片“一寸盘”的故事。

还是在2018年10月11日，我将在北京怀柔邵子平家中的关于“37分钟”版马吉影片的新发现说给李庆义听。他特别高兴：“陈旻，祝贺你！这次北京之行成果丰硕，不仅发现了一篇珍贵的新闻素材，而且还填补了中国抗战史的一片空白，可喜可贺！”

接着，他马上说：“这篇独家的报道我先预订了，时机合适时即发来，我找有经验的老编辑处理，篇幅不限，将充分保证版面。除了介绍新的20分钟内容，寻找的曲折过程也可单独成篇，也十分可读。”

作为编辑部领导，李庆义还不忘鼓励我：“敬佩你的执着！为你能成为这段历史的见证者和推动者而自豪！大概也只有经历过严格纪律训练和要求的人，才会有一股咬定青山、锲而不舍的精神。你所做的一切，于国、于民、于邵先生本人都是一件大善事，很值！”

2018年11月21日，李庆义又叮嘱我：“这是一个相当不错的新闻素材。”关于报道主题，他具体指点道：“我个人考虑可从三个角度入手：第一，37分钟的内容，特别是新增部分的内容及填补历史空白上的意义，这点要靠你挖掘思考。第二，邵先生本人的贡献，过去受过的委屈也可写，是笼统还是具体要有所把握，重点落在国家及社会各界现在对他的关怀及有关困难的解决上。第三，影片搜寻的曲折过程，可把自己写进去，这不是抬举个人，既然别人都把我们当成历史中的人，我们凭什么要回避呢？况且这也是为本报争光。不成熟的建议，仅供参考。想法成熟后写成方案，中国新闻会专门跟进。”

2018年11月21日傍晚，时任《大公报》中国新闻部副主任的林彦森开完编前会就打来电话，语气激动地告诉我，他们已经成功地“抢救”了我，让我将邵子平的事情做三个版，记录这段“抢救”历史的经历。

其实，那些日子，我一门心思为邵子平办身份证，尽管我是职业记者，但关于“37分钟”马吉影片的报道并没有列入新闻采写计划。原因是：纽约“37分钟”马吉影片“一寸盘”虽已找到，但胶片是否完好，内容是否完整？这个很关键，毕竟已过去了27年。另外，“37分钟”里有哪些南京“17分钟”影片所没有的重要内容，目前也不清楚。还有，其实我最担心的是，虽然与邵子平口头说好，将“37分钟”版“一寸盘”从美国带回来给南京，但我心里仍不踏实，万一节外生枝，再出现个“拦路抢劫”，变数很大。我也不想报道刊发后，与突然生变的事实相悖。如果是那样，尴尬的不仅仅是我，还有整个《大公报》编辑部，我该怎么面对报馆编辑部那许多支持我们江苏记者站的热心同事？

但在《大公报》编辑部一再热情地鼓励下，我心一横，选择放手一搏。这么做还有一个重要原因：邵子平要在美国住上一个月，这期间，《大公报》连篇累牍的报道将会加重南京在他心目中的分量，更坚定他将“37分钟”版“一寸盘”带回南京的选择。

提到“抢救”了我，《大公报》决定将追寻马吉影片这件事和其他细节做三个完整版面的报道。

这三个版的内容如何安排？林彦森从事新闻采编已30多年，是一名经验丰富的资深媒体人，经常为内地记者站同事出谋划策。

那天，开完编前会，大约晚上8点，这本是平时吃饭的时间，林彦森根本没心情外出用餐。他习惯性地来到报社楼下的维多利亚港边踱来踱去，脑海里满是我用文字描绘的马吉影片中大屠杀的血腥镜头，无心旁观老友钓客垂钓。冷冷的海风吹来，他眺望着对面九龙半岛的灯火，耳畔潮水不停喧哗，好像唱不完14年抗日的壮烈战歌，说不完香港沦陷“3年8个月”的悲愤历史。

那晚在不到1小时里，林彦森脑中一直在回旋马吉影片的37分钟画面，心亦在泣血，为遭屠城数十万冤魂，为中华民族抹不去的国恨。在海边用手机和我长途沟通了1个多小时之后，林彦森上楼直接来到李庆义办公室，告诉他：“南京大屠杀新铁证，马吉影片这条新闻做三大版专题深入报道的内容我已经想好了。”

李庆义语气坚决地回复道:“就按照你们的方案去安排。”

从2017年12月第一次采访邵子平，到2019年实现“37分钟”版马吉影片“一寸盘”捐赠给南京，香港大公文汇传媒集团上到董事长，下到普通编辑对江苏记者站的工作都给予了全力支持。整个过程中，每当有阶段性进展和重大发现时，报纸与各新媒体平台总会及时发表专题，向读者和社会各界及时推介。两年时间里，《大公报》《文汇报》共推出14个整版专题版面、40多篇文章，详细介绍了马吉影片从被发现、核实，到被追寻、回归的全过程。香港大公文汇传媒集团时任董事长姜在忠，现任董事长、总编辑李大宏，《大公报》的于世俊、李庆义、赵汝庆、郑旭荣、林彦森、曾庆义、陆礼文、王丽萍、邓泳秋，《文汇报》的吴明、王国辰、林舒婕、赵鹏飞、何绮蓉、郑海龙、郑慧欣、裴军运、叶格子等编辑部同事，还有大公网的陈先帮、贾磊、李孟展、李锐等同事，他们两年来一路关注马吉影片的追踪，鼓励江苏记者站，在报道上有求必应，全力支持。

公道地说，“37分钟”版马吉影片“一寸盘”最终能捐赠给南京，也得归功于香港大公文汇传媒集团上下齐心、全力以赴。

2018年12月5日晚，我告诉邵子平《大公报》将刊发三个整版来报道他的事，我们就一些细节内容补充采访。

那天晚上，邵子平夫妇脸上一直挂着开心的笑容，他们真诚地一再挽留我在他家用晚餐，我不想给他们添麻烦，采访结束就赶紧道别。当然，临别前，又叮嘱:“一定要把‘37分钟’版‘一寸盘’带回来啊!”

2018年12月11日至13日，《大公报》以“追寻大屠杀史证”

为主题，刊发了一组三篇系列报道:《美牧师马吉秘密拍摄　尘封地下室终重归南京　37分05秒屠城血证还原历史真相》《寻马吉影片觅〈拉贝日记〉少小离家八旬回　“南京好人”义举感动古都》《穿针引线促爱国义举　马吉影片手记捐南京　大文记者追寻史料抢救铁证》。

《大公报》编辑部中国新闻的编辑们为这组系列报道用心编辑做版。林彦森开完下午的最后一个编前会，在晚餐时间下楼在海边徘徊，思考新闻标题。

在这组系列报道第一篇专题报道的导语中，我写道：

1937年12月13日，日军占领南京，制造了惨绝人寰的南京大屠杀惨案。美国牧师约翰·马吉秘密地拍摄日军屠杀纪实默片，是留存至今有关南京大屠杀的唯一动态画面。然而，当致力于追寻南京大屠杀真相的82岁旅美华侨邵子平，发现侵华日军南京大屠杀遇难同胞纪念馆所藏的片段时长只有17分钟时，他惊讶之际立即意识到，由自己于1991年7月在约翰·马吉儿子大卫·马吉纽约家中地下室里找到的马吉影片原片拷贝、制作成长达37分05秒的“一寸盘”，已成为动态记录侵华日军南京暴行无可替代的重要史料。历时7个月锲而不舍的寻找，今年10月，绿色“一寸盘”终于在纽约重见天日。12月8日，邵子平飞赴纽约，计划将27年前的“一寸盘”送回南京。

重现的37分05秒的“一寸盘”马吉影片，比南京现藏有“17

分钟”马吉影片多出了20余分钟内容，我请邵子平反复回忆，同时采访了美国《世界日报》副总编辑魏碧洲。我在报道中写道：

对于1991年7月在纽约重现的马吉影片，美国《世界日报》副总编辑魏碧洲记忆犹新。他说，1991年8月2日，他作为《世界日报》驻纽约的时政记者参加纪念南京大屠杀受难同胞联合会召开的记者会。时任联合会总干事的邵子平向记者们正式介绍他们刚找到的约翰·马吉亲手拍摄的珍贵纪录片并现场放映。大卫·马吉在现场展示父亲用于拍摄这些珍贵历史镜头的摄影机。比馆藏的“17分钟”版马吉影片多出20分05秒，魏碧洲说，全场记者屏息观看，放映长达37分钟05秒的影片里，有半个头颅遭日军刀劈未死的中国百姓、后颈被日军刀砍未断的男子……“尤其引人悲愤的是约翰·马吉在室内远远拍摄到在一群人墙前，三名妇女扑跪在地，哀求日军放掉正被带走的男子，人墙后是日军在枪决中国人。”魏碧洲记得，刊发的稿件很令人震撼，纽约唐人街无人不晓。对比侵华日军南京大屠杀遇难同胞纪念馆馆藏的“17分钟”马吉影片内容，邵子平说，“37分钟”版本中自己印象比较清楚而南京的影片中所没有的镜头有：一个老太太站在院中，她身旁的地上排放着几具用席子包裹着的尸体；一个中年人颈部被砍，站立着由外国医生检查，医生扭他的头要他转身，中年人的面部显极度痛苦状；一群乡下人抬着伤员疾步运往南京近郊的急救医院。

2018年12月11日清早，我把报纸专题版面的PDF文件通过微信发给邵子平:“邵老师，第一版今天见报。明后天每天一版，二、三版文字稿已发您看过。”

“谢谢。眼开刀未能多看，”邵子平到美国后刚做了眼睛黄斑变性手术，“我眼球上缝了几针，目前眼睛开合有不适。尽量减少阅读。”

《大公报》的专题报道在海内外引发反响。《大公报》驻美国记者黄晓敏托同事找我，火急火燎地加我微信，要邵子平在美国的联系方式，说《人民日报》驻纽约的记者要去采访邵子平。

“邵老师，《人民日报》主要采访什么？”12月14日，我好奇地问邵子平。“《人民日报》从马吉、拉贝到追讨昭陵‘二骏’都问了。我介绍了姜国镇。他们还要来，要等陈宪中回来。《世界日报》魏碧洲要写专访。”

我与邵子平保持着微信联系，隔三岔五总要嘘寒问暖一番。当然，不可否认的是，我还“另有心思”：关心的是“37分钟”版“一寸盘”。

邵子平当然也对此心照不宣，12月19日，他发来微信:“医生要求低头俯视到25号，真麻烦。不过那时陈宪中才回到纽约，再商影片之事。摄像机其实是我们说服马大卫捐出的，不争这些小功。纪念馆有类似记录就行了。”

“姜国镇已交我‘一寸盘’，不日我去查验。”12月24日，看到邵子平的这条微信，我有点激动，赶紧回复:“谢谢您！不着急，您先把眼睛恢复好，这个最重要！！！待眼睛恢复后，‘一寸盘’查验情况请及时告知我。”随文发送了三个“紧紧握手”的表情符号。

12月28日，我告诉邵子平：“邵老师，您好！今天下午，南京市委宣传部外宣处长徐慧红来我办公室，我们都盼着您来南京呢。她说要邀请您和罗老师到宣传部做客。”

12月29日，邵子平郑重告知“一寸盘”送检情况：

> 关于马吉默片37分05秒版清理、检验、数字化一事办理经过如下：
>
> 我于昨日（2018年12月28日）去Du Art Services（1991年为我们处理马吉原片的老公司），同专管员研究商量结果，委托Du Art Services清理，将我们原来的“一寸盘”以最新技术数字化，以利保存、转送、向世界播放。DuArt Services的收据如下面信息所示。
>
> 根据我们研究，我们纪念南京大屠杀受难同胞联合会所收藏的“一寸盘”是现存唯一最长、最完整的纪录片，我们当年欲以之赠予侵华日军南京大屠杀遇难同胞纪念馆，南京方面因种种原因至今只留有“17分钟”间接复制片。所以我们的“一寸盘”应属极其珍贵。据查南京和马吉都没有其他记录。
>
> 为防丢失，所以立此存照。年后周三由我取回原件和数据化电子盘，其次可由我们会的陈宪中或姜国镇去取，还可由侵华日军南京大屠杀遇难同胞纪念馆取。所以如此无非小心而已，说明如上。

“一寸盘”的检测结果得在4天后的2019年1月2日才能揭

晓。“周三请拿到后即告知，如果可能，将数字化的文件发我邮箱，我想先睹为快。”我连续给邵子平发微信，“激动，也忐忑”，“如果是完整的，请你们联合会商量个价格，我来与南京商谈”。

2019年1月2日19点58分，我沉不住气，问邵子平：“邵老师，纽约时间比国内要晚12个小时吧，您今天何时去取片子？谢谢！”

半个小时后，等来回复：“今天忙乱。我下午还要赶进城最后一次检查眼睛。明天去取。姜国镇今晚回国应商讨马吉影片事宜。我们多数同意在国内（南京？）将我们‘联合会’设为非营利团体，可否挂靠在南京大学？或章老所在的华师大？纪念馆的报酬，我们全数计作非营利组织收入。等姜来。”

“片子检验报告要周四下午或周五，因人请假。”之后的几天，我们共同等待着检测结果，同时商讨用南京购买“一寸盘”的资金成立公益基金会。“后天我们一致谈妥，还是直接向纪念馆提议，包括请向我们非营利基金会捐赠，更便于我们努力发展共同事业。同时知会你。”

“已交宪中去取。再联系。”1月4日，看到邵子平的这条微信，我更为期待和急切。

终于，在2019年1月6日，陈宪中、姜国镇、邵子平三人重看“联合会”保存的马吉影片的内容：“我们认为这‘37分钟’影片都是关于南京大屠杀前后的片段。效果好像不错。”

“我们三个人刚才看了影片，保存得很好、很完整。邵先生会跟你联系。”1月6日，姜国镇也发来微信告诉我。

“一寸盘”内容是完好的！我很激动，犹如赌石赢家。

姜国镇发此微信的时间是清晨5点29分，我回复他：“看到这个消息很高兴！其实这几天我的心一直揪着，我很迫切地希望这‘37分钟’能完好，影片内容对南京大屠杀这段历史实在是太珍贵了。有这样的结果，我真的非常开心！”

“下一步怎么办，你有什么建议给我们？我在临行起飞前一日忙碌得有些昏头了。”邵子平的态度突然有点微妙，这是我后来才意识到的。当时，我只沉浸在狂喜之中。我不断给邵子平发微信：“你们商量一下价格，之后告知我。谢谢！”“还有，绿色‘一寸盘’请带回国。”“邵先生，侵华日军南京大屠杀遇难同胞纪念馆想收藏绿色‘一寸盘’。”

“邵老师，您7号到北京，我可否8号去拜访您？我9号晚得回南京，10号、11号都有会议。正好商量一些事情。沟通好之后，请您来南京。”又一口气发送了三个“紧紧握手”的表情符号。

2019年1月7日，我先发制人：“邵老师，我今天下午到北京。想明天约时间拜访，半小时左右，什么时间合适？知道您得倒时差。我后天得回南京。谢谢！”

“8号早上5点20分到达北京。如必要，或许8点你可来东厂。‘一寸盘’因需查在纽约的修复技术是否较好，所以留在宪中那里，反正他三四月要来。你有问题要问，可否来电话？”

“明天上午8点到东厂胡同。我可以看到‘37分钟’影片吗？”

“数字版由陈宪中和姜国镇保管，拟复制部分南京所无的镜头请你们参考。陈宪中来时请大家在南京观看全部。”

这就表明，已在回国途中的邵子平不仅没有带回“37分钟”版马吉影片“一寸盘”，就连已经以最新技术完成胶片内容数字化格式转换的“37分钟”数字版也没有带回。

捐出《58页手记》原件

2018年10月20日，邵子平应侵华日军南京大屠杀遇难同胞纪念馆的盛情邀请，抵达南京。侵华日军南京大屠杀遇难同胞纪念馆副馆长凌曦到南京南站迎接。

在出站的人群中，我一眼便看见了邵子平夫妇，于是兴奋地挥手，冲上前接过行李。我向夫妇俩隆重地介绍了凌曦，一听是纪念馆的领导亲自来接，邵子平很高兴，夫妇俩把鲜花捧在怀里，笑容真切。

这一天，看得出，邵子平百感交集。去母校琅琊路小学，他穿了件夹克衫，在南京大学拉贝与国际安全区纪念馆，他在夹克衫外套了件休闲背心。唯独赴侵华日军南京大屠杀遇难同胞纪念馆，邵子平穿了正装——一件熨烫得非常平整的黑色西服，白色衬衣领口处的扣子扣得严严实实。

邵子平看得很仔细，认真听着讲解员的介绍，并不多说话。在展出马吉牧师拍摄南京大屠杀影片的那架“贝尔”牌16毫米家用摄影机与4盘胶片盒的展柜前，邵子平躬身凑近，细细端详。

2002年10月2日，大卫·马吉携夫人弗兰西斯·马吉专程前来南京，将其父亲珍藏了半个多世纪的摄影机捐赠给纪念馆，授权纪念馆永久保存和公开展出。邵子平将纪念馆特别记录此事的文字发给我，他说：“‘联合会’对大卫·马吉的说服起到了作用。”

距离从大卫·马吉家地下室里寻找到马吉影片，已经过去了

32年，邵子平并没有在“功劳簿”上居功自傲。他更希望南京大屠杀历史研究能有新的进展，他对马吉牧师撰写的影片说明词中仍有相当一部分内容尚未对应上现存的影片念念不忘。

10月22日上午，侵华日军南京大屠杀遇难同胞纪念馆召开记者会，聘请邵子平与邵华为国家记忆与国际和平研究院研究员，凌曦在媒体记者们的见证下向他们颁发了聘书。

“马吉牧师的影片是我们的最早发现，但这所谓最早发现实际上是重新发现，”邵子平在发言中特别指出，“同样，拉贝也是被历史淹没的，我们重新发现马吉影片和《拉贝日记》，离不开许多人共同做出的很多贡献。”

“这当中有很多人帮忙，比如邵华这次在德国帮我们找到很多有关的资料，在一个个环节中帮我们拼凑起来。没有这些环节，我们就少了一份信心，缺了这些环节，我们自己就觉得没有把握，所以整个重新发现是许许多多人努力构建起来的。”

邵子平说，如果我们不遗忘历史，让历史所有的事情都有记载，后人可以少走不少弯路，可以重新构建和延续历史，而不是重复花费更多精力与时间，“这是我最近几年来常常感受最深的一点”。

“现在的纪念馆比我在27年前看到的真是进步得太多了！这是我的第二个感想。”邵子平还表达了参观纪念馆的感受，他说：“要感谢纪念馆方面的朋友，我们这次看到你们有了这么大的进步，我很高兴！”

邵华娓娓道来，回顾了采访德国牧师戴克的经历：“戴克向我叙述了当年他去联系莱茵哈特夫人的过程。一开始他只知道莱茵哈特夫人有日记，他就问她能不能把日记拿出来，因为他的老朋友邵子平先生在美国需要日记来证明侵华日军南京大屠杀，莱茵哈特夫人先给他的回答是否定的。”

戴克了解到莱茵哈特夫人是位历史老师，在大学里修的是历史，因此他就劝说莱茵哈特夫人：“我们都有历史专业的背景，作为学历史的人，您应明白，历史事实对于整个社会发展以及人类的历史传承是多么的重要。同时，我们都是德国人，虽然距离中国很遥远，但是我们德国有第二次世界大战的历史，因此我们对历史更有责任、义务与担当。把历史客观地传承给下一代，对我们来说是非常重要的事情。您现在有这个机会，手头有这些资料，应该贡献出来。”

“戴克就这样慢慢劝她。”邵华说，在整个的事件中，戴克先生的确起了很大的作用，如果没有他，可能我们今天还见不到《拉贝日记》，因为尽管邵先生已经找到了莱茵哈特夫人，也曾联系过她，但都遭到拒绝，因为他们素不相识，莱茵哈特夫人也不知道中国为什么要这些东西，这些距离她都很遥远，加上她个人及家庭的关系，她不愿意接受。

“戴克牧师告诉我，他做这件事很大的原因是他跟邵子平先生是好朋友，他愿意帮助朋友完成他需要的工作。因此他才很有毅力地一次次打电话给莱茵哈特夫人，才使得《拉贝日记》有重见天日的机会。”邵华微笑着看了邵子平一眼。

“我只是起了一个桥梁的作用，把戴克先生所有的叙述转成中文，发给《大公报》的陈旻女士，然后才有了报道，那么戴克先生终于也有了让大家认识的机会。”

“的确是这样，我们有的时候只有一点一点拂去历史的浮尘，真相才会一点一点地浮现出来。”凌曦表示，纪念馆建馆30多年，收集文物证据是纪念馆的重要职能，她恳请邵子平先生和邵华女士继续为这段历史做出贡献。

这个记者会的重点是捐赠史料。

邵华特别向纪念馆捐赠了拉贝外孙女莱茵哈特夫人写给德国牧师戴克的信件公证件副本。这封信写于1997年6月5日，正是这封信件，促成《拉贝日记》公开的关键人物戴克在我刊发于《大公报》的独家报道中第一次为人们所认识。

邵华将从德国档案馆得到的两份关于南京大屠杀时期的文献资料的电子版文档，即编号为2722/1113/38和2722/1896/38的《罗森报告》，同时捐赠给了纪念馆。

按邵子平的原计划，他预备向纪念馆捐赠《1991年寻找马吉影片完整手记》的58页复印件。我的确事先为他准备了一套复印件。但是，纪念馆希望征集原件的叮嘱使我临时改变了主意。

使我改变主意的还有一点我很担心这些珍贵的资料被他拿回家后，很快会被再次忘记、搁置。

在仪式主持人宣读了邵子平的捐赠程序后，我将手中的《58页手记》原件递给准备上场的邵子平，他一看是原件，怔住了，瞪大了眼睛，默默地盯着我，不开口。

我低声对他说：“这些东西在纪念馆才是史料，在您家里就只是资料，纪念馆会用心保存的。”

邵子平接过一摞原件手稿走到会场中心，众目睽睽之下，全部交给凌曦。“咔嚓咔嚓”，在一阵猛烈的相机快门声和闪光灯下，这一场面被永久定格。

捐赠仪式结束了。邵子平与邵华分别被记者们簇拥着采访。目睹着邵子平面对采访录音机和电视台的摄像机镜头侃侃而谈，我舒了口气。

2018年10月23日，《文汇报》以《南京大屠杀唯一影像记录发现者经本报牵线　58页寻找马吉影片手记捐南京》为题，在中国新闻版以半版大篇幅将我采写的报道发了头条。

看到报道，我很开心，特意向《文汇报》中国新闻部编辑致谢，值班编辑赵鹏飞说:“自家促成的事当然得重视。”

“家乡人民感谢您！”

“这是南京为我办理的身份证，恢复了我在南京的户籍，现在我是南京人了！”2019年1月10日下午，邵子平拿到了期盼已久的中华人民共和国居民身份证，兴奋之情溢于言表。

1973年，前去联合国总部应聘的邵子平在中国驻纽约总领馆申领了中华人民共和国护照。

“1973年，纽约的中国总领馆给我发了中华人民共和国护照，他就拿我原先的证件照抄了一遍，改了一个地方。咱们中国人说的籍贯是老祖宗的籍贯，我的是浙江，他把我的籍贯改成你们南京。现在，南京的身份证上的籍贯改回了浙江。”邵子平声如洪钟，笑声朗朗。

“‘37分钟’已经全了，找到了，我上个礼拜亲自看过了。”邵子平大方地说。他随即话锋一转:“不过，现在的问题是在‘37分钟’以外，不知道还有多少分钟。那一段很重要。”

“我们现在的‘37分钟’已经转换成电子影像，被保护了起来，将来可以向全世界发布。”邵子平侃侃而谈。

为了这“37分钟”，大家都竭尽全力。

成为“新的老南京人”

2019年1月10日，按邵子平的计划，他上午从北京乘高铁抵达南京，下午拿到身份证就立刻返回。

第一次使用身份证购票，得在车站的售票窗口实名认证，激活“铁路畅行”会员，之后便一劳永逸，可直接用手机在“铁路12306”上购票。

在去南京南站的车上，我帮邵子平下载了“铁路12306”手机软件，一步一步教他完成注册。“以后都不用再去火车站排队了？”邵子平很高兴，眼眸闪着兴奋的光亮。此前，他持的是护照，购票与取票都得去车站排长队。

他购买了当晚10点多南京至北京的卧铺车票。临行前，专家们为他送行。

“我从2003年起基本上回到中国大陆定居，我想恢复我的户籍，一直办不成。”尚未完全倒好时差的邵子平疲惫地靠在沙发上，在接受闻讯赶到饭馆的“交汇点”记者采访时说：“现在南京把我的户籍恢复了，还落在玄武湖附近的观音里，我就恢复南京人的身份了。我非常高兴，我现在是南京人了！”

面对记者的摄像机镜头，邵子平举着身份证，让记者拍摄。

“没有身份证时，您在生活上有哪些困难？”记者的问题引出邵子平满脸的苦大仇深:“最重要的就是连在银行开个户头都很难！我到一个银行，想开个户头，那个人就是不给我开，说用护照开不了。”“还有，买火车票，我就要到窗口去买，要到专门的售票处去买，很麻烦的。很多地方住旅馆要身份证，我在上海外滩住旅馆，从前住过好几次的旅馆，现在就不让我住，一定要用身份证。我说我从前住过，他们说不行，现在有新的规定。”

邵子平的话铿锵有力，展示了个性中强悍的一面:“结果我大吵了一顿！我说我这个是中华人民共和国的护照，我为什么不能住？最后还是让我住了。”

目睹这场景，坐在一旁的孙宅巍乐不可支。

“我是下午1点赶到上海的，去做个报告，做完就走。一个小时不到再赶回来。”张连红风风火火地走进来。那天，张连红从上海讲完课就火急火燎地赶回南京。他与邵子平相识多年，一直对他恭敬有加。

“听说邵先生今天拿到身份证了！”张连红一到，气氛热闹起来。“真是人逢喜事精神爽，邵先生这次比我上次看到的要开心。我觉得陈旻老师是南京人的骄傲，我都不如她。我跟邵先生认识十多年，没能帮他做成任何事情，所以他现在不找我了，找了我也什么都干不了。是吧？”张连红一连串的调侃，让大家都松弛下来。

孙宅巍是邵子平的老朋友，邵子平指定想见他，特别邀请他参加晚宴。孙宅巍率先举杯:“我们敬一下邵先生，恭喜邵先生成为南京人！欢迎我们的老市民！邵先生既是老市民，又是新市民。”

说起纽约找到了“37分钟”版马吉影片“一寸盘”，孙宅巍再度惊叹:“这太有意义了！必须放在南京。”

“听陈老师讲马吉影片找到了，我是发自内心地感动、激动，”张连红跟着感慨道，“我觉得邵先生为南京人做的事情实在太重要了！”

张连红头头是道地分析:“跟据马吉牧师写的影片解说词，目前南京有的影像资料很多是1至4号影片，关键是5至12号的影片镜头不多，文字有，解说词也有，但动态的图像我们看到的很少。所以你这个‘37分钟’的贡献，比南京的多了20分钟，这20分钟的含金量是很高的！”

“纪念馆是公益事业单位，一直在做史料数字化工作。你们这个‘37分钟’给南京，他们制作完成后会注明版权贡献方为你们‘联合会’。”趁着邵子平心情大好，张连红快刀斩乱麻:“南京最终要看到的是‘一寸盘’胶片原件，这是文物，然后数字化内容也要，两者缺一不可。”

那天晚上，拿到身份证的邵子平显然一直沉浸于兴奋之中，表现得很温和，没有回避，也没有反驳，而是主动表示，会积极联系陈宪中与姜国镇，催促他们尽快与纪念馆联系。

走进历史现场

不得不说“37分钟”版马吉影片“一寸盘”得以回归南京，我的一群战友功不可没。

我手机里有342个微信群，其中大部分是各类工作群。与工作无关的少数家庭群、同学群、战友群中，“总院政治部的故事”群从未被设置为“消息免打扰”。

“总院政治部的故事”群成员连我在内有13人，是先后在原南京军区南京总医院政治部工作过的同事，有的退休，有的转业，但是真挚的情谊历经20余年岁月的淘洗，将彼此紧密相连在这个群里。

2018年10月，在邵子平第一次受邀来南京前，对我反复抱怨“南京市民都不知道是我找到了马吉影片和《拉贝日记》的”。徐慧红联系江苏省与南京市媒体跟踪采访报道，让邵子平对南京大屠杀史料的重大贡献大篇幅见诸报端，“邵子平”的名字以大字号醒目地出现于南京多家报纸版面头条标题中。

南京市琅琊路小学在邵子平心里代表着自己的天真童年。在母校受到极高礼遇，被母校特别授予“杰出校友”称号，这些让邵子平在回到南京的第一站迎来的便是滚烫的乡情。这些细节的背后，是陶涛的穿针引线与全程协调。

出生于南京鼓楼医院的邵子平，对国民政府中央医院、现东部战区总医院没有任何印象。听我说起侵华日军秘密细菌部队“荣”字1644部队的总部以及人体活体实验楼就在这家医院，邵子平提出“很想去看一看”。

2021年11月19日上午，我开车到鼓楼区观音里小区门口接上邵子平，从中央路往北，穿过玄武湖隧道、九华山隧道，驶入玄武区的黄埔路。

黄埔路南起中山东路，北至马标，为南京最美的路段之一。夏季，路两侧的法国梧桐遮天蔽日，热烈的阳光透过茂密的梧桐树叶，给路面洒下点点碎金。

这条路由来已久。1927年，国民政府定都南京后，为便于直接领导黄埔军校，便在南京筹建了中央陆军军官学校（校址在今黄埔路3号），习惯上仍被称为黄埔军校。《南京地名大全》记载，黄埔路开建于1929年，完工于1930年，与中央陆军军官学校相邻。

东部战区总医院在黄埔路上开有侧门，我曾经在临近侧门的生活区60号楼与57号楼先后住过10年。远远地就看见医院的老协理员董铁农等在大门前，待我的车靠近，他请门卫打开道闸，在行驶着的车旁快步走着，引导我们进入医院机关办公楼前的停车场。

我的车属于外来车辆，按医院规定是不允许进入院区的，得停在马路对面的社会停车场。为了让年迈的邵子平少走路，董铁农早早协调，对每一个细节都做了周密的安排。

车位一向极其紧张的医院机关楼前的停车场已为我们预留了停车位。掐指一算，我转业离开医院已经20年，这还是第一次开车进入医院，老同事们给予的这份特殊待遇当然是因为邵子平。

打开车门，章建新与董铁农热情地迎上来。身后就是医院机关办公楼。

“这幢楼就是当年侵华日军‘荣’字1644部队的人体实验楼——‘一科大楼’，是日军活人实验最直接的证据。”我指给邵子平看：“当年，这座大楼的第三层是日军做人体实验的场所。”

早年曾在这座楼内办公的章建新向邵子平详细介绍，这幢大楼从前是三层，第四层是后加盖的。在用作机关办公楼之前，这幢楼为医院的综合楼。

侵华日军“荣”字1644部队自1939年4月18日在南京建立后，作为日军细菌战研究网络中“第三个主要的环节”，秘密高速运转，直至1945年8月日本战败。在6年多的时间中，它的主要工作就是对致命细菌的研究与实验、对细菌战剂的大规模生产，以及直接参与实施对中国抗日军民的细菌战。

“荣”字1644部队研究的众多致病与致命的细菌中，以鼠疫、霍乱与斑疹伤寒菌为重点，毒物主要是蛇毒、河豚毒、氰化物和砷等。细菌与毒物的研究与实验都是在这幢大楼里。

我在2016年曾专题采访与报道过侵华日军的这段罪恶历史。当时，日军为检查细菌武器效能所采用的基本方法，就是系统性地和大规模地用活人来进行惨无人道的罪恶实验，活人实验则由一科承担。

眼前的一科大楼当年是中央卫生实验院。根据日军军画兵石田甚太郎的证词，“三楼是关押供人体实验用的活人房间。三楼通常关押20至30人，人多时超过100人。受试者多是中国人——被抓获的中国战俘与抗日分子，也有许多无辜的妇女、儿童，还有少数其他国籍的人”。

“关在三楼房间内的活人，从来就没有活着出去的。”

邵子平听着章建新的叙述，站在一科大楼前仔仔细细地看了好久。“我们1991年在纽约发起成立纪念南京大屠杀受难同胞联合会，就是为了纪念我们不幸的死难同胞，并向日本的新军国主义进行反击。”他的脸上悲愤难抑。

章建新和董铁农陪着邵子平一一参观了医院院史长廊、原中央医院的大门华表、当年日军“荣”字1644部队的总部机关大楼，也参观了医院的现代化诊疗大楼。

为了“37分钟”版马吉影片“一寸盘”回归，“总院政治部的故事”群的每一位同事，各尽所能，不遗余力。

历史就是通过参与者的见证与讲述而保存下来的。以下是我的老同事们的讲述。

徐慧红：我与邵老先生的三次见面

2018年初，就不断听陈旻“唠叨”，我开始对邵老先生有了初步的了解，特别是他的“37分钟”版影片。

2018年10月份，受陈旻邀请，邵老先生来到他出生并度过了12年童年和少年时光的南京。20日下午，他回到阔别71年的母校——南京市琅琊路小学，为了让邵老先生能够充分感受到家乡南京的友好和温暖，我在此次活动中特意组织了部分省、市媒体到现场进行采访。由于我有其他事务缠身，邵老这次的南京之行，我很遗憾未能与他谋面。

时间很快到了2019年1月。我从陈旻那里获知，邵老已经成功办理了身份证，落户南京。1月10日，邵老专程来到南京，参加南京居民身份证的颁发仪式。

正是在这次活动上，我第一次见到邵老先生。这是位极具威仪的长者，身板挺直，双目炯炯，语速不疾不徐，言谈间透着严谨、睿智。陈旻悄悄告诉我，邵老已经83岁了，我不禁肃然起敬，很想为这位老人做点什么，以表达对他为我们这座城市所做贡献的感谢。

自始至终，我和我的同事们竭尽所能支持陈旻，共同努力把

“37分钟”版马吉影片留下来。2020年3月，2019年度“南京好市民”揭晓，邵老先生位列其中。受疫情影响，当时居住在台湾的邵老无法来南京领奖。7月30日，南京市为专程来宁的邵老先生颁发荣誉证书与奖章。

这次见到老人，我颇感意外，原先挺拔的身姿略显佝偻，步履也有些微蹒跚。当得知邵老是腰疾复发，但不顾疼痛仍坚持亲自参加授奖仪式，我和同仁们何其感动！老人珍视这份荣誉，更是珍视我们的付出。

我与邵老先生的第三次见面是在2021年11月17日，这次邵老又恢复到初见时的神采，可能是已熟络的缘故，眼中的老人慈祥而可爱。当晚陈旻设宴，我们“总院政治部的故事”群里的同事们作陪。这次赴宴，我专门挑选了一本十竹斋信笺作为礼品装在一个布袋中，此布袋是我们2021年与联合国教科文组织共同举办的第二届南京和平论坛上的会议用袋，袋上印有论坛和教科文组织的标志，同时还有以这个标志为底纹的设计图样。没想到，邵老竟然特别喜欢这份礼物，对布袋更是情有独钟，当场就背上了，不舍得拿下。后来听陈旻说，在南京期间，他经常背着这个布袋出街，每每拍照时还特意把它放在胸前。

这是位值得敬佩的老人，源于他的学识、经历，源于他的品性、为人，更源于他的善行、义举。

章建新：我看到的邵先生：真实、正直、友善

我与《大公报》高级记者陈旻相识数十年，她转业去当职业记者后常有往来，她经常电话关心老单位的建设发展、人事变化，唠唠

家常，也跟我讲些采访中的所见所闻以及她文章中的原型人物。

近年来，听她讲得较多的，能引起她情绪激动的可能就是为了得到“37分钟”版马吉影片所做的努力了。由此，我知道了邵子平，一个南京原国民政府外交官的后代，法学博士，曾在联合国总部工作过……他寻找到的马吉影片和《拉贝日记》两件珍贵史料，是侵华日军南京暴行的重要罪证。

2021年11月初，陈旻告诉我邵子平先生来南京了，她在一家餐馆设宴，想让群里的战友都去见见他。当我欣然而至时，邵子平先生已等候多时了。他长头发、长胡子，两眼炯炯有神，衣着朴素随意，待人就像邻家大哥，你应问尽问，他有答必答，很快就与大家熟悉了。分别时陈旻说出生在鼓楼医院的邵先生还不知道以前的中央医院在哪里，作为东道主的我们立即相邀隔天再见。

邵子平先生去东部战区总医院（原国民政府中央医院）参观的那天阳光明媚，天气格外好。他着重参观了侵华日军“荣”字1644部队的人体实验楼（现医院机关办公楼）、著名建筑学家杨廷保1931年设计建造的原中央医院大楼（现内科病房）以及院史长廊，最后我们在去年才投入使用的全军肾脏病研究所门前合影留念。

与邵子平先生短短的三次见面给我留下了很好的印象：真实——他尊重历史、尊重客观、尊重现实，所以才能义无反顾地把珍贵史料奉献给南京；正直——他在美国纽约与一批美籍华人创立了纪念南京大屠杀受难同胞联合会，把寻找侵华日军南京暴行的证据作为重要目标，历经千辛万苦，让史料得以回归；友善——他对故土、对家乡亲人有着深深的眷念，走街串巷搞民生调研，愿意把余生智慧贡献给南京。我们为南京有邵先生这样的好市民感到欣慰。

董铁农：邵老——眷念故土、追求正义

在与邵子平先生接触，特别是陪他参观原医院历史旧址后，他让我印象深刻的是：这是一个年龄与精力不相符的老人，他充满着对故土的眷念和对生活的热爱，浑身迸发出充沛的活力，生命不息，追求不止，始终为正义而不懈奋斗！尤其是为找到、公开《拉贝日记》等南京大屠杀关键历史资料做出了特殊贡献。这是一个永远值得后人崇敬和学习的老先生！

赵旗：邵老先生印象

2021年11月份的一个晚上，应总院老战友陈旻之邀参加和邵老先生的餐叙。

初见邵老先生，我猛然一惊，眼前这位陈旻由衷称赞的“南京好市民”，银须飘飘，面色红润，双眼炯炯，腰板笔直，声若洪钟，可谓仙风道骨，活脱脱一位从武侠小说里走出来的隐世修行长者。可我知道，邵老先生真真切切是一位有着侠肝义胆的英雄，正是他历经磨难找到了马吉影片和《拉贝日记》等侵华日军南京暴行的铁证。

在和邵老先生的交谈中，老先生并没有多提这段往事，他认为这都是中华民族子孙应尽之责，倒是对获得南京市的“南京好市民”荣誉感到十分兴奋和骄傲。他很激动地谈到南京市政府授予他“南京好市民”奖章与证书的过程，谈起他顺利在南京市鼓楼区

某小区落户的经历，谈到他对南京城市建设和管理的关心，大家笑成一片。

当他讲到台湾当局取消他的台湾地区户籍以及对他的迫害，神情变得严肃和激愤。我们劝他以南京为终老之地，南京人民定会善待于他，他面露欣慰之神情。

我和战友们都认为，邵老先生为南京人民做了这么多有意义的事，南京人民（当然也包括我们大家）都有责任关心、照顾好他，让他晚年心安南京。

陶涛：我眼中的邵子平

第一次听到邵子平的名字，是在陈旻打电话问我可否帮助协调琅琊路小学接待邵先生回母校看看的时候，她还一并讲述了邵先生毕生苦寻侵华日军南京暴行罪证的事迹。虽然未见过邵先生，但邵子平这个名字，因听读起来清晰响亮，加上听了陈旻对他的事迹介绍，想必名如其人，一个有学识才华，德行品质高尚的形象已然跃然于脑海。后来我从相关新闻报道中看到了邵先生回母校“重游”的照片，见其仪表形象果然与我的想象相差无几，只是飘逸的长发、银须平添了几分傲然风骨。

第一次见到邵先生，是在陈旻组局安排曾在军总政治部共事的几个战友与邵先生的一次餐叙上。因为我去得晚，他们将紧挨着邵先生的“最佳座位”留给了我，坐下后我赶紧举杯向邵先生表示晚到的歉意。席间，邵先生言语不是很多，更多的是在认真倾听和回答大家对他的关心，不时还流露出对我们昔日战友情的赞许眼光。邵先生虽没有向大家介绍自己如何为南京找回侵华日军在南京暴行的珍贵史料的艰辛和功绩，但不时会提及此次回宁参选鼓楼区人大代表之事，能为家乡贡献自己的那份执着和期待，显露了他对家乡的无私奉献和深深情怀。

无论是苦寻“37分钟”还是回宁参与各项活动，85岁高龄依然朝气蓬勃、锲而不舍的邵先生让我由衷敬佩。与邵先生在一起，能够让你感受到生命的昂扬；能够让你有直面人生、掌控命运、获取成功的可贵态度。邵先生是一个积极向上、热爱生活、挑战自我、理性坚强、大气谦和的睿智长者。

黄在松：幸会邵子平老先生

我在南京总医院工作时的同事陈旻后来做了记者，见多识广，嗅觉敏锐，凭着真诚和执着，即便遇到最复杂的事件总能寻根究底，直击真相。离开南京总医院20多年了，时而参加当年的同事聚会，总能听到陈旻讲述一个个引人入胜的精彩故事，仿佛身临其境。印象最深的是寻访“37分钟”马吉影片成功回归南京的故事，既让我深恨日本侵华战争制造南京大屠杀的滔天罪行，也感慨历史沧桑，很多罪证已经湮灭，感慨邵先生踏遍天涯海角找寻马吉影片等重要铁证之艰难和不易。

2021年11月初的一天，陈旻打电话告诉我，当年寻获《拉贝日记》和马吉影片原片的邵子平老先生来南京，问我想不想和南京总医院的老同事们一起见一见，给邵老接风洗尘。听到消息，我很激动，立即就答应了。作为晚生后辈，能亲眼见到以前只在书上和网上见过的传奇人物，当然是很荣幸的事。

此前我刚读过历史学家唐德刚先生所著《袁氏当国》，书中写道:“回忆笔者在读小学时代正值九一八事变爆发,海内外各界人士,要求对日抗战之沸腾情绪,亦正如‘二十一条’之时也。我记得国文老师要我们背诵陈布雷为蒋介石所撰的《告国民书》:‘可战而不战,以亡其国,政府之罪也。不可战而战,以亡其国,亦政府之罪也。’我们师生在国文班上集体啜泣之往事,至今记忆犹新。我又怎能想到,年近耄耋之时,远在重洋之外,在陈宪中、姜国镇、邵子平诸先生领导之下,还要面对联合国大厦,向来访的日本首相含泪大呼‘日本不赔偿,不道歉,我们永不罢休’哉?”

作为一个中国人,一个南京人,读到这样的文字,看到这样的人物,怎能不心潮起伏,热泪盈眶。

11月9日晚,我下了班就匆匆从南京远郊的办公地点往市区赶,进到酒店包厢刚坐下,陈旻就陪着邵老先生进来了。初见邵老,85岁高龄,依然勇毅刚强,双目炯炯,气场强大,虽然衣着简朴,须发花白,但身板硬朗,精神饱满,面色红润,声音浑厚,不显丝毫老态,英气不减当年。

邵老说到此次回到出生地南京,住在户籍地附近一家便宜的快捷酒店,每天行走一万多步,走遍附近每一个小区、每一条街巷,和小区广场上休闲锻炼的大爷、大妈唠嗑,与外地来宁开蔬菜店的青年夫妇叙谈,流连忘返,快慰平生,感受到浓浓的故园情。少小离宁老大回,一开口竟然是遗忘多年的南京话,连他自己也感到震惊。

我问邵老:“您寻找《拉贝日记》和马吉影片的故事,陈旻都给我们讲了,我想知道是什么样的动力和机缘让您投入巨大精力和热情来做这件事情。”邵老说,他1948年就随家人去了台湾,后来又去德国留学，再去美国纽约联合国机构工作。当时在纽约有很多华人，大家经常相聚，也有机会接触到一些从国内前往美国寓居的民国大人物，比如唐德刚就为李宗仁、胡适、顾维钧等整理过口述历史，对日本侵华战争有了更加深刻的认识。20世纪80年代，日本开始出现否定南京大屠杀的言论，引起大家极大的义愤，大家自发成立对日索赔同胞会与纪念南京大屠杀受难同胞联合会，就是要赶在日本右翼分子行动之前搜寻到侵华日军南京暴行的罪证，为南京大屠杀遇难同胞讨回公道并争得赔偿。我说，我工作40年，已经退居二线，总有“船到码头车到站”的思想，再过几年就要退休了，不再有年轻时的血性和拼劲。邵老说：“大陆退休年龄太早了，50多岁正是人生最成熟、最精彩的时候，我寻找《拉贝日记》和马吉影片的时候就是你现在这个年纪。我比你大30岁也没觉得老，还浑身是劲，只要有机会，还愿意为南京人、南京的城市建设再做一点工作。”

很快，参加聚会的老同事们都到齐了，大家纷纷举杯向邵老表达崇敬之意，并向邵老请教长寿秘诀。邵老说他自小生活简朴，父亲对他们子女要求很严，记忆中父亲只带全家在外面吃过一次饭。那次是父亲带全家外出，很晚才回家，于是在外面吃了一碗面条。邵老说他长寿的秘诀不在于吃好、养好，而在于他从来都没觉得自己老，始终都保持生命的激情。

告别邵老，我久久不能平静。我为邵老的民族大义所感动，也为老人家的英雄豪气而赞叹。我想正是有一代又一代热血儿女，我们的大好河山才不亡其国，中华文明才生生不息。

祝福邵子平老先生健康长寿！

孙文：邵子平先生的南京养老待遇

2022年4月18日，陈旻告诉我，她为邵子平申请了南京市80岁以上老人高龄津贴，为此，她特别发微信感谢我，因为她是从我这里得知南京市80岁以上老人可以申请高龄津贴的，她找到社区为邵先生办理了高龄津贴申请，南京市还为邵先生补发了两年的高龄津贴。

大概是2019年的冬天，有一天陈旻打电话给我，她说有位邵先生刚拿到南京的身份证，要为邵先生办社保卡，还想知道南京市对高龄老人的社会保障的具体内容，希望我能帮她了解相关情况。由于我们单位与办卡的职能部门在工作上有些交集，所以对办卡的规定多少知道一些，我当时觉得邵先生虽然已经在南京落户，但前面没有交过社保，这种情况可能不一定符合办卡的条件。虽然有些疑惑，但我还是帮她联系了办卡部门的相关同志。果然，可能是信息不对称的原因，办卡部门给她的解释是邵先生不符合办卡规定。得到这个消息后，她很是失望，希望我能再帮助了解一下，看看还有没有其他办法。我想，既然办事机关都说不符合规定，那还能有什么办法呢？总不能让人家违反规定办吧！再说，人家也不可能听我的呀！

一方面想安慰她一下，另一方面也是考虑是不是办卡的同志对邵先生的具体情况不够了解，我还是再次约了办卡的同志，希望再具体了解一下情况或向她解释一下。印象中陈旻很认真，好像是让我帮她联系一下具体办事的同志，想当面咨询一下情况。因为当时我比较忙，后来是当面咨询还是电话咨询的，我已经记不清了。

后来陈旻来电话告诉我社保卡顺利地办好了。在电话中，我明显能感受到她的一块心病终于消除了。

邵先生找到马吉影片和《拉贝日记》是一件非常了不起的事情，南京大屠杀不仅是南京这座城市的记忆，也是世界记忆，要让世人通过这段历史事件明白和平的珍贵。

何进：追求正义的“南京好市民”

2021年11月17日晚，应老同事陈旻之邀，有幸和邵老相遇、相识。邵先生对参与南京建设与城市管理的高涨热情令我感动。为什么他85岁高龄还奔波于海内外，继续为征集南京大屠杀史料付出努力？因为他几十年如一日，活到老学到老，坚持对正义不懈地追求。为什么他这棵生命之树常青？因为他心向祖国、关心南京，为国家、为南京、为人民做了许多工作，是大爱激发着生命的活力。他向社会传递了真善美和正能量，在我们心目中树立起了“南京好市民”的形象。

邵子平对我说：“你们老战友真的团结一致，大家为了我这段过了时的历史谈话、写文。你的面子和韧劲也很大，得到他们支持，我想不出我的朋友、同学当中会有几人愿为我的事像这样‘付出’。”

战友们对我的倾力支持，其实并不是照顾我的“面子”，而是他们深知珍贵史料对于我们国家、对于南京这座城市的分量，他们对邵子平的敬重发自内心。

此外，为“37分钟”版马吉影片“一寸盘”回归南京付出真诚努力的，还有东方卫视苏皖记者站站长李慧萍，国家税务总局江苏省税务局第三税务分局副局长徐云翔，扬州电视台栏目策划兼主播冯洁，江苏广播电视总台张建赓、汪平等人。

讨个公道

意外的发生往往没有预兆。

2019年2月，邵子平夫妇从北京飞赴台湾，与亲友春节团聚。

2月27日，邵子平突然忧心忡忡地发来微信：

> 台湾当局查出我在南京申请了户籍，来电要求我放弃，否则取消我在台北的原户籍。现暂扣留我的通行证、入台证等。所以我最近又添烦恼。现查新闻报道，自9月1日开始施行相关条例后，台湾在大陆有几万人申请了居住证。台湾当局要“限缩”申办居住证的人的权益。我目前争取能先取回证件，离开台湾。

2019年3月4日，邵子平从台湾回到北京。2019年3月14日，台湾有关部门给邵子平发函，废止邵子平在台湾地区的户籍，并通报了13个相关单位。没有了户籍，就没有了在台湾地区设有户籍所衍生的相关权利，这让长期从事法务工作的邵子平无法接受，他专程赴台向台湾有关部门提起行政诉讼。

2019年4月8日，《明报》在中国新闻版头条位置刊发题为《获大陆身份证　台法学家遭撤籍拟兴讼：寻获马吉影片助〈拉贝日记〉面世　捐屠城史证》的报道，这篇报道占据了半版篇幅，导语中写道:“向南京捐出反映南京大屠杀暴行的马吉影片与《拉贝日记》的旅美法学专家邵子平,因获南京破格为他办理的中国居民身份证,遭台当局注销户籍。”

“邵子平在接受本报电话采访时证实了此事。他称大陆户籍申请确为其亲自填写,主要原因是其常住大陆期间,因没有大陆身份证使之在消费、交通、住宿等诸多方面多有不便。”报道中特别提到“南京市感激义举,特批户籍”:“作为日军屠城铁证,邵子平促成上述史料送往侵华日军南京大屠杀遇难同胞纪念馆保存。因感念邵子平义举,去年12月,南京市中央门派出所为邵子平特批当地户籍,户籍地址落于当年其离开南京时的居住地鼓楼区观音里马家街。”

《明报》的这篇重点报道迅速引爆两岸媒体。台湾《联合报》等众多媒体及大批网络媒体与自媒体纷纷转载并发布最新报道。报道指出,法学专家邵子平就遭废止台湾地区户籍一事拟提告相关部门,当台湾当局表示,注销其户籍是“合法”“合规”的,如邵子平想恢复在台湾地区的户籍,需先注销在大陆获得的户籍。

4月10日上午10点,国务院台湾事务办公室举行例行新闻发布会,台湾东森电视台记者向主持此次新闻发布会的国台办发言人马晓光提问:知名法学教授邵子平因领取中国居民身份证被台当局注销户籍。请问发言人有什么看法?

马晓光回复:“我们注意到了有关报道。近年来,两岸同胞之间的交流往来日益密切,而民进党当局不仅抱残守缺,而且变本加厉,为此不断设置障碍,他们在涉及两岸同胞的利益之间挖壕、筑墙、断路，严重伤害了台湾民众的利益。”

这次新闻发布会将邵子平推向风口浪尖，尤其是某些台湾媒体对他的冷嘲热讽铺天盖地。邵子平的好友、《马吉的证言》的导演王正方忍不住拔刀相助，出面发文为他激辩：

> 任何地区的医疗保险制度、各项社会福利、退休制度，都是众人长期的点滴努力建立起来的，各制度都有规定，符合规定的人就可以享有权利。有些人逮住了一个“反中”议题，就全力表现，他们的法学知识有待加强。

王正方还强硬表态：

> 邵子平先生是一位学养有成的法律学者，当然比一般人更清楚法律；台湾当局全力打“反中”牌，搬出一些所谓“条例”来，主要是用来做对自己有利的政治运作，全然忽视两岸人民应有的权益。
>
> 两岸的交流日益密切，台湾居民赴大陆发展的人数超过百万，他们的权利和福祉必须得到合理保障。各界期盼邵先生能来台湾，亲自提出诉讼，为两岸人民澄清问题真相，不能任由台湾当权者以政治正确自居，指手画脚，欺压无辜的老百姓。

“南京是我的出生地，我对南京的感情无可替代。”邵子平态度鲜明。

邵子平表示，台湾当局刻意隔离两岸民众，为两岸民众生活便利制造种种障碍。“台湾当局在政治上‘去中国化’，隔离两岸老百姓，让人‘选边站’的做法很恶劣，不利于中华民族的团结发展。”他说：“台湾当局没有道理限制台湾民众在大陆居住。”

对于台湾当局的冷酷，邵子平感受深切。他说，当他在1973年申领了中华人民共和国护照后，台湾当局宣布10年内禁止持中国护照的人返乡，致使他无法回家探望年迈的父母，亲情被无情地撕裂。

2019年4月14日，邵子平动身赴台，决意为自己“讨个说法”。我帮他在南京办理了签注等事宜。“没想到我现在是标准的‘陆配’。”电话中，邵子平幽默地说。“嫁到台湾的38万‘陆配’受到台湾当局种种限制和歧视，不能得到公正的待遇，在台湾生活得很可怜。”“本来我就想要为她们呼吁，现在更要为这个群体找台湾当局去讲理”。

“我没有在台湾拿退休金，我一毛钱也没有拿你的，你不要以为我想占台湾的便宜。”邵子平在联合国工作了二十多年，有联合国的退休金。“我不是因为个人的利益，而是要质问台湾当局，像我这类在中国大陆和台湾地区之间交换居住和奔波生活的普通民众，是不是应该得到便于基本生活的稳定保障？”邵子平认为，台湾当局选定眼下的政治气候，挑他“开刀”。

台湾“中国文化大学”刘性仁副教授因此发文质问台湾当局：“可曾从更高的价值层面来思考，任何一个老人在面临人生后半段时，台湾方面是否可以处理得更妥当、更圆满？”

2019年5月12日，中央电视台《面对面》栏目播出《央视专访邵子平：曾苦寻南京大屠杀罪证 却因一张大陆居民身份证被取消台湾地区户籍》。令邵子平欣慰的是，纪念南京大屠杀受难同胞联合会寻找马吉影片与《拉贝日记》的贡献通过中央电视台的报道出现在公众的视野里。

后　记　让历史记住他们

《寻找马吉影片》是国家记忆与国际和平研究院的课题，立项于2019年11月。按原计划，应在2021年11月完成。但是，2020年初席卷而来的全球疫情，打乱了我的采访计划。我原先计划去美国采访“联合会”的陈宪中先生、吴章铨先生、姜国镇先生，还有崔明慧女士等，在此状况下，显然只能取消计划。

由于大部分当事人都远在美国，我只好单个联系，采用多种方式采访。陈宪中先生与崔明慧女士以微信电话的方式接受我的采访。还有姜国镇先生、王正方先生、林立先生和邵华女士，都接受了我的微信、邮件采访，他们格外认真地以文字回复了我的问题。

我一直想找到《奉天皇之命》的副导演汤美如女士并采访她。为了寻找她，我特别将课题延期半年。我想了很多办法，可惜皆未能如愿，课题已经延期了半年，不能再延了，只能放弃。

2022年3月4日我开始动笔，5月4日完成初稿，整整用时两个月。我一段一段回忆往事，很多已经被记忆封存。好在有录音、微信聊天记录等实时记录帮助我迅速回到一个个现场。但是回忆并不愉快，这个状态出乎意料；或者说，我并不愿意回忆那些仿佛有些“走火入魔”的日子，那其实并不全然美妙。

求实存真的记者职业操守促使我去考证历史，才意外地有了一个个“后来”。

20世纪90年代初起，纽约纪念南京大屠杀受难同胞联合会在寻找南京大屠杀铁证、推动日本侵华史研究上开了先河，唐德刚、杨觉勇、吴天威、陈宪中、邵子平、姜国镇、吴章铨、汪文慧等，值得被历史记住，值得被我们尊敬。

“37分钟”版马吉影片“一寸盘”得以回归南京，不是我一个人在努力，而是很多与我一样，认为记住中华民族这段用鲜血写就的历史对于我们国家非常重要的人们，他们中有海外华人、公务人员、历史学者、记者，有侵华日军南京大屠杀遇难同胞纪念馆的工作人员，以及我的同事们、战友们，正是他们的无条件付出，才使这件弥足珍贵的史料文物完璧归来。在这本书里，我所做的是把为这件事付出努力的人们一一记录下来，让历史记住他们。

陈　旻

2022年5月4日

图书在版编目（CIP）数据

寻找马吉影片 / 陈旻著；侵华日军南京大屠杀遇难同胞纪念馆编. —南京：译林出版社，2024.5

ISBN 978-7-5447-9939-3

I.①寻… II.①陈… ②侵… III.①南京大屠杀－研究 IV.①K265.607

中国国家版本馆 CIP 数据核字（2023）第 214637 号

寻找马吉影片　陈　旻 / 著　侵华日军南京大屠杀遇难同胞纪念馆 / 编

责任编辑　王瑞琪
特约编辑　陈秋实
装帧设计　韦　枫
校　　对　梅　娟　戴小娥
责任印制　董　虎

出版发行　译林出版社
地　　址　南京市湖南路 1 号 A 楼
邮　　箱　yilin@yilin.com
网　　址　www.yilin.com
市场热线　025-86633278
排　　版　南京展望文化发展有限公司
印　　刷　江苏凤凰通达印刷有限公司
开　　本　718 毫米 ×1000 毫米 1/16
印　　张　23.5
插　　页　18
版　　次　2024 年 5 月第 1 版
印　　次　2024 年 5 月第 1 次印刷
书　　号　ISBN 978-7-5447-9939-3
定　　价　78.00 元